中国社会科学院创新工程学术出版资助项目

中国"兴"字型农业现代化的演化与趋势

杜志雄 肖卫东 / 著

中国社会科学出版社

图书在版编目（CIP）数据

中国"兴"字型农业现代化的演化与趋势／杜志雄，肖卫东著 . —北京：中国社会科学出版社，2019.11

ISBN 978 - 7 - 5203 - 5185 - 0

Ⅰ . ①中… Ⅱ . ①杜… ②肖… Ⅲ . ①农业现代化 - 研究 - 中国 Ⅳ . ①F320.1

中国版本图书馆 CIP 数据核字（2019）第 216540 号

出 版 人	赵剑英
责任编辑	黄 晗
责任校对	朱妍洁
责任印制	王 超

出　　版	中国社会科学出版社
社　　址	北京鼓楼西大街甲 158 号
邮　　编	100720
网　　址	http://www.csspw.cn
发 行 部	010 - 84083685
门 市 部	010 - 84029450
经　　销	新华书店及其他书店

印刷装订	北京君升印刷有限公司
版　　次	2019 年 11 月第 1 版
印　　次	2019 年 11 月第 1 次印刷

开　　本	710×1000　1/16
印　　张	17.75
插　　页	2
字　　数	273 千字
定　　价	85.00 元

凡购买中国社会科学出版社图书，如有质量问题请与本社营销中心联系调换
电话：010 - 84083683
版权所有　侵权必究

前　　言

一　本书写作缘起

2018年是中国始于农村的改革开放40周年。一如既往，这一年有很多总结40年来各行各业改革与发展进展的研究成果涌现。2018年年初我们也参与到这个有感而发、想写点纪念文字的行列。

但是，当我们真的静下心来梳理脉络、思考写作提纲时，我们发现，写一本关于改革开放40年来中国农业发展的书，特别是一本对读者理解40年中国农业发展有一定帮助的书，实际上是非常不容易的。中国40年来农业发展取得的成就非常巨大，并且这些成就是无论如何正面评价都不过分的，尽管其中也存在诸多问题。同时，改革与发展紧紧缠绕在一起，但实际上又有所区别，要在一本书里讲清楚改革与发展两方面的事，进一步增加了写作难度。

几度殚精竭虑，几度辗转反侧，突发奇想，何不以中国农业现代化形态的演化和趋势作为线索，概况地从几个主要侧面厘清40年来中国农业的发展足迹呢？

思路一开天地宽！在确立了这样的研究思路后，我们开始循着40年中国农业现代化形态转化的逻辑和脉络，构思写作框架。

差不多从2015年开始，受一位曾在多个世界农业巨头企业任CEO的人民大学的师弟的启发，每每在各种场合的演讲，我一直喜欢用一个"兴"字来概括中国和世界农业发展演进的规律，也用其来描述现阶段中国农业发展的现状和特征。我一直以为，这个"兴"字很奇妙，它既可以用来描述中国农业发展和现代化的路径与措施，也可以用它来刻画中国农业现代化的目标与追求。

同时，更重要的是，在当代中国农业经济学说史上，也不乏运用这样的形象表达来勾画中国农业现代化模式的先例。比如，原中国科学院副院长李昌先生曾用"飞鸟型农业"来刻画农业现代化的系统性和整体性，他以种植业为"主体"，以农、林、牧、副、渔全面发展和农工商综合经营为"两翼"。以生态环境、基础设施建设和小城镇建设为"立足点"，社会主义精神文明是中枢神经，是为"鸟头"。作为当代中国重要的思想家之一的于光远先生也曾提出过"十字形大农业"来刻画中国农业的结构（其中横是指农林牧副渔，竖是指农产品加工业和农业服务业）。著名农业经济学家朱道华先生则在"十字型大农业"基础上提出了"开放型系统农业"的概念，认为现代农业的结构模式是由许多十字形纵横交错构成的网状结构，这个"网"与工业和其他部门的"网"相连接，使得中国农业成为一个开放的系统。

受此启发，我们最终确立了以"兴"字来建构改革开放以来中国农业现代化演化特征与趋势的逻辑结构，并据此布局全书内容。

二 "兴"字型农业现代化的内涵及框架

如前所言也如大家都能看到的，改革开放40年来中国农业现代化进程取得了长足的进展和成就。但这个进展和成就不仅是作为结果的农业产出总量的增长、产出结构的多元化，更重要的是导致这个结果发生的农业产业一系列特征发生了变化。我们的研究结论是，40多年来中国农业现代化进程突出表现为农业发展趋向"八化"，即八个方面特征的变化。

第一是生产主体规模化。随着农业人口的工业化和城市化，农业生产主体日益成为超越超小化传统农户的适度规模化生产主体，但同时，这些适度规模化的生产主体仍以最适宜农业自然和经济特征的家庭经营的形态作为主要的生产组织形式。其中专业种植大户和家庭农场是最为集中的体现。

第二是生产手段机械化。农业劳动力的不断离农引致的农业生产要素相对价格的变化,是中国农业生产手段机械化的直接诱因。截至目前,中国农机装备总动力、农业生产全程机械化水平都得到稳步提升。需要指出的是,这种机械化进程不只依托传统农业机械技术而开展,更没止步不前,基于新技术的互联网农业和智慧农业(本质上也是一种机械化,当然,这是基于新技术的机械化)等进程也在不断加快。

第三是农业生产生态化(绿色化、可持续)。依靠工业品投入促进增长的生产技术在这 40 年里经历了一个转变:由前期不断提倡和鼓励使用(为了增加产出)到近 10 年来限制和约束使用(为了农产品质量和保持农业可持续性)。这在一个国家,尤其是中国这样一个人地矛盾突出、粮食安全压力巨大的国家,在如此短的时间内经历如此彻底的反转,着实是令人难以想象的。生态透支支撑农业生产难以为继、工业投入品过度投入对农产品质量的影响都是促使这场农业发展方式转换的直接原因。

第四是农业运作资本化。中国农业是超小规模经营、土地生产效率高的马克思称之为亚细亚生产方式的代表国家之一。历史上(直至改革开放前),中国农业生产经营与资本的结合是极为罕见的。而这 40 年来的中国农业发展,随着经营的规模、使用的技术、产品的流通半径等一系列变化,农业资本化进程日益加快,如今的中国农业正日益成为资本密集的产业。

第五是农产品营销品牌化。40 年来农产品的快速增长不仅使中国这个人口大国彻底告别了短缺时代,同时还使品种日益丰富的绝大多数农产品出现供过于求甚至进入买方市场的情况,这迫使农业生产者一方面要不断提升农产品质量,另一方面还要不断开拓国内甚至国际市场。品牌化既是质量的象征,也是开拓市场的需要,由此导致中国农业进入了品牌化营销的时代。

第六是农产品加工业化。随着原始农产品数量的稳定增长并不断超越市场需求,通过农产品加工和储藏等产业链延伸、分享价值链增值带来的收益成为必然，并由此开启了农产品加工业大繁荣和大发展的时代。

第七是农业产业融合化。不仅是农产品产业链和价值链的延伸，农业产业也开始超越其单一产品生产功能，农业广义功能（包括文化传承、生态保护等）层面的产业化进程也被开启，一个全新的农业与服务业、旅游和体验等融合的产业发展格局也正在形成。

第八是农业产业组织化。今天的中国农业已经不再是原子化小农户分散生产的存在，而是通过生产主体的合作化实现组织化生产。同时农业也不再是以单一产业的方式存在，而是表现为农业与其它多种产业的融合和并存。由此导致中国农业无论是从市场主体视角看还是从产业联系视角看，都呈现一种基于产业链的高度组织化格局。

这"八化"是40年来中国农业现代化的重要进展和演化特征。如果我们把中国农业放到到以后世界农业现代化的整体进程来考量，不难发现，"八化"不仅是中国农业现代化的演进特征和趋势，同时也符合世界农业现代化发展的基本特征和演化规律。不仅如此，"八化"涉及习近平总书记关于中国现代农业产业体系、市场体系和经营体系的各个领域，是他强调的关于"以构建现代农业产业体系、生产体系、经营体系为抓手，加快推进农业现代化"的具体体现。

"兴字型"农业现代化

由此，一个"兴"字型中国农业现代化演进特征和趋势便跃然纸上了。"兴"字中间这一横,可以理解成农业或者第一产业的规模化、机械化和组织化经营。上面的三点分别是生态化生产、品牌化经营和资本化运作。同时农业现代化还要有两点支撑,即"接二连三"。"接二"指的是发展农产品加工业,即延长农产品的加工产业链,提升农业的加工价值链;"连三"指的是发展农业生产性和生活性服务业,实现农业多功能性的市场化运用,形成农业产业融合的局面。

这样的结构正好构成中文的"兴"字。

"兴字型"农业现代化

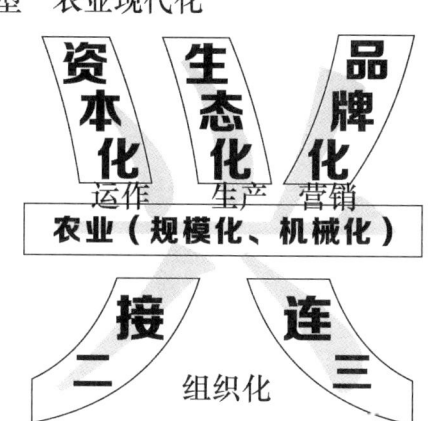

"兴"字型农业现代化是保障中国农业实现产业兴旺的重要路径。2017年10月党的十九报告正式提出乡村振兴战略。产业兴旺是乡村振兴的第一要义,也是乡村振兴的基础。而"兴"字型农业也符合乡村振兴背景下的农业产业振兴目标。

一个产业兴旺如否的标志,是与这个产业关联的利益相关者(广义的"人民")能否实现互利共赢和共享。如果一个产业的发展只能惠及这个产业关联的一部分人,甚或是某些个别利益集团独占其利益,我们就很难说这个产业是兴旺的。共赢和共享是现代社会发展的王道,也是农业现代化必须遵从的铁律。"兴"字型农业现代化背景下,农业生产者可以通过规模化、低成本化、价值链升值分享收入,并以农业多元融合实现高收入。农业产业链上的资本投资者可以通过价值升值多元化获得合理回报。同时作为农产品、农产品加工、农业多功能开发和产业化的消费者，也可以获得生态化生产出来的优质农产品以及多元产业融合提供的消费体验和愉悦！

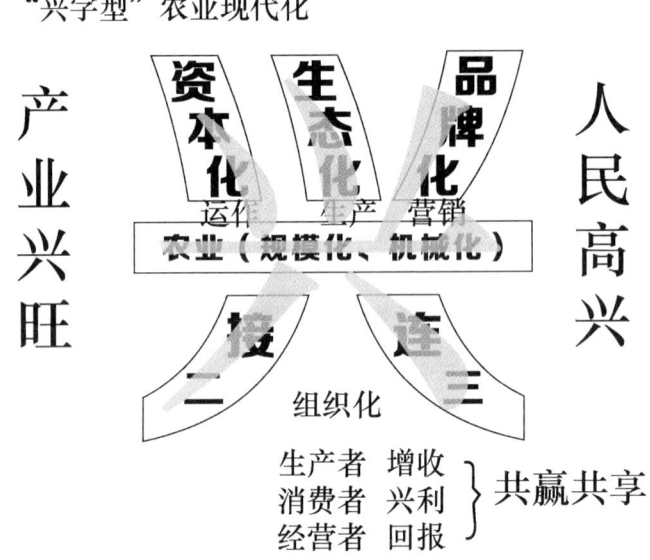

三　本书研究内容与逻辑框架

以上，我们简单交代了本书的写作背景，并对其中核心和骨干内容进行了解析。

本书研究的基本内容共有十章，具体安排如下：

第一章是改革开放以来农业发展成就。主要从农业产量产值和经济结构、现代农业发展条件、新型农业经营体系建立、农村新产业新业态发展、农业对外开放、农民收入和消费水平等方面对改革开放以来现代农业发展成就进行概括地总结和分析。

第二章是农业发展面临的主要问题。具体包括农业发展面临粮食安全、种业安全、食品安全、生态安全等多重安全隐患；农业生产成本持续上升，农业经营效益下降和国际竞争力弱；农业科技创新体制机制不健全，农业科技进步贡献率低；农业农村人才队伍建设滞后，等等。

第三章是农业发展新目标的形成及实现。主要分析农业发展新目标的形成和政策体系，农业发展新目标实现的践行主体和具体路径。

第四章是农业规模化经营。主要以土地流转与集中作为切入点，翔实分析中国农业规模经营的发展现状，讨论相关重要问题，提出加快发展农业规模经营的基本思路和未来政策选择。

第五章是农业生态化生产。深入分析中国农业生态化生产的基本现状、面临的挑战，厘清推进农业生态化生产的重要方向。

第六章是农业品牌化营销。阐释分析现代农业建设的品牌化重要方向和推进农业品牌化发展的重要意义，分析农业品牌化发展的基本现状和存在的主要问题，提出促进农业品牌化发展的未来对策。

第七章是农业资本化运作。梳理关于农业资本化的几个观点，阐释农业资本化运作的内涵及其理解要点，分析中国农业资本化运作的基本现状和存在的主要问题，提出推进农业资本化运作的未来思路。

第八章是农产品加工业发展。分析农产品加工业的发展现状和存在的主要问题，提出加快发展农产品加工业的未来政策重点。

第九章是农业生产性服务业发展。分析农业生产性服务业发展的现状、主要模式及其经济效应，揭示农业生产性服务业发展的瓶颈约束，提出加快农业生产性服务业发展的未来政策选择。

第十章是农村一二三产业融合发展。阐释农村一二三产业融合发展的内涵及其理解要点，分析农村一二三产业融合发展的基本现状，案例考察与分析日本的农业"六次产业"、荷兰的合作社一体化产业链组织联盟和安徽省宿州市的农业产业化联合体，提出构建农村一二三产业融合发展体系的未来思路。

值得指出的是，关于中国农业的组织化问题，本书没有设置专门章节讨论。但农业微观生产组织化（生产领域）与宏观产业组织化（产业链视角）的相应内容在第四—第十章均有涉及。

本书研究内容的整体逻辑脉络及结构框架如下图所示：

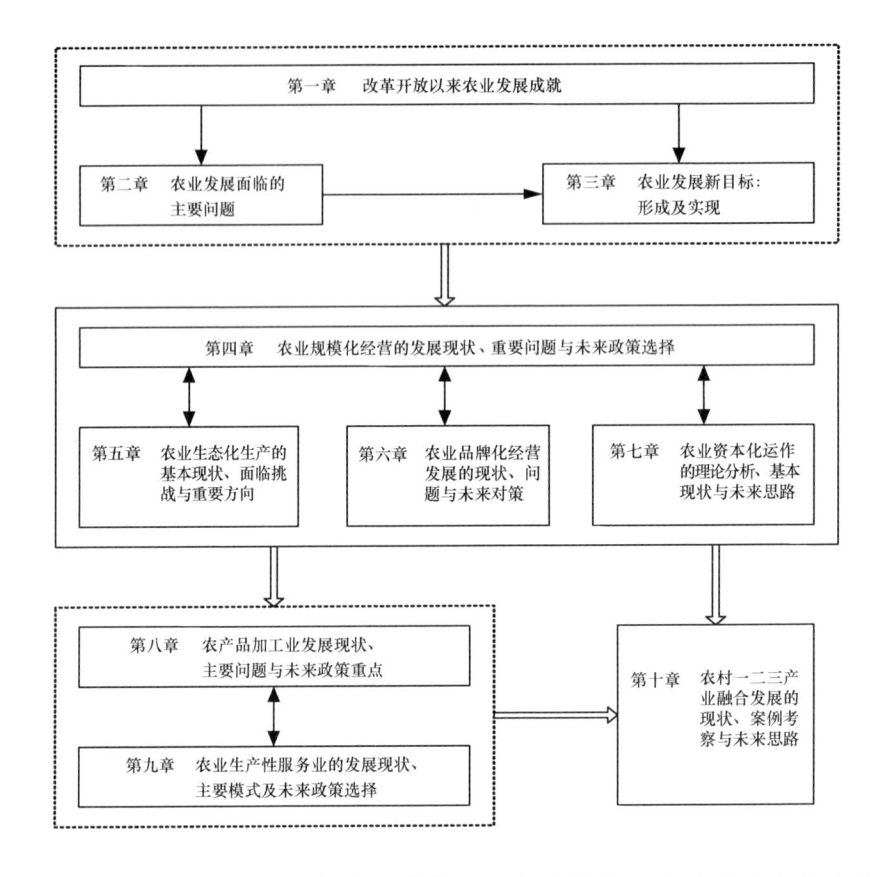

```
┌─────────────────────────────────────────────────────┐
│      第一章  改革开放以来农业发展成就                │
└─────────────────────────────────────────────────────┘
         │                              │
         ▼                              ▼
┌──────────────────────┐      ┌──────────────────────┐
│ 第二章 农业发展面临的 │─────▶│ 第三章 农业发展新目标：│
│      主要问题         │      │      形成及实现        │
└──────────────────────┘      └──────────────────────┘

┌─────────────────────────────────────────────────────┐
│  第四章  农业规模化经营的发展现状、重要问题与未来政策选择 │
│                                                      │
│  ┌──────────────┐  ┌──────────────┐  ┌──────────────┐│
│  │第五章 农业生态│  │第六章 农业品牌│  │第七章 农业资本││
│  │化生产的基本现│  │化经营发展的现│  │化运作的理论分││
│  │状、面临挑战与│  │状、问题与未来│  │析、基本现状与││
│  │重要方向       │  │对策           │  │未来思路       ││
│  └──────────────┘  └──────────────┘  └──────────────┘│
└─────────────────────────────────────────────────────┘

┌─────────────────────────────────┐   ┌──────────────┐
│ ┌─────────────────────────────┐ │   │ 第十章 农村一│
│ │第八章 农产品加工业发展现状、│ │   │ 二三产业融合 │
│ │主要问题与未来政策重点       │ │──▶│ 发展的现状、 │
│ └─────────────────────────────┘ │   │ 案例考察与未 │
│ ┌─────────────────────────────┐ │   │ 来思路       │
│ │第九章 农业生产性服务业的发展│ │   │              │
│ │现状、主要模式及未来政策选择 │ │   │              │
│ └─────────────────────────────┘ │   │              │
└─────────────────────────────────┘   └──────────────┘
```

最后需要指出的是，本书部分核心内容在早先本书作者独自和合作发表的相关论文中已有所涉及。个别论文是与不属于本书作者的合作者共同署名发表的。尽管在写作本书时，对相关内容进行了调整，但一定很难完全脱离原先文章的基本观点和立论，在此向原论文合作者专致谢忱！此外，在全书写作和出版过程中，我的不少学生及研究合作者提供了很多有价值的建议；中国社会科学出版社王茵、喻苗及责任编辑黄晗提供了非常有价值的帮助和支持，在此也一并向他们表示衷心的感谢！

本书得到了中国社会科学院资助。

杜志雄

于建国门内大街5号

2019年7月

目　　录

第一章　改革开放以来农业发展成就 …………………………………（1）
　第一节　农业经济快速发展,结构不断优化 ……………………………（1）
　第二节　现代农业发展条件持续改善 ……………………………………（5）
　第三节　新型农业经营体系不断完善优化 ………………………………（8）
　第四节　农村新产业新业态不断涌现 …………………………………（11）
　第五节　农业对外开放步伐不断加快,成效显著 ………………………（15）
　第六节　农民收入持续较快增长,消费水平不断提高 …………………（19）

第二章　农业发展面临的主要问题 ……………………………………（26）
　第一节　农业发展面临多重安全隐患 …………………………………（26）
　第二节　农业成本持续上升,农业经营效益下降、国际
　　　　　竞争力弱 ………………………………………………………（32）
　第三节　农业科技创新体制机制不健全,农业科技进步
　　　　　贡献率低 ………………………………………………………（36）
　第四节　农业农村人才队伍建设滞后 …………………………………（41）

第三章　农业发展新目标:形成及实现 ………………………………（45）
　第一节　农业发展新目标的形成及政策体现 …………………………（46）
　第二节　农业发展新目标的实现和承载主体 …………………………（53）
　第三节　农业政策新目标的实现路径 …………………………………（56）

第四章　农业规模化经营的发展现状、重要问题与未来政策选择 …………………………………………………………（59）
　　第一节　农业规模经营发展现状 ………………………………（60）
　　第二节　对农业规模经营几个重要问题的讨论 ………………（71）
　　第三节　发展农业规模经营的基本思路 ………………………（79）
　　第四节　加快发展农业规模经营的未来政策选择 ……………（84）

第五章　农业生态化生产的基本现状、面临挑战与重要方向 ………（90）
　　第一节　农业生态化生产的基本现状 …………………………（92）
　　第二节　农业生态化生产面临的挑战 …………………………（101）
　　第三节　推进农业生态化生产的重要方向 ……………………（107）

第六章　农业品牌化发展的现状、问题与未来对策 ………………（115）
　　第一节　农业品牌化：现代农业发展的重要方向 ……………（115）
　　第二节　农业品牌化发展的基本现状 …………………………（119）
　　第三节　农业品牌化发展存在的主要问题 ……………………（124）
　　第四节　促进农业品牌化发展的未来对策 ……………………（128）

第七章　农业资本化运作：理论分析、基本现状与未来思路 ……（132）
　　第一节　农业资本化运作：观点梳理与内涵 …………………（132）
　　第二节　农业资本化运作的基本情况 …………………………（135）
　　第三节　农业资本化运作存在的主要问题 ……………………（146）
　　第四节　推进农业资本化运作的未来思路 ……………………（156）

第八章　农产品加工业发展现状、主要问题与未来政策重点 ………（165）
　　第一节　农产品加工业发展现状 ………………………………（165）
　　第二节　农产品加工业发展存在的主要问题 …………………（171）
　　第三节　加快发展农产品加工业的未来政策重点 ……………（183）

第九章　农业生产性服务业的发展现状、主要模式及未来政策选择 ………………………………………（192）

第一节　农业生产性服务业发展现状 ………………………………（193）
第二节　农业生产性服务业发展的主要模式及其经济效应 ……（197）
第三节　农业生产性服务业发展的瓶颈约束 ……………………（207）
第四节　加快农业生产性服务业发展的未来政策选择 …………（211）

第十章　农村一二三产业融合的现状、案例考察与未来思路 ………（219）

第一节　农村一二三产业融合:内涵界定及其理解 ……………（219）
第二节　农村一二三产业融合发展的基本现状 …………………（224）
第三节　农村一二三产业融合发展的案例考察 …………………（235）
第四节　构建农村一二三产业融合发展体系的未来思路 ………（243）

参考文献 …………………………………………………………………（255）

第 一 章

改革开放以来农业发展成就

第一节 农业经济快速发展,结构不断优化

一 粮食等重要农产品产量全面稳定增长

改革开放以来,粮食、棉花、油料、糖料、畜产品、蔬菜、水果等重要农产品产量全面稳定增长,为居民生活水平日益提高提供了物质基础。

1. 粮食持续丰收,取得历史性突破和举世瞩目的巨大成就

粮食总产量由1980年的3.20亿吨快速增产到2017年的6.18亿吨,年均增产782.50万吨,年均增产率达2.44%。其中,稻谷产量由1980年的1.40亿吨增产到2017年的2.09亿吨,年均增产率1.29%;小麦产量由1980年的0.55亿吨增产到2017年的1.30亿吨,年均增产率3.59%;玉米产量由1980年的0.63亿吨增产到2017年的2.16亿吨,年均增产率6.39%。尤其是,2004—2015年,粮食生产实现历史性的"十二连增";2007—2016年,粮食生产连续登上三个"万亿斤"新台阶,2007年首次突破10000亿斤大关,达10040千亿斤;2011年突破11000亿斤大关,达11420亿斤;2013年突破12000亿斤,达12040亿斤,并连续四年超过12000亿斤。为推动农业供给侧结构性改革,2016年国家主动调减玉米种植面积,导致相较于2015年,2016年粮食总产量有所下降,但仍是历史上第二高产年。如此长时期的连续增产,历史罕见,世界罕见,标志着中国粮食综合生产能力实现了质的飞跃。目前,中国主要粮食作物(小麦、稻谷、玉米)自给率均在98%以上,依靠国内生产

保障粮食安全的能力显著提升，基本实现"谷物基本自给、口粮绝对安全"的重要目标。

2. 经济作物产量快速增长，结构持续调整

总体上看，主要经济作物产量均呈现增长趋势，但不同经济作物的阶段性变化趋势差异较大。具体来看，园林水果、油料和蔬菜产量呈现稳定、快速的持续增长趋势，园林水果产量由1980年的0.07亿吨持续稳定增长到2016年的2.84亿吨，年均增长748.65万吨，年均增长率高达106.95%。油料产量由1980年的0.08亿吨快速增长到2016年的0.36亿吨，年均增长75.68万吨，年均增长率9.46%。蔬菜产量由1980年的1.95亿吨逐年快速增长到2016年的7.74亿吨，年均增长1564.87万吨，年均增长率达8.03%。棉花和糖料产量呈现阶段性增长、下降的大幅波动性增长趋势，糖料产量由1980年的0.30亿吨增长到2016年的1.23亿吨，年均增长251.35万吨，年均增长率8.38%；其中，2013—2016年，糖料产量由1.38亿吨逐年下降到1.23亿吨，下降1500万吨，年均下降2.72%。棉花产量由1980年的270.70万吨增长到2016年的529.90万吨，年均增长7万吨，年均增长率仅为2.59%；其中，2012—2016年，在库存积压量大、市场需求趋降、市场价格走低等因素作用下，棉花产量呈现明显下降趋势，由683.60万吨逐年下降到529.90万吨，下降153.70万吨，年均下降4.50%。

3. 畜产品产量持续稳步增长，规模化养殖深入发展

牛奶产量由1980年的114.10万吨快速增长到2016年的3602.20万吨，年均增长94.27万吨，年均增长率达82.62%；其中，2012—2016年，牛奶产量略有下降，下降141.40万吨，年均下降率为3.78%。禽蛋产量由1982年的280.90万吨逐年持续快速增长到2016年的3094.86万吨，年均增长80.40万吨，年均增长率达28.62%。肉类总产量由1980年的1205.40万吨逐年持续快速增长到2016年的8537.76万吨，年均增长198.18万吨，年均增长率达16.44%。

党的十八大以来，畜牧业规模化养殖深入发展。2012—2016年，全国畜禽养殖规模化率由49%提高到56%，年均提高1.4个百分点；全国100头以上奶牛规模养殖率由37.3%提高到53%，年均提高

3.14个百分点①。全国畜禽监测调查数据显示，2015年，1万头以上生猪养殖单位的生猪饲养量占单位生猪饲养总量的比重由2012年的63.3%上升到2015年（9004万头）的64.3%；1万头以上生猪养殖规模户的生猪饲养量占规模户生猪饲养总量的比重由2012年的18.8%上升到2015年的20.7%②。

4. 水产品产量持续快速增长，生产方式深刻变化

水产品产量由1980年的449.70万吨逐年持续快速增长到2016年的6901.25万吨，年均增长174.37万吨，年均增长率达38.77%。其中，海水产品产量年均增长率为26.26%，淡水产品产量年均增长率为71.65%。同时，随着水产品产量规模的持续增长，水产品养殖方式也发生了深刻变化，采用人工方式养殖的水产品产量增长迅速，由1980年的134.50万吨快速增长到2016年的5142.40万吨，年均增长135.35万吨，年均增长率达100.63%；占比持续上升，由1980年的29.91%上升到2016年的74.51%，年均上升1.21个百分点。捕捞水产品产量缓慢增长，由1980年的315.20万吨增长到2016年的1758.80万吨，年均增长39.02万吨，年均增长率仅为12.38%；占比持续下降，由1980年的70.09%下降到2016年的25.49%，年均下降1.21个百分点。

二 农业产值快速增长，经济结构不断优化

农林牧渔业总产值③由1980年的1922.60亿元（当年价，下同）逐年快速增长到2016年的112091.26亿元，增长57.30倍，年均名义增长12.27%。其中，农业总产值由1980年的1454.10亿元逐年快速增长到2016年的59287.78亿元，增长了39.77倍，年均名义增长11.14%；林业总产值由1980年的81.40亿元逐年快速增长到2016年的4631.55亿

---

① 马有祥：《推进供给侧结构性改革 加快畜牧业转型升级》，《农民日报》2017年10月11日第6版。

② 国家统计局：《农业农村发展再上新台阶 基础活力明显增强——党的十八大以来我国经济社会发展成就系列之三》，http://www.stats.gov.cn/tjsj/sjjd/201706/t20170622_1506090.html。

③ 从2003年起，包括农林牧渔服务业产值。

元，增长了55.90倍，年均名义增长12.08%；牧业总产值由1980年的354.20亿元逐年快速增长到2016年的31703.15亿元，增长了88.81倍，年均名义增长14.10%；渔业总产值由1980年的32.90亿元逐年快速增长到2016年的11602.88亿元，增长351.67倍，年均名义增长18.42%。第一产业增加值由1980年的1359.50亿元快速增长到2016年的63670.70亿元，增长了45.83倍，年均名义增长11.55%。需要注意的是，2011年以来，农林牧渔业总产值和第一产业增加值增长速度均呈现不同程度的持续回落趋势，分别由2011年的17.29%、17.28%逐年持续下降到2016年的4.70%、4.61%，年均下降率均达2.10%，增速回落幅度较大；同时，第一产业增加值在国内生产总值（GDP）中的比重继续稳定下降，由2011年的9.40%下降到8.60%。尽管农业经济增速回落趋势明显，但并没有出现农林牧渔业生产的明显波动。这表明，经济新常态下，农业增长的稳定性不断增强，农业结构调整正在稳步推进。农业稳定增长为国民经济平稳运行和增长质量提高提供了坚实支撑。

从各行业产值占比看（见图1—1），农业产值占比不断下降，牧业产值占比和渔业产值占比不断上升，林业产值占比基本保持稳定，农林牧

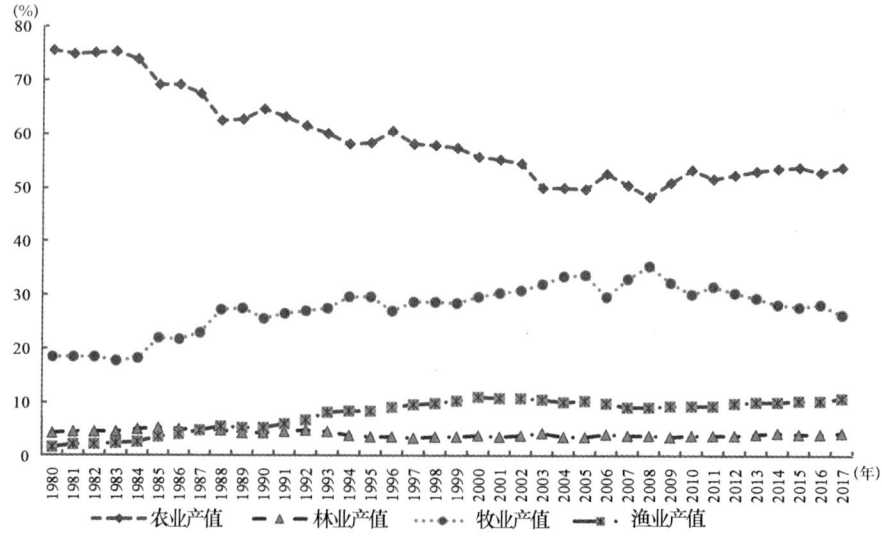

图1—1 中国农林牧渔业总产值结构变化趋势（1980—2017）

资料来源：《中国统计年鉴》（1981—2018）。

渔业结构不断优化。2017年，农业产值占比53.81%，比1980年下降21.82个百分点；牧业产值占比26.40%，比1980年上升7.98个百分点；渔业产值占比10.74%，比1980年上升9.03个百分点。但是，渔业产值占比自1997年以来一直保持在10%左右；林业产值占比自改革开放以来一直在4%左右徘徊。

第二节 现代农业发展条件持续改善

一 农业机械化水平持续提升

农业机械化是提高农业科技和装备水平的重要载体，是建设现代农业的重要物质基础。改革开放以来，中国农业机械装备总量和农业机械化水平实现了跨越式发展，农机总动力呈快速持续逐年增长趋势，由1980年的1.47亿千瓦持续快速增长到2016年的9.73亿千瓦，增长了5.62倍，年均增长15.19%。农用机械装备结构日益优化，大中型拖拉机拥有量由1980年的74.49万台增长到2016年的645.35万台，年均增长20.71%；小型拖拉机拥有量由1980年的187.40万台增长到2016年的1671.61万台，年均增长21.41%；农用排灌柴油机拥有量由1980年的289.90万台增长到2016年的940.77万台，年均增长6.08%。2016年，拖拉机与农机具配套比达1∶1.74。同时，随着农机装备总量的快速增长，每公顷耕地拥有农机动力和每个农业劳动力拥有农机动力也呈快速上升趋势，分别由1980年的1.48千瓦和0.49千瓦快速上升到2016年的8.43千瓦和3.79千瓦，年均上升率分别达14.23%和20.41%。

农业机械化水平呈逐年上升趋势（见表1—1），全国农作物耕种收综合机械化水平在2016年达到64.67%，比2001年提高32.49个百分点，年均提高2.03个百分点。其中，机耕水平由2001年的47.41%提高到2016年的81.40%，年均提高2.12个百分点；机播水平由26.06%提高到52.00%，年均提高1.62个百分点；机收水平由17.99%提高到55.04%，年均提高2.32个百分点。同时，农业劳动力占全社会从业人员比重也呈快速的下降趋势，由2001年的44.44%下降到2016年的27.70%，年均下降1.05个百分点；2007年其比重为38.03%。根据农业部农业机械化水平评价发展阶段的划分标准①，中国农业机械化发展在2007年就已经由初级阶段跨入了中级阶段，并呈现逐年提升的趋势，这是农业机械化发展的一个重大转变。一方面，耕种收综合机械化水平跨过40%的门槛，表明农业生产方式实现了有史以来机械化生产方式的比重大于传统生产方式比重的根本性变革。另一方面，农业劳动力占全社会从业人员的比重降至40%以下，表明农业发展方式发生重大转变，由原来以依赖、占用人力资源和畜力资源为主向以依靠科学技术和现代农业装备为主转变。

表1—1　　　　　主要农作物机械化水平（2001—2016）　　　　单位:%

年份	机耕水平	机播水平	机收水平	综合水平
2001	47.41	26.06	17.99	32.18
2002	47.13	26.64	18.33	32.34
2003	46.84	26.71	19.02	32.46
2004	48.90	28.84	20.36	34.32
2005	50.15	30.26	22.63	35.93
2006	55.39	32.00	25.11	39.29
2007	58.89	34.43	28.62	42.47
2008	63.00	38.00	31.00	45.90
2009	65.19	40.59	33.30	48.24
2010	67.70	42.15	36.77	50.76
2011	71.34	43.69	40.11	53.68
2012	72.34	45.44	42.91	55.44
2013	73.98	46.99	46.33	57.59
2014	76.01	48.40	49.49	59.77
2015	78.86	51.04	51.91	62.43
2016	81.40	52.00	55.04	64.67

注：机耕水平是指机耕面积占实际总耕地面积（总播种面积－免耕播种面积）的比重，机播水平是指机播面积占总播种面积的比重，机收水平是指机收面积占总播种面积的比重，耕种收综合机械化水平为机耕、机播和机收的加权算术平均数，权重分别为0.4、0.3、0.3。

资料来源：《全国农机化统计年报》（2002—2016）。

---

① 农业部2007年发布了"中国农业机械化水平评价发展阶段的划分标准（2007年9月1日开始实施）"，具体内容为：（1）初级阶段：耕种收综合机械化水平＜40%，农业劳动力占全社会从业人员比重＞40%；（2）中级阶段：耕种收综合机械化水平达40%—70%，农业劳动力占全社会从业人员比重为20%—40%；（3）高级阶段：耕种收综合机械化水平＞70%，农业劳动力占全社会从业人员比重＜20%。

二 现代农产品流通体系日益健全

农产品流通连接生产与消费,是现代农业产业链和价值链的重要环节,是实现市场供给和农民增收的重要路径,也是现代农业服务业的核心内容和重要支撑。经过多年的改革和发展,农产品流通已初步形成以集贸市场为基础,以批发市场为中心,以期货市场为引导,以农民经纪人、运销商贩、农村合作经济组织、供销社、连锁店、超市、加工企业、电商平台等为主体的农产品流通体系,建立了多种形式流通模式和渠道。杜志雄和肖卫东(2011)认为农产品流通包括五种流通模式,分别为:(1)直销型流通模式:这是农产品最原始、最初级的流通形式,主要是农户、农产品生产基地自己闯市场,找销路、搞运销,将农产品配送到批发市场或者消费者;(2)契约型流通模式:主要是企业与农户或合作社之间通过契约形式加以联结,农户提供农产品,由合作社或加工企业负责进入市场;(3)联盟型流通模式:主要是指以农产品批发市场为中心,由它把农产品生产者与批发商、零售商、运输商、加工保鲜企业等,通过利益联结和优势互补形成战略联盟;(4)农超对接:传统的农超对接模式是"超市+基地",大型连锁超市建立农产品直接采购基地,实现大型连锁超市与鲜活农产品产地的农民或专业合作社实现产销直接对接;(5)以农民专业合作经济组织为载体的合作型流通模式:主要是通过建立和发展农民专业合作社将从事同类农产品生产经营的农民组织起来,架起一家一户小生产与大市场的桥梁。现阶段,中国农产品流通渠道主要包括以下三类:(1)以批发市场为核心的农产品流通渠道;(2)以超市为核心的"农超对接"流通渠道;(3)新兴的以电商为主导的农产品电商平台流通渠道(卢奇、洪涛等,2017)。

截至 2013 年年底,全国共有农产品批发市场 4400 多家,其中,综合市场数量超过 1700 家,占全国农产品批发市场总数的 39.60%(马增俊,2015)。全国亿元以上商品交易市场统计数据表明,2008—2016 年,全国亿元以上农产品综合市场由 630 个增长到 681 个,年均增长 5.7 个;营业面积由 1416.77 万平方米扩大至 2402.50 万平方米,年均增长 109.53 万平方米;成交额由 3910.42 亿元增长到 11099.70 亿元,年均增长

20.43%。亿元以上农产品专业市场由921个增长到966个，年均增长5个；营业面积由3369.22万平方米扩大至4371.80万平方米，年均增长111.40万平方米；成交额由7939.16亿元增长到17466.50亿元，年均增长13.33%。在亿元农产品市场中，批发市场交易额由10863.82亿元增长到26880.57亿元，年均增长16.38%，高于农产品市场交易额年均增长率2.02个百分点。2016年，农产品批发市场交易额是零售市场交易额的8.80倍。

第三节　新型农业经营体系不断完善优化

一　新型农业经营主体和服务主体不断涌现、发展壮大

近年来，随着农业农村经济的快速发展和农村改革的不断深化，中国各具特色的新型农业经营主体不断涌现、发展壮大，已成为现代农业发展的生力军和转变农业发展方式的重要主体。2016年，家庭农场、农民专业合作社、龙头企业等新型农业经营主体和服务主体竞相发展，总量达到280万个；同时，新型职业农民数量不断增长，已达1270多万人。各类新型农业经营主体和服务主体发展情况见表1—2。新型农业经营主体是指不同于普通农户、小规模家庭经营的农业生产者和农业生产性服务提供者，通常包括专业大户、农民专业合作社、家庭农场、农业企业、农业经营性服务组织等。其中，专业大户和家庭农场是粮食等重要农产品生产的基本主体和主力军，实行家庭经营，在农业生产经营活动中发挥着基础性作用。农民合作社兼具多种身份，既兼具普通农户和新型农业经营主体身份，又兼具生产主体和服务主体身份；农民合作社主要开展合作经营，从而具有联系农民、组织农民、服务农民、带动农民的独特优势和功能。龙头企业是重要的农业产业化经营组织，具有产权关系明晰、治理结构完善、经营管理能力强、经营效率高等显著优势，主要开展公司经营，在高端农产品生产方面具有显著的引导示范效应和辐射带动效应；农业经营性服务组织着力为各类农业生产主体提供优质农业服务。新型农业经营主体具有农业（土地）经营规模较大，经营管理能力、市场适应能力和抗风险能力较强，劳动生产率、资源利用率和土地

产出率较高的显著特点,并进行规模化、组织化、专业化、集约化、市场化经营。因而,新型农业经营主体一方面体现了改造传统农业的历史规律性,另一方面符合提升农业现代性和质量水平的基本要求,能够便捷引入、优化组合、集成利用技术、制度、管理等先进、现代化生产要素,引领现代农业发展方向。

表1—2　　　　　　　　中国新型农业经营主体发展情况

经营主体	截止时间	发展情况
专业大户	2013年年底	经营面积在50亩以上的专业大户287万户;其中,种粮大户68.2万户,经营耕地面积1.34亿亩,占全国耕地面积的7.3%
家庭农场	2016年年底	各类家庭农场87.7万家,其中,纳入农业部门名录管理的家庭农场44.50万户,比2013年的13.9万户增长2.20倍,平均每个种植业家庭农场经营耕地170多亩,相当于农户平均种植面积的22.9倍;在工商部门登记注册的家庭农场42.50万户,比2013年的10.6万户增长3.01倍。家庭农场经营耕地1.76亿亩,占承包地耕地面积的13.4%
农民专业合作社	2016年年底	按工商部门登记注册标准,农民合作社达190.80万家,入社农户11448万户,占农户总数的46.60%;其中,国家级示范合作社8000家,县级及以上各级示范合作社13.5万家,农民合作社联社7200多家;农民合作社统一经营1.1亿多亩土地,占耕地总面积的8.4%
农业龙头企业	2016年年底	各级各类龙头企业数量达12.9万家,实现销售收入9万多亿元;在农产品市场上,龙头企业提供了1/3的农产品及加工制品供给、2/3以上的城市"菜篮子"产品供给;龙头企业辐射带动农户1.2亿户,促进农户实现年均增收3300多元
农业经营性服务组织	2016年年底	各级各类公益性农业服务机构15.2万家,经营性农业服务组织(不包括农民专业合作社和龙头企业)100多万个

资料来源:①张红宇:《新型农业经营主体发展趋势研究》,《经济与管理评论》2015年第1期,第104—109页;②张红宇、杨凯波:《我国家庭农场的功能定位与发展方向》,《农业经济问题》2017年第10期,第4—10页;③余瑶:《我国新型农业经营主体数量达280万个》,《农民日报》2017年3月18日第6版;④翟淑君:《构建现代农业经营体系　实施乡村振兴战略》,《青海日报》2017年10月30日第11版。

二 农村土地流转不断加快,多种形式农业规模经营蓬勃发展

当前,新型农业经营主体的不断涌现、发展壮大,极大地带动了土地流转,从而有力地助推了土地流转型、服务带动型等多种形式的适度规模经营稳步发展,多种形式适度规模经营面积占承包耕地总面积的比重超过30%①。在2007年以前的较长时期内,农村土地流转的规模基本保持稳定,农村家庭承包耕地流转面积占家庭承包耕地面积的比重基本上稳定在4.40%—5.40%。自2008年开始,各地农村土地流转不断加快,土地流转面积逐年扩大,土地流转率快速上升,土地流转面积②由2008年的0.54亿亩快速扩大到2016年的4.79亿亩,2016年土地流转面积是2008年的8.87倍;土地流转率③由2008年的8.85%快速上升到2016年的35.12%,年均上升2.92个百分点。2009—2016年,流入农户的承包耕地面积占比由71.60%下降到58.38%,年均下降1.65个百分点;流入农民专业合作社的承包耕地面积占比由8.87%逐年上升到21.58%,年均上升1.58个百分点;流入企业的承包耕地面积占比年均上升0.10%。截至2016年年底,全国各地成立的土地股份合作社达10.3万家,入股承包耕地面积为2915.5万亩(张红宇,2017)。这表明,流入农民合作社和龙头企业等农业规模经营主体的耕地面积占承包耕地面积总数的比重呈快速上升趋势,土地规模经营快速发展。同时,2009—2015年,经营耕地在30—50亩(含30亩)的农户数由582.30万户增长到695.40万户,年均增长16.16万户;经营耕地在50亩(含50亩)以上的农户数由274.1万户增长到356.6万户,年均增长11.79万户。这表明,普通农户的土地经营规模日益扩大,规模化经营趋势明显。农业部全国家庭农场监测数据表明,2014年、2015年和2016年有效监测样本家庭农场的平均经营土地面积分别为334.17亩、373.69亩和357.36亩,种植类家庭农场分别为368亩、429亩和385亩。农业部专项统计调查数

---

① 余瑶:《我国新型农业经营主体数量达280万个》,《农民日报》2017年3月18日第6版。
② 若无特殊说明,本部分数据均来自《中国农村经营管理统计年报》(2009—2016)。
③ 土地流转率=(家庭承包耕地流转面积/家庭承包耕地面积)×100%。

据表明，2016年，耕地经营规模在200亩以上的粮食类家庭农场占比达36.80%。可见，家庭农场、农民专业合作社已成为引领农业适度规模经营快速发展的重要载体。

在土地规模经营的带动下，代耕代种、联耕联种、土地托管、股份合作等农业生产托管服务方式不断涌现，农业服务规模经营快速发展。截至2016年年底，全国供销合作社系统的农村土地托管服务已从山东拓展到江苏、河南、安徽、江西、辽宁等29个省（区、市），土地托管面积达1亿多亩；建立农村综合服务社37.4万家，覆盖全国66.30%的行政村[1]，从传统的"一供一销"，加快向全程农业社会化服务拓展、向全方位城乡社区服务拓展，成为供销合作社为农服务的一张靓丽名片；探索出了以服务规模化推进农业现代化的新路子。截至2016年年底，山东省提供农业生产托管服务的各类组织达1.17万个，服务农作物面积达1822.4万亩[2]，2017年3月，山东省供销社"土地托管构建综合性为农服务体系"荣膺"2016中国'三农'创新榜大十创新榜样"；湖南省已发展各类农业生产托管服务组织2.03万个，托管服务面积557.16万亩，托管服务对象103.75万户[3]。据测算，通过土地托管，农机作业服务能使粮食作物亩均增产10%—20%，亩均节本增收400—600元；飞防作业服务能降低亩均农药使用量20%；智能施肥服务能减少亩均化肥使用量15%—20%[4]。

第四节 农村新产业新业态不断涌现

近年来，随着"大众创业、万众创新"的深入推进，全国各地陆续实施"回家工程"以及相关政策措施，鼓励、引导外出务工、经商人员、

---

[1] 于璐娜：《秉持初心 驶向综合改革新航程——十八大以来供销合作社系统改革发展成就系列综述》，http://www.chinacoop.gov.cn/HTML/2017/09/21/123787.html。
[2] 引自《山东农业托管服务助推规模经营发展》，《农村经营管理》2017年第3期。
[3] 湖南省农业委员会：《湖南开展农业生产托管服务的实践与探索》，http://www.hunan.gov.cn/2015xxgk/szfzcbm/snywyh/hydt/201703/t20170320_4107328.html。
[4] 赵永平：《谁来种地，怎么种地？——来自山东两个产量大县（市）的土地托管调查》，《人民日报》2017年9月17日第9版。

退伍军人等返乡创业,着力发展"城归经济""归雁经济"。由此,电商农业、休闲农业和乡村旅游业、智慧农业等农村新产业新业态不断涌现、迅猛发展,正为农业农村快速、可持续发展注入新动能。

一 农业农村日益成为"双创"新天地

2013年以来,随着全面深化农村改革的快速推进,农民工返乡就业创业人数逐年增加,2015年农民工返乡就业创业人数22.13万人,2016年增加到28.43万人,增长28.47%;2015年,66.5%的在外就业江西籍农民工有回省就业创业愿望,实际返乡19.4%;在江苏省泗洪县,4276人返乡创业成功,其中,外出务工经商人员占比66.3%,大中专毕业生占比19.7%(韩俊,2017)。农业部最新统计数据显示,截至目前,全国各类返乡下乡就业创业人员700多万人,其中,返乡农民工占比68.5%,涉农创业人员占比60.0%;农村"双创"人员平均年龄44.3岁,男性人员占比91.4%,拥有高中、职高或者大专学历的人员占比40.7%[①]。截至2017年6月底,河南省外出务工返乡创业人员累计89.93万人,其中,2017年上半年新增13.72万人;累计创办企业45.83万个,新增创办企业7.67万个;累计带动就业454.47万人,新增带动就业114.94万人[②]。可见,近年来,农村"双创"人数不断增长,"双创"群体呈现出显著的多元化特征,主要包括三大类群体:一是拥有农村户籍的农民工、中职和普通高等院校毕业生和退役士兵等返乡人员;二是拥有城镇户籍的各类科技人员、中职和普通高等院校毕业生、有下乡意愿的城镇居民等人员;三是农村能人、农村实用人才等人员。

"双创"人员创办的农业经营主体包括家庭农场、农民专业合作社、经营性农业服务组织和各类中小微涉农企业,广泛采用了新技术、新模式和新业态,现代要素投入明显增加,"双创"行业领域不断拓宽。据农业部最新统计,82%以上的"双创"主体在经营、发展农村产业融合项

[①] 《全国返乡下乡双创人员达700万》,《经济日报》2017年9月16日第1版。
[②] 余瑶:《河南:发展"雁归经济"推动农村"双创"》,《农民日报》2017年8月11日第1版。

目，涵盖特色种养业、农产品加工业、休闲农业和乡村旅游业、信息服务业、电商农业、智慧农业、特色工艺产业等农村一二三产业；54.3%的"双创"主体使用互联网等新一代信息技术获得信息和营销产品；89.3%的"双创"主体广泛采用联合创业、合作创业、抱团创业等模式[1]。目前，蓬勃发展的农村创业正在显现"一人创业造福一方"的巨大经济效益和社会效应，"归雁"群体以及带来的"归雁经济"效应正成为一个不能忽视的时代现象。

二 农村电子商务快速发展

得益于"互联网+"的发展普及，1995年以来，农村电子商务等新业态发展迅猛，已初步形成了包括农产品网上期货交易、大宗农产品电子交易、农产品B2B电子商务网站以及涉农网络零售平台等在内的多层次涉农电子商务市场体系和网络体系。商务部统计数据[2]显示，近几年来，农村网民规模持续增长，由2012年的1.56亿人增长到2016年的2.01亿人，年均增长5.78%；2016年，农村网民占全国网民总数的26.70%。农村互联网普及率逐年提高，由2012年的23.70%提高到2016年的33.10%，年均提高1.88个百分点。截至2016年年底，全国共有1311个淘宝村，各类农产品电商园区200家；农村网店832万家，占全国网店总数的25.80%。2016年，农村网络零售额8945.4亿元，其中，实物型网络零售额5792.4亿元；服务型网络零售额3153.0亿元；农产品网络零售额1588.7亿元。2015年，全国已上市交易的农产品期货品种达21个，交易金额48.7万亿元，占全国商品期货市场交易总量的36%；全国农产品大宗商品电子交易市场达到402家（农林牧副渔市场），涉农电商交易额超过20万亿元；商务部农产品网上购销对接会，交易额共计76.6亿元，涉及农产品品种809种，促成农产品销售94.5万吨。2016年，生鲜农产品网络交易市场交易额为913.90亿元，比2015年增长

---

[1] 《全国返乡下乡双创人员达700万》，《经济日报》2017年9月16日第1版。
[2] 若无特殊说明，本部分内容数据均来自中国国际电子商务中心研究院《中国农村电子商务发展报告》（2015—2016，2016—2017），http://ciecc.ec.com.cn/。

68.6%。2015年，山东、安徽、福建、江西四省的农产品电子商务交易规模均突破100亿元大关，同比增长率达30%以上（韩俊，2017）。2012—2016年，阿里巴巴农产品电商由26.02万家快速增长到近100万家，年均增长56.86%；农产品线上交易额由200亿元快速增长到1000多亿元，年均增长80%；2016年，天猫生鲜农产品数量已超12.5万个，阿里零售平台销售额最高的十类农产品依次为坚果（超过100亿元）、茶叶、滋补品、果干、水果、肉类熟食、饮用植物、绿植、水产品、奶制品①。

三 休闲农业和乡村旅游业蓬勃兴起

近年来，在市场拉动、政策推动、创新驱动下，全国各地休闲农业和乡村旅游业等新兴产业蓬勃兴起，呈现出"发展加快、布局优化、质量提升、领域拓展"的良好发展态势，正成为农民持续增收的新亮点、城乡居民休闲旅游和运动康养的新去处，成为农业旅游文化"三位一体"，生产生活生态"三生"同步改善，农村一二三产业深度融合的新产业、新业态、新模式和传承农耕文明的新载体。从2011年开始，农业部持续开展全国休闲农业和乡村旅游示范县（市、区）和示范点创建、中国最美休闲乡村推介和中国美丽乡村试点创建活动，截至2016年年底，共认定536个全国休闲农业与乡村旅游示范点；截至2017年年底，共认定289个全国休闲农业与乡村旅游示范县；2016年至2017年，共推介300个中国美丽休闲乡村②。2015年，山东、云南、福建、广西、陕西等省（自治区）的乡村旅游接待人数都在5000万人次以上，有的省（自治区）达3亿人次，乡村旅游综合消费呈"井喷式"增长态势（韩俊，2017）。据农业部农村社会事业发展中心（2017）不完全统计，2016年，全国休闲农业和乡村旅游的规模化经营主体达30.57万个，比2015年增

---

① 阿里研究院：《阿里农产品电子商务白皮书（2012—2016年）》，http：//www.aliresearch.com/blog.html。

② 2016年农业部只认定74个全国休闲农业与乡村旅游示范县；从2016年开始，国家将全国休闲农业和乡村旅游示范点创建、中国最美休闲乡村推介、中国美丽乡村试点创建三项工作整合为中国美丽休闲乡村推介活动。

长 15%；接待游客近 21 亿人次，营业收入超过 5700 亿元，比 2015 年增长 30%；从业人员达 845 万人，比 2015 年增长 7%；带动 672 万户农民受益，比 2015 年增长 22%；从业人员人均年收入 3 万元以上，户均年收入 6 万元以上，农家乐经营户年收入 20 万元以上；全国休闲农业和乡村旅游园区农副产品销售收入达 3641.50 亿元，占休闲农业和乡村旅游总收入的 63.90%，休闲农业总收入占第一产业产值的比重大幅提升至 25%。

第五节　农业对外开放步伐不断加快，成效显著

一　农产品贸易规模持续快速扩大，贸易结构不断优化

改革开放以来，农产品贸易快速增长，贸易地位和影响不断提高。农产品进出口贸易总额由 1995 年的 254.20 亿美元增长到 2016 年的 1832.30 亿美元，增长了 6.21 倍，年均增长 28.23%。其中，农产品进口额由 108.40 亿美元增长到 1106.20 亿美元，增长了 9.20 倍，年均增长 41.82%；农产品出口额由 145.80 亿美元增长到 726.10 亿美元，增长了 3.98 倍，年均增长 18.09%（见图 1—2）。农产品贸易额占第一产业增加值的比重由 2001 年的 15.80% 提高到 2016 年的 19.11%。目前，中国已成为世界第三大农产品贸易国、第一大农产品进口国，出口额居世界第六位。

2004 年以前，农产品贸易一直处于顺差状态，虽然顺差额不大；从 2004 年起，农产品贸易长期顺差转变为持续性逆差（见图 1—2），并且呈现整体上的扩大态势，由 2004 年的 46.40 亿美元扩大到 2016 年的 380.1 亿美元，逆差额年均扩大 55.32%；2013 年，农产品贸易逆差额最大，为 508 亿美元，比 2004 年扩大了 9.95 倍。

从贸易结构来看，出口主要集中在蔬菜、水果、畜产品、水产品等劳动密集型农产品，进口则集中在食用油籽[①]、谷物、食用植物油、棉花、食糖等土地密集型农产品。2001—2016 年，年均出口额比重较高的

[①] 食用油籽包括大豆、花生、油菜籽、葵花籽、芝麻等含油植物果实，本书统计、分析中的食用油籽主要指大豆、油菜籽和花生。

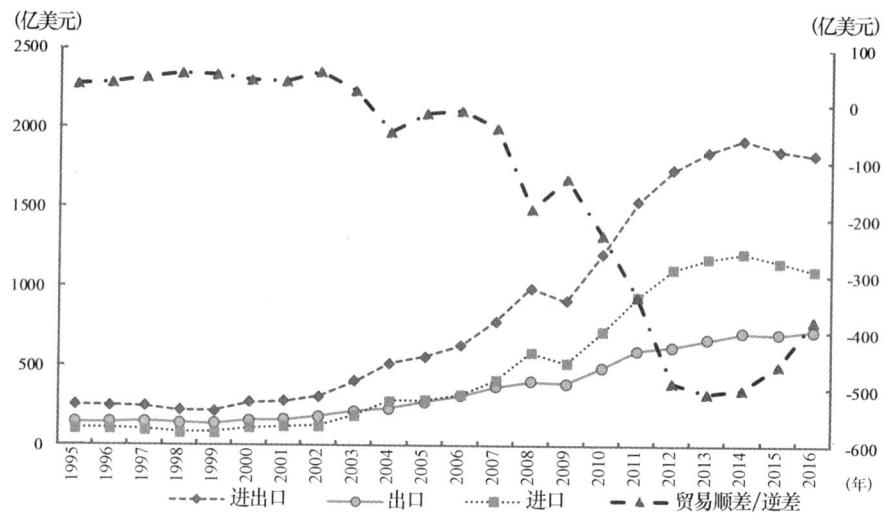

图 1—2 中国农产品进出口贸易增长趋势（1995—2016）

资料来源：《中国统计年鉴》（1996—2016）、《中国进出口月度统计报告（农产品）》（2005—2016）。

农产品依次为水产品（28.45%）、蔬菜（20.17%）、畜产品（10.48%）、水果（8.87%），均为劳动密集型农产品；年均进口额所占比重较大的农产品依次是食用油籽（33.95%）、畜产品（16.13%）、水产品（9.53%）、食用植物油（8.53%）、棉花（6.09%）和谷物（4.03%），以土地密集型农产品为主。

二 农业"引进来"领域不断拓展，成效显著

农业"引进来"与对外开放进程同步，"引进来"领域不断由引资向"引技""引智"拓展，并取得了显著成效。在"引资"方面，1997—2016 年，农业①实际利用外商直接投资额、外商投资企业投资总额呈现增长趋势，外资利用规模不断扩大，分别由 1997 年的 6.28 亿美元、125 亿美元增长到 2016 年的 18.98 亿美元、814 亿美元，年均增长 10.14%、27.56%，累计实际利用外商直接投资额 242.78 亿美元、外商投资企业投

---

① 此处农业，概指农业、林业、牧业和渔业。

资总额5192亿美元。外商投资企业中外方注册资本占比不断上升,由1997年的59.09%上升到2016年的86.10%。在"引技""引智"方面,通过实施一批重大联合项目,引进了大量农业种质资源、技术、农机装备、管理经验和智力资源。截至2015年9月,"948计划"[①]向40余个国家(地区)派出1576名专家学习考察和开展合作研究,请进1253名专家开展农业技术交流、合作研究与培训;引进动植物、微生物种质资源及优良品种24700多份、先进及实用技术1000余项、关键仪器设备430余台(套)。通过消化吸收再创新,共育成新品种260多个,取得专利技术和品种权545个,培养硕博士人才近2100人[②]。目前,引进的国际农业、牧业、渔业先进技术几乎囊括了农业产前、产中和产后加工的所有环节。经测算,国际合作使中国农业科技研发时间平均缩短10—15年,节约研发经费30%—50%[③]。

三 实施农业"走出去"战略,农业对外直接投资快速增长

2004年以来,农业"走出去"步伐加快推进,农业对外投资呈现出全方位、宽领域、多层次格局,农业[④]对外直接投资规模快速扩大(见图1—3),投资流量由2004年的2.90亿美元增长到2016年的32.87亿美元,增长了10.34倍,年均增长79.54%;投资存量由2004年的8.34亿美元增长到2016年的148.85亿美元,增长了16.85倍,年均增长129.62%。截至2016年年底,农业对外投资存量超过1800亿元人民币,在全球100多个国家和地区设立农林牧渔类境外企业1300多家[⑤]。

[①] 1994年8月,经国务院批准,农业部、国家林业局和水利部共同组织实施引进国际先进农业科学技术计划(简称"948"计划),以尽快缩小中国农业科技与世界先进水平的差距。该计划是中国唯一以引进国际先进农业科学技术为内容的专项计划,自1996年5月正式开始实施。

[②] 冯华:《中国农业走向世界大舞台——我国农业国际交流与合作发展成就综述》,《人民日报》2016年6月2日第22版。

[③] 白锋哲、吕珂昕:《开放合作引领农业走向世界——党的十八大以来农业国际合作成就综述》,《农民日报》2017年9月23日第1版。

[④] 此处农业,概指农业、林业、牧业和渔业。

[⑤] 白锋哲、吕珂昕:《开放合作引领农业走向世界——党的十八大以来农业国际合作成就综述》,《农民日报》2017年9月23日第1版。

从投资领域看，农业对外投资领域不断拓展，覆盖了种植业、林业、畜牧业、渔业和相关服务业等各个行业，以及生产、加工、仓储和物流等主要环节。具体包括粮油作物种植、农畜产品养殖加工、仓储物流体系建设、森林资源开发、园艺产品生产、橡胶产品生产、水产品生产与加工、设施农业、农村能源与生物质能源及远洋渔业捕捞等。在这些行业中，对外农业直接投资主要集中于国内需求旺盛、国内生产比较优势不强、供给紧张的种植业和远洋渔业以及农林牧渔服务业。农业部企业对外农业投资合作信息采集数据显示[①]，截至2014年年底，在505家境外企业中，种植业企业有256家（占比为50.69%），农林牧渔服务业企业有112家（占比为22.18%），渔业企业有45家（占比为8.91%）；在17.98亿美元投资流量中，种植业投资流量有9.5亿美元（占比为52.84%），农林牧渔服务业投资流量有3.91亿美元（占比为21.75%），渔业投资流量有2.11美元（占比为11.74%）。

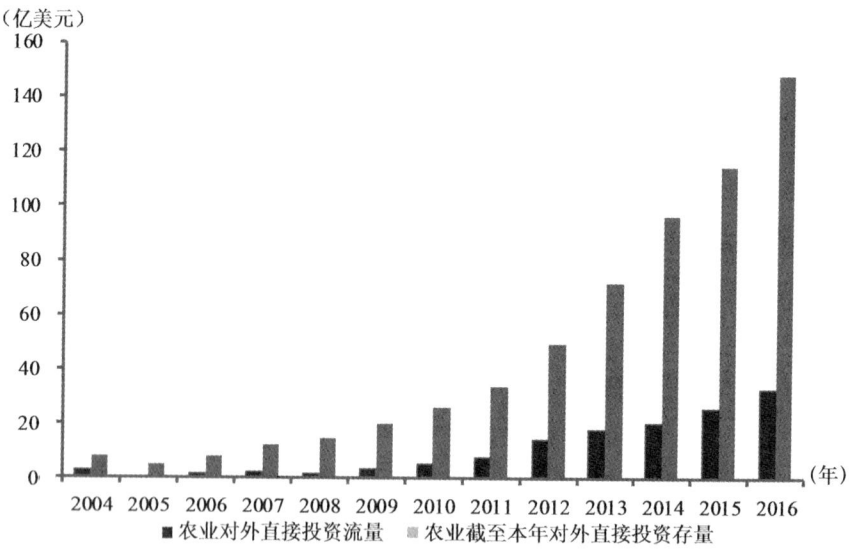

图1—3　中国农业对外直接投资发展趋势（2004—2016）

资料来源：《中国统计年鉴》（2009—2017）、《中国对外直接投资统计公报》（2004—2007）。

---

① 农业部国际合作司，农业部对外经济合作中心：《中国对外农业投资合作分析报告（2015年度）》，中国农业出版社2016年版。

第六节 农民收入持续较快增长，消费水平不断提高

一 农民收入持续较快增长

按照现行统计口径①，居民可支配收入由工资性收入、经营净收入、财产净收入和转移净收入四部分构成。1995年以来，农村居民人均可支配收入呈现持续较快增长态势（见表1—3），由1995年的1577.74元增长到2016年的12363.41元，年均增长490.26元。尤其是党的十八大以来，各级政府多措并举，从持续增加居民收入尤其是财产性收入、转移性收入着手，全力为农村居民增收注入新动力。2012—2016年，农村居民人均可支配收入年均实际增长8.0%，快于城镇居民收入年均增速（6.5%）1.5个百分点，快于GDP增速（7.32%）0.68个百分点；城乡居民人均可支配收入之比由2.88（农村居民收入=1）下降到2.72，下降了0.16，城乡居民收入差距不断缩小。

表1—3　　　　农村居民人均收入及其结构（1995—2016）

年份	人均可支配收入（元）	工资性收入 收入额（元）	工资性收入 所占比重（%）	经营净收入 收入额（元）	经营净收入 所占比重（%）	财产净收入 收入额（元）	财产净收入 所占比重（%）	转移净收入 收入额（元）	转移净收入 所占比重（%）
1995	1577.74	353.70	22.42	1125.79	71.35	40.98	2.60	57.27	3.63
1996	1926.07	450.84	23.41	1362.45	70.74	42.59	2.21	70.19	3.64
1997	2090.13	514.55	24.62	1472.72	70.46	23.61	1.13	79.25	3.79
1998	2161.98	573.58	26.53	1466.00	67.81	30.37	1.40	92.03	4.26
1999	2210.34	630.26	28.51	1448.36	65.53	31.55	1.43	100.17	4.53

---

① 从2013年起，国家统计局开展了城乡一体化住户收支与生活状况调查，与2013年前的分城镇和农村住户调查的调查范围、调查方法、指标口径有所不同。2013年以前，城镇居民收入指标为人均可支配收入，农村居民收入指标为人均纯收入（包括财产性收入、经营性收入、财产性收入和转移性收入）；从2013年起，城镇居民、农村居民收入指标统一为人均可支配收入（包括财产性收入、经营净收入、财产净收入和转移净收入）。在农产品消费上，2013年的调查范围和指标口径为食品支出，从2013年起为食品烟酒支出。

续表

年份	人均可支配收入（元）	工资性收入 收入额（元）	工资性收入 所占比重（%）	经营净收入 收入额（元）	经营净收入 所占比重（%）	财产净收入 收入额（元）	财产净收入 所占比重（%）	转移净收入 收入额（元）	转移净收入 所占比重（%）
2000	2253.42	702.30	31.17	1427.27	63.34	45.04	2.00	78.80	3.50
2001	2366.40	771.90	32.62	1459.63	61.68	46.97	1.98	87.90	3.71
2002	2475.63	840.22	33.94	1486.54	60.05	50.68	2.05	98.19	3.97
2003	2622.24	918.38	35.02	1541.28	58.78	65.75	2.51	96.83	3.69
2004	2936.40	998.46	34.00	1745.79	59.45	76.61	2.61	115.54	3.93
2005	3254.93	1174.53	36.08	1844.53	56.67	88.45	2.72	147.42	4.53
2006	3587.04	1374.80	38.33	1930.96	53.83	100.50	2.80	180.78	5.04
2007	4140.36	1596.22	38.55	2193.67	52.98	128.22	3.10	222.25	5.37
2008	4760.62	1853.73	38.94	2435.56	51.16	148.08	3.11	323.25	6.79
2009	5153.17	2061.25	40.00	2526.78	49.03	167.20	3.24	397.94	7.72
2010	5919.01	2431.05	41.07	2832.80	47.86	202.25	3.42	452.91	7.65
2011	6977.29	2963.43	42.47	3221.98	46.18	228.57	3.28	563.31	8.07
2012	7916.58	3447.46	43.55	3533.37	44.63	249.05	3.15	686.70	8.67
2013	9429.59	3652.50	38.73	3934.86	41.73	194.71	2.06	1647.52	17.47
2014	10488.90	4152.20	39.59	4237.40	40.40	222.10	2.12	1877.20	17.90
2015	11421.70	4600.30	40.28	4503.60	39.43	251.50	2.20	2066.30	18.09
2016	12363.41	5021.85	40.62	4741.28	38.35	272.05	2.20	2328.23	18.83

资料来源：《中国统计年鉴》（1996—2017）。

从农村居民收入来源结构看，四种来源收入额均呈现持续快速增长趋势，但经营净收入占比呈现快速下降趋势，工资性收入占比和转移净收入占比呈现持续稳步上升趋势，财产净收入占比整体呈波动下降趋势。在2016年农村居民人均可支配收入中，工资性收入为5021.85元，比1995年增长4668.15元，年均增长212.19；占人均可支配收入的比重由1995年的22.42%快速上升到2016年的40.62%，上升18.20个百分点。转移净收入为2328.23元，比1995年增长2270.96元，年均增长103.23元；占比由1995年的3.63%快速上升到2016年的18.83%，上升

15.20个百分点。经营净收入4741.28元，比1995年增长3615.49元，年均增长164.34元；占比由1995年的71.35%快速下降到2016年的38.35%，下降33个百分点。财产净收入272.05元，比1995年增长231.07元，年均增长10.50元，占比由1995年的2.60%下降到2016年的2.20%，下降0.4个百分点。在四种来源构成中，工资性收入和经营净收入一直是主要来源，但从2015年开始，工资性收入额及其占比均高于经营净收入，分别高出96.70元、0.85个百分点，成为农村居民人均可支配收入中的最大一部分。财产净收入额最小，所占比重最低，一直是农民收入的"短板"。但是，从长远看，随着今后农村集体产权制度改革、承包地"三权分置"改革的加速推进和农村产权市场的不断完善，农民财产性收入还有很大的增长空间，增长潜力较大（张红宇，2015）。

二 农村居民消费水平持续提高，消费结构不断升级

从消费支出看，农村居民人均消费支出由1995年的1310.36元增长到2016年的10129.80元，增长了8819.44元，年均增长30.59%。八大类消费品[①]人均消费支出均呈持续增长态势，其中，人均交通通信支出的增长速度最快，年均增长178.56%；其他依次为人均医疗保健支出（94.89%）、人均居住支出（49.02%）、人均教育文化娱乐支出（42.97%）、人均生活用品及服务支出（34.99%）、人均其他用品及服务支出（32.13%）、人均衣着支出（24.59%）、人均食品烟酒支出（14.78%）。从各消费品支出占比及变化趋势看，人均食品烟酒消费支出占比（也即恩格尔系数[②]）呈持续大幅下降趋势，由1995年的58.62%下降到2016年的32.24%，下降了26.38个百分点，年均下降1.20个百分点；人均衣着消费支出占比呈缓慢小幅下降趋势，由6.85%下降到

[①] 在中国，国家统计局将农村居民消费划分为八大类，分别为食品烟酒、衣着、居住、生活用品和服务、交通通信、教育文化娱乐、医疗保健、其他用品及服务。其中，食品烟酒、衣着、生活用品和服务等为可贸易商品，交通通信、教育文化娱乐和医疗保健等为不可贸易商品。农村居民消费结构即为各类消费品支出在总消费支出中的所占比重。

[②] 恩格尔系数是用来反映居民生活水平高低的指标，指居民食品（烟酒）支出额在消费支出总额中的比重。

5.68%；人均生活用品及服务支出占比、人均其他用品及服务支出占比基本保持稳定；而人均交通通信支出占比、人均居住支出占比、人均医疗保健支出、人均教育文化娱乐支出占比均呈上升趋势，分别上升了10.84个百分点、7.29个百分点、5.93个百分点和2.76个百分点（见表1—4）。按照恩格尔系数联合国标准[①]，2016年，农村居民生活处于相对富裕阶段。可见，随着农村居民收入的不断增长，农村居民消费水平持续提高，消费结构升级趋势非常明显，具体表现为恩格尔系数和衣着支出占比的下降，以及交通通信、教育文化娱乐和医疗保健等为不可贸易商品支出占比的上升。农村居民消费理念由注重数量增长、满足量的需求，向关注结构升级、质量提升和质的需求转变；消费层次由生存型（或者温饱型）向发展型、享受型转变。

表1—4　　　　农村居民人均消费支出及其结构（1995—2016）

年份	人均消费支出（元）	食品烟酒	衣着	居住	生活用品及服务	交通通信	教育文化娱乐	医疗保健	其他用品及服务
1995	1310.36	58.62	6.85	13.91	5.23	2.58	7.81	3.24	1.76
1996	1572.08	56.33	7.24	13.93	5.36	2.99	8.43	3.71	2.02
1997	1617.15	55.05	6.77	14.42	5.28	3.33	9.16	3.86	2.12
1998	1590.33	53.43	6.17	15.07	5.15	3.82	10.02	4.28	2.07
1999	1577.42	52.56	5.83	14.75	5.22	4.36	10.67	4.44	2.18
2000	1670.13	49.13	5.75	15.47	4.52	5.58	11.18	5.24	3.14
2001	1741.09	47.71	5.67	16.03	4.42	6.32	11.06	5.55	3.24
2002	1834.30	46.25	5.72	16.36	4.38	7.01	11.47	5.67	3.14
2003	1943.30	45.59	5.67	15.87	4.20	8.36	12.13	5.96	2.21
2004	2184.65	47.23	5.50	14.84	4.08	8.82	11.33	5.98	2.21
2005	2555.40	45.48	5.81	14.49	4.36	9.59	11.56	6.58	2.13

① 联合国根据恩格尔系数大小对一国或地区居民生活水平进行划分，恩格尔系数在60%以上为贫穷，50%—60%为温饱，40%—50%为小康，30%—40%为相对富裕，20%—30%为富裕，20%以下为极其富裕。

续表

年份	人均消费支出（元）	不同商品人均消费支出占比（%）							
		食品烟酒	衣着	居住	生活用品及服务	交通通信	教育文化娱乐	医疗保健	其他用品及服务
2006	2829.02	43.02	5.94	16.58	4.47	10.21	10.79	6.77	2.23
2007	3223.85	43.08	6.00	17.80	4.63	10.19	9.48	6.52	2.30
2008	3660.68	43.67	5.79	18.54	4.75	9.84	8.59	6.72	2.09
2009	3993.45	40.97	5.82	20.16	5.13	10.09	8.53	7.20	2.11
2010	4381.82	41.09	6.03	19.06	5.34	10.52	8.37	7.44	2.15
2011	5221.13	40.36	6.54	18.41	5.92	10.48	7.59	8.37	2.34
2012	5908.02	39.33	6.71	18.39	5.78	11.05	7.54	8.70	2.50
2013	7485.10	34.13	6.06	21.11	6.08	11.69	10.08	8.93	1.93
2014	8382.57	33.57	6.09	21.03	6.04	12.08	10.25	8.99	1.94
2015	9222.59	33.05	5.97	20.89	5.92	12.61	10.51	9.17	1.89
2016	10129.80	32.24	5.68	21.20	5.88	13.42	10.57	9.17	1.84

资料来源：《中国统计年鉴》（1996—2017）。

进一步看，每一消费品大类内部也存在结构升级，突出表现在食品消费结构升级和耐用消费品的持续增加。从全国农村居民人均主要食品消费量看（见表1—5），除谷物、猪肉和食用植物油外（分别由2013年的169.75公斤、19.07公斤、9.32公斤下降到2016年的147.07公斤、18.68公斤、9.30公斤），其他类食品人均消费量均呈增长趋势，2013—2016年，人均薯类消费量增长0.15公斤，豆类增长1.25公斤，蔬菜及食用菌增长0.83公斤，牛肉增长0.15公斤，羊肉增长0.40公斤，禽类增长1.75公斤，水产品增长0.93公斤，蛋类增长1.453公斤，奶类增长0.92公斤，干鲜瓜果类增长7.29公斤，食糖增长0.17公斤。这表明，农村居民主要食品消费结构明显升级，总的趋势是满足生存需要的谷物人均消费量呈现下降态势，而满足营养健康和发展需要的豆类、蔬菜及食用菌、禽类、水产品、蛋类、干鲜瓜果类等食品人均消费量呈现增长态势，消费更趋高品质营养型。

表1—5　　　　农村居民人均主要食品消费量（2013—2016）　　　单位：公斤

主要食品	2013年	2014年	2015年	2016年
谷物	169.75	159.06	150.21	147.07
薯类	2.71	2.42	2.70	2.86
豆类	6.05	6.16	6.60	7.30
食用植物油	9.32	8.97	9.19	9.30
蔬菜及食用菌	90.63	88.94	90.34	91.46
猪肉	19.07	19.20	19.45	18.68
牛肉	0.76	0.77	0.84	0.91
羊肉	0.71	0.72	0.90	1.11
禽类	6.16	6.70	7.11	7.91
水产品	6.56	6.76	7.15	7.49
蛋类	6.96	7.21	8.30	8.48
奶类	5.71	6.43	6.33	6.63
干鲜瓜果类	29.53	30.28	32.34	36.81
食糖	1.19	1.30	1.32	1.36

资料来源：《中国统计年鉴》（2017）。

1985年，农村居民家庭拥有的耐用消费品主要为自行车（80.64辆/百户）、缝纫机（43.21架/百户）、收音机（54.19台/百户）、黑白电视机（11.74台/百户）、收录机（4.33台/百户）、电风扇（9.66台/百户）等，仅有极少数家庭拥有洗衣机（1.90台/百户）、彩色电视机（0.80台/百户）、电冰箱（0.06台/百户）。2016年，每百户农村居民家庭拥有的彩色电视机、电冰箱、洗衣机等传统耐用消费品分别达118.80台、89.50台、84台。而且，农民住房条件大为改善，许多农民家庭盖起了两三层小楼，安装了热水器和空调，使用了微波炉；2016年，每百户农村居民家庭拥有的热水器、空调、微波炉等现代化耐用消费品分别为59.70台、47.60台、16.1台。在传统、现代化耐用消费品拥有量稳步提高的同时，信息化和通信设备、现代化交通工具在农村普及的速度加快，农村居民家庭生活逐步进入信息化、智能化、电气化时代。2016年，平均每百户农村居民家庭拥有240.70部移动电话（平均每家拥有2.41部，而且多为智能型手机）、27.90台计算机、65.10辆摩托车、57.70辆电动助力车；不少农民还开上了家用小轿车，2016年每百户农村居民家庭拥有17.40辆家用小轿车，比2010年增加了14.65辆。而且，代表发展和享受型的旅游消费需求增长迅速，每年的农村居民国内旅游人数由1995年的3.83亿人次持续快速增长到2016年的12.40亿人次，农村居民国内旅游总花费由235.60亿元增长到7147.80亿元，人均花费由61.50元上升到576.40元，外出旅游成为农民的时尚生活方式之一，农村居民旅游潜力不断释放。

第二章

农业发展面临的主要问题

第一节 农业发展面临多重安全隐患

改革开放以来,中国农业发展取得了举世瞩目的历史性成就,为全球粮食安全、贫困治理和农业可持续发展做出了巨大贡献。然而,我们必须要认识到,在全球经济长期低位运行、各国对粮食等资源争夺态势激烈和西方国家限制中国崛起的新形势下,中国农业安全面临的风险复杂而多重。

一 粮食安全存在结构性矛盾

随着城乡居民的生活水平不断提高,居民对农产品的需求由从前的"吃饱"向"吃好"转变,逐渐进入了消费主导农业发展转型的新阶段[①]。但由于资源环境约束、农产品价格机制等因素的影响,当前主要农产品供需存在结构性矛盾,一般表述为"阶段性的供过于求和供不应求并存"(陈锡文,2016)和粮食生产连增、部分产品进口快速增长与部分产品库存过多的"三量齐增"现象。具体表现在两个方面:一是从总体看,中低档农产品供给过多,远大于需求,而绿色、安全、优质、放心高档农产品生产不足,供不应求;二是从具体品种看,玉米、小麦等粮

---

① 2016年5月,农业部印发的《全国种植业结构调整规划(2016—2020年)》中明确提到,"消费结构升级的要求越来越高。经济的发展使城乡居民的支付能力和生活水平不断提高,消费者对农产品的需求由吃得饱转向吃得好、吃得安全、吃得健康,进入消费主导农业发展转型的新阶段"。

食产品供过于求，而大豆、食糖、棉花、奶制品等重要农产品生产不足，难以满足市场需求（魏后凯，2017）。其中，尤以玉米和大豆的供需矛盾最为突出，玉米供大于求，库存居高不下；大豆供不应求，国内需求面临巨大供给缺口，且主要通过进口填补。2015年，玉米产量超过国内消费量26.5%。2001年以来，大豆进口量快速持续增长，由2001年的1394万吨增长到2016年的8391万吨，增长了5倍；进口量与国内产量之比由2001年的0.90∶1扩大到2016年的6.41∶1。大豆进口持续增长使中国大豆进口依存度不断提高，大豆进口量占国内消费量①的比重由2001年的47.92%上升到2016年的86.48%。有关数据统计显示，2015—2016年度，玉米库存达1.53亿吨，占三大主粮政策性期末库存总量（2.4亿吨）的63.75%；稻谷库存0.69亿吨，占比28.75%；小麦库存0.18亿吨，占比7.5%②。2015年11月，一项执法实施检查结果③显示，当前，中国10%左右的政策性粮食库存已经达到或者超过正常储备年限，库存积压严重。

可见，一方面农产品有大量的缺口；另一方面，由于进口产生大量过剩，即有效供给不足和结构性过剩并存，给粮食收储、安全储粮和财政负担带来巨大压力，这是当前中国粮食安全面临的最突出问题。2017年10月，英国《经济学人》杂志发布的《全球粮食安全指数报告（2017）》研究结论显示，在113个被评估国家中，中国粮食安全指数④排名第45位，比2015年下降3位，处于中等偏上水平。

---

① 由于缺乏大豆期初库存量数据，消费量为表观消费量，表观消费量＝产量＋进口量－出口量。

② 刘笑然：《粮食去库存：不妨试试"种大豆压玉米"》，《粮油市场报》2015年12月19日第B03版。

③ 指第十二届全国人民代表大会常务委员会第十七次会议公布的《农业法》执法实施检查结果。

④ 从2017年开始，全球粮食安全指数（GFSI）主要根据食品价格承受力、食品供应充足程度、食品质量与安全保障、自然资源及复原力四个指标计算。往年主要包括前三个指标，2017年增加了第四个指标。2017年，中国这四个指标的排名分别为第47位、第48位、第38位和第66位。

二 种业安全危机深重

种子是农业的"芯片",种业是现代农业发展的"生命线"和保障国家粮食安全的基石和根本,绝对不可受制于人。中国于 2001 年正式加入 WTO 后,种业市场对外开放,巨大的市场空间吸引外国资本通过投资、贸易和合作研发等方式纷纷抢滩中国种业市场,这一方面激活了国内种业活力、促进种业快速发展;但另一方面挤压了国内种业发展空间,使得种业安全面临严峻挑战,危机深重。一是国内种业企业数量众多,但企业规模普遍较小、普遍缺乏自主研发体系和研发能力。截至 2016 年年底,全国持证种业企业 4316 家,虽然比 2011 年减少了一半多,但种业企业数量仍然远远多于美国(大约 1000 家);注册资本超过 1 亿元的种业企业 200 多家,虽然比 2011 年增加了 2 倍多,但其占种业企业总数的比重仅为 4.63%;2016 年,全国 50 强种业企业的科研投入累计达到 14 亿元,占销售额的 7.4%[①],比 2011 年提高了近 3 个百分点。在全国持证种业企业中,具有真正研发实力的种业企业不到 100 家,种业上市公司的研发投入占主营业务收入的比重由 2011 年的 2.52% 上升到 2016 年的 3.56%,但仍低于国际正常线[②]与跨国种业公司年均 10% 以上的研发投入水平;2016 年,研发投入超过亿元的种业企业只有 5 家,分别为隆平高科(3.82 亿元)、登海种业(6.13 亿元)、荃银高科(3.82 亿元)、垦丰种业(6.13 亿元)、丰乐种业(2.65 亿元),与跨国种业公司先正达、孟山都相比还有极大差距,2012—2016 年先正达、孟山都的年均研发投入分别为 13.46 亿美元和 15.70 亿美元[③]。

二是外国资本大举侵入、布局和控制中国种业市场。目前,美国杜邦先锋、孟山都等全球 10 大跨国种业公司中,已有 8 家在中国设立分支

[①] 《种业"四变"——党的十八大以来民族种业改革发展纪实》,《农民日报》2017 年 10 月 17 日第 8 版。

[②] 国际公认标准为:企业研发投入占其销售额的比重低于 1% 为"死亡线",2% 是"维持线",5% 是"正常线"。

[③] 《智种网发布:中国种业研发实力报告,科研投入过亿企业仅有 5 家》,http://www.sohu.com/a/198677757_189731。

机构，持证外资种业企业49家（刘定富，2016）。统计数据显示，目前，在中国的蔬菜种业市场上，国外蔬菜种子已占据中国蔬菜种业市场份额的50%以上，几乎涉及所有蔬菜品种；同时，国外种子还大举进入玉米、小麦、大豆、花卉等领域，占据这些农作物种业国内市场近80%的利润[①]。跨国种业公司杜邦先锋的玉米种子"先玉335"已控制中国玉米种业5%的市场份额，并成为中国种植的第三大玉米品种，该品种在吉林、山西、黑龙江三省的种植面积占该品种全国种植面积的73%（王娅、窦学诚，2015）。更重要的是，近年来，跨国种业企业紧锣密鼓地通过设立研发中心、合资企业和合作研究等方式在中国进行研发布局（赵刚、林源园，2009；陈健鹏，2013）。并且，跨国种业企业正在通过知识产权部署和技术转移内部化对中国种业实施技术锁定策略：（1）利用专利独占权对新品种培育、病虫害防疫等领域的关键技术进行系统、集中布局和掌控，以增强对整个种业技术体系和产业链的控制力和影响力；（2）采取直接扩张在华研发机构方式建构从技术研发到品种研发、培育的完整产业链，强化技术转移内部化，从而防止技术的在华溢出效应（任静，刘丽军等，2012），这对中国种质资源和种业安全构成严重威胁。

三 食品安全形势依然严峻

食品安全是人民健康、生命安全的底线要求，是重大民生工程、民心工程，也是全球共同面临的挑战。一直以来，中国高度重视食品安全，重拳严治，2016年国家食品药品监督管理总局对25.7万批次食品样品的抽查结果显示，总体抽检合格率为96.8%，比2014年提高了2.1个百分点，食品安全状况不断改善、总体平稳，人民群众满意度不断提高。但是，面对人民群众对食品质量和安全性日益增长、健康水平持续提升诉求的新形势和新要求，中国食品安全治理还存在差距和不足，稳中向好的食品安全形势依然面临严峻挑战。

一是食品安全的威胁因素还没有根除，食品中超范围超限量使用食

[①] 王跃：《跨国公司谋求控制中国：洋种子正在中国大肆攻城略地》，http://www.cwzg.cn/politics/201709/38231.html。

品添加剂、农药兽药残留不符合标准、重金属污染等现象屡禁不止，特别是导致人民群众罹患食源性疾病的微生物污染仍然猖獗，微生物性食物中毒①事件频发。2011—2015年，年均25%的食源性疾病事件和40%的多食源性疾病病例由微生物污染所致（朱江辉，2017）。2008—2015年，在1597起食品中毒事件中，由微生物污染引起的食品中毒事件最多，共621起，占事件总数的38.89%；共造成36117人中毒，占中毒总人数的62.02%（陈小敏、杨华等，2017）。在2016年抽检的不合格食品样品中，超范围、超限量使用食品添加剂的不合格样品占33.60%，微生物污染的不合格样品占30.70%，重金属污染的不合格样品占8.20%。

二是网购食品安全风险日益凸显。近年来，中国网购食品交易呈快速飙升态势，由2013年的324亿元飙升至2016年的近700亿元，年均增长29.01%。但是，网络市场交易主体的虚拟性、跨地域性等因素使得食品信息不对称、监管难度大问题突出，导致网购食品安全风险日益凸显。《新京报》发布的《2016网络食品消费蓝皮报告》显示，天猫、京东、1号店等15家电商平台四类食品（三文鱼、坚果、蜜饯和水果）抽检结果显示，整体合格率为81.13%，远低于实体店合格率；其中，三文鱼的合格率仅为21.87%；在网购食品过程中，93.1%的消费者最担心"假冒伪劣"和"食品安全"这两个问题②，食品质量成为影响消费者网购食品重复购买力的最关键因素。

三是进口食品安全隐患渐增。进口食品是中国消费者重要的食品来源，近年来，中国进口食品质量安全呈现总体稳定状况，未发生行业性、区域性、系统性进口食品安全事件，但安全隐患渐增。2012—2016年，未准入境食品的批次、重量和货值均呈增长趋势，分别由2449批次、1.90万吨、3765万美元增长到3042批次、3.45万吨、5654万美元，年均增长率分别为4.84%、16.32%、10.04%。在进口食品的安全卫生问题中，食品添加剂超范围或超限量使用、微生物污染较为突出，占未准

---

① 国家卫生和计划生育委员会将食物中毒类别分为四类，分别为微生物性食物中毒、化学性食物中毒、有毒动植物及毒蘑菇食物中毒、其他类食物中毒。
② 《2016网络食品消费蓝皮报告》，《新京报》2017年1月10日第B10 – B16版。

入境食品总批次的40.6%①。

四 生态安全压力增大

第二次全国土地调查数据显示，2009年中国人均耕地面积1.52亩，不到世界人均耕地面积3.38亩的一半；而且，耕地质量水平总体偏低，基础地力相对不足，部分耕地污染严重。2015年，在全国耕地评定总面积中，优等地面积5960.63万亩，仅占2.90%；高等地面积53768.98万亩，占比26.50%；中低等地面积142916.53万亩，占比70.60%，其中，低等地占比17.70%②。《全国土壤污染状况调查公报》数据显示，2005—2013年，全国农业耕地重金属污染点位超标率为19.4%，污染类型主要为无机型；受重金属污染的耕地面积占耕地总面积的8.30%；每年因重金属污染导致的粮食产量直接减少约100亿公斤（刘腾飞、杨代凤等，2017）。由于耕地质量和基础地力偏低，长期以来大部分农产品尤其是粮食增产的实现，主要依赖于化肥、农药、除草剂等农业化学品的大量投入。1980—2016年，全国化肥施用量由1269.4万吨增长到5984.1万吨，增长了3.71倍；其中，氮肥施用量增长了1.47倍，磷肥施用量增长了2.04倍，钾肥增长了17.41倍，复合肥施用量增长了80.14倍。目前，中国农作物亩均化肥用量21.9公斤，远高于世界平均水平（每亩8公斤），是美国水平的2.6倍、欧盟水平的2.5倍③。1990—2015年，全国农药使用量由73.30万吨增长到178.30万吨，增长了1.43倍。2015年，农膜使用量达200万吨，并且正在呈现逐年增加趋势；全国农膜残留率高达40%以上，遭受农膜污染的耕地面积达780多万公顷（王炜炜、田丽等，2016）。农业部统计数据显示，近年来中国每年产生的畜禽粪污

---

① 中国国家质检总局进出口食品安全局：《2016年中国进口食品质量安全状况白皮书》，http：//cn.chinagate.cn/reports/2017-07/29/content_41310969.htm。
② 国土资源部：《2016年中国国土资源公报》，http：//www.mlr.gov.cn/sjpd/gtzygb/。
③ 农业部：《到2020年化肥使用量零增长行动方案》，http：//www.moa.gov.cn/ztzl/mywrfz/gzgh/201509/t20150914_4827907.htm。

量约为38亿吨[①]，成为农业面源污染的主要来源。大量的废旧农膜遗留在耕层土壤中，导致土壤结构遭到破坏，产生土壤板结现象，农业生产受到严重影响。化肥、农药、农膜的长期过量使用，一方面，导致土壤养分失衡、土壤肥力和有机质含量下降，土壤和水环境污染问题日益突出，生产成本持续增加；另一方面，大量有毒有害物质的残留也带来了严重的安全隐患。农业环境和资源正面临前所未有的压力和挑战，生态安全压力日益加重。

第二节　农业成本持续上升，农业经营效益下降、国际竞争力弱

一　农业成本持续上升

近年来，中国经济快速增长，同时，主要农产品成本进入快速持续上升通道。从亩均总成本看，三种粮食亩均总成本由2001年的350.61元/亩持续快速上升到2016年的1093.62元/亩，2013年亩均总成本突破1000元大关，16年间上升了2.12倍，年均上升46.43元/亩、13.25%。国产大豆亩均总成本由2001年的217.58元/亩上升到2016年的678.44元/亩，年均上升28.80元/亩、13.24%。油料亩均总成本由2001年的340.24元/亩上升到2016年的1167.57元/亩，年均上升51.71元/亩、15.20%。棉花亩均总成本由2001年的638元/亩上升到2016年的2306.61元/亩，年均上升104.29元/亩、16.35%。甘蔗亩均总成本由2001年的785.78元/亩上升到2016年的2248.02元/亩，年均上升91.39元/亩、11.63%。

从亩均总成本的结构看，物质与服务费用、人工成本和土地成本亦均呈现持续快速上升趋势，但物质与服务费用占总成本的比重呈持续下降趋势，而人工成本、土地成本占总成本的比重呈持续增长趋势（见表2—1）。由此可见，人工成本和土地成本是造成农业成本持续快速上升的

---

① 常理：《我国每年产生畜禽粪污约38亿吨　用好"放错了地方的资源"》，http://www.ce.cn/xwzx/gnsz/gdxw/201703/22/t20170322_21236649.shtml。

重要因素。2001—2016年,三种粮食、油料、棉花和甘蔗的亩均人工成本、土地成本年均增长率均远高于总成本、物质与服务费用;大豆的亩均人工成本年均增长率稍低于总成本,但亩均土地成本年均增长率却远高于总成本;而表2—1中所列5种主要农产品的亩均物质与服务费用年均增长都远低于总成本。从分项成本占总成本的比重来看,2016年与2001年相比,三种粮食的物质与服务费用占比下降了11.89个百分点,而人工成本、土地成本占比分别增长了3.71个百分点、8.18个百分点;2016年,人工成本占比最高,达40.40%,略高于物质与服务费用占比。大豆的物质与服务费用占比下降了14.40个百分点,而土地成本占比增长了18.54个百分点,2016年,土地成本占比最高,达38.17%,高出物质与服务费用占比8.49个百分点。油料的物质与服务费用占比下降了14.03个百分点,而人工成本、土地成本占比分别增长了10.50个百分点、3.53个百分点;2016年,人工成本占比最高,达54.60%,高出物质与服务费用占比25.27个百分点。棉花的物质与服务费用占比下降了13.65个百分点,而人工成本、土地成本占比分别增长了10.54个百分点、3.11个百分点;2016年,人工成本占比高达60.42%,高出物质与服务费用占比33.94个百分点。甘蔗的物质与服务费用占比下降了17.74个百分点,而人工成本、土地成本占比分别增长了15.06个百分点、2.68个百分点;2016年,人工成本占比最高,达52.16%,高出物质与服务费用占比16.78个百分点。

表2—1 主要农作物分项成本年均增长率及占比情况(2001—2016)

农作物	成本结构	成本年均增长率(%) 2001—2016年	分项成本占比(%) 2001年	分项成本占比(%) 2016年
三种粮食	物质与服务费用	8.72	51.17	39.28
三种粮食	人工成本	15.21	36.69	40.40
三种粮食	土地成本	26.38	12.14	20.32
三种粮食	总成本	13.24	100.00	100.00

续表

农作物	成本结构	成本年均增长率（%）2001—2016年	分项成本占比（%）2001年	分项成本占比（%）2016年
大豆	物质与服务费用	6.87	44.08	29.68
	人工成本	11.01	36.29	32.15
	土地成本	31.65	19.63	38.17
	总成本	13.24	100.00	100.00
油料	物质与服务费用	8.26	43.36	29.33
	人工成本	20.30	44.10	54.60
	土地成本	21.23	12.54	16.07
	总成本	15.20	100.00	100.00
棉花	物质与服务费用	8.66	40.13	26.48
	人工成本	21.12	49.88	60.42
	土地成本	23.38	9.99	13.10
	总成本	16.35	100.00	100.00
甘蔗	物质与服务费用	5.66	53.12	35.38
	人工成本	18.89	37.10	52.16
	土地成本	16.53	9.78	12.46
	总成本	11.63	100.00	100.00

资料来源：根据《全国农产品成本收益资料汇编》（2001—2017）计算整理。

二 农产品国内外价差拉大、农业经营效益下降，国际竞争力弱

农业成本持续快速上升，一方面拉大了与发达国家农业成本的差距，推高了中国主要农产品的市场价格，致使其国内市场价格逼近甚至高于国际主要农产品的进口到岸完税价格，最终在国际市场农产品价格"天花板"的作用下，出现了"洋粮入市、国粮入库"和"三量齐增"的尴尬局面。2013年，中国玉米、稻谷、小麦、大豆、棉花等主要农产品亩均总成本分别比美国高出56.05%、20.82%、210.42%、38.44%、222.84%，人工成本分别是美国的14.78倍、4.11倍、16.33倍、8.5倍、28.23倍，租地经营型农业的亩均土地成本分别比美国高29.86%、34.28%、194.77%、55.45%、200.51%（张云华，2017）。2008年，除

大豆外，中国主要农产品的国内价格普遍低于国际离岸价格，稻米、小麦、玉米、棉花分别低2334元/吨、610元/吨、101元/吨、486元/吨；到2013年，中国主要农产品的国内价格全面高于国际离岸价格，稻米、小麦、玉米分别高209元/吨、305元/吨、533元/吨，大豆、食糖和棉花的价差突破1000元大关，分别高出1264元/吨、3683元/吨、8054元/吨（农业部贸易促进中心课题组，2014）。2013年，小麦的国内价格比国际价格高出25.8%，稻米价格高出22.3%，玉米价格高出40.3%，大豆价格甚至高出49.6%，其他农产品的国内价格也不同程度地高于国际价格（周慧、王济民，2017）。2016年，稻米国内价格比进口到岸税后价格高1020元/吨，高出32.69%；小麦高1000元/吨，高出54.35%；玉米高360元/吨，高出22.22%；大豆高940元/吨，高出27.98%；食糖高1166.75元/吨，高出25.10%[①]。

另一方面，农业成本持续快速上升导致的直接结果就是农业经营效益下降、净利润偏低。2001—2016年，三种粮食的亩均净利润呈现总体下降趋势，年均下降18.97%。小麦亩均净利润年均下降12.42%，玉米亩均净利润年均下降35.40%，大豆、棉花和油料亩均净利润年均降幅分别高达55.71%、65.41%和118.02%。在稻谷、小麦、玉米、大豆、油料、棉花和甘蔗这几种农产品中，除稻谷和甘蔗外，其他农产品近年来的经营收益均为负，其中，三种粮食在2016年首次出现负利润，小麦在2015年和2016年连续两年负利润，大豆、油料在2014—2016年连续三年负利润，棉花在2013—2016年连续四年负利润。由此，中国农业成本不断攀升，导致农业迈入"高成本"时代，农产品国内外价差不断拉大、农业经营效益日益下降，国际竞争力随之减弱。

[①] 根据《2017年1月农产品供需形势分析月报（大宗农产品）》数据计算整理，http：//www.moa.gov.cn/ztzl/nybrl/rlxx/201702/t20170214_5475090.htm。

第三节　农业科技创新体制机制不健全，农业科技进步贡献率低

科技创新是中国农业发展的根本出路，是提高农业综合生产能力、推进现代农业建设的战略支撑（万宝瑞，2012），具有显著的公共性、基础性、社会性等特征。改革开放以来，中国现代农业发展条件持续改观，粮食等重要农产品产量全面稳定增长，农业农村经济快速发展、结构不断优化，农业科技创新发挥的作用功不可没。2015年，中国农业科技进步贡献率达56%，农作物良种覆盖率已稳定在96%以上，这标志着中国农业发展已从过去主要依靠增加资源要素投入进入主要依靠科技进步的新时期。农业科技正成为中国现代农业核心竞争力之所依、内生后劲之所在、转型升级之所系。但是，从乡村振兴和农业供给侧结构性改革的目标要求来看，与发达国家农业科技创新水平和农业科技进步贡献率相比，中国农业科技创新仍然面临着体制机制不健全、成果转化率和农业科技进步贡献率低、资金投入不足、产学研合作不畅等问题。

一　农业科研体制机制不健全

长期以来，中国农业科研体制在计划经济框架下运行，虽然近年来农业科研体制改革有了很大成绩，但是，农业科研仍然呈现以科研院所为主体的行政管理和运行框架，农业科研资源仍然主要集中在科研院所，农业科研主要依靠科研院所和高等院校。以现阶段的农作物育种科研为例，科研院所、高等院校集中了全国90%以上的种质资源和育种人员，育种研究花费了全国90%以上的科研经费，科研院所、高等院校选育了全国90%以上的农作物品种（佟屏亚，2012）。各级、各类科研院所之间各自为政，这一方面导致科研资源难以得到高效整合和最大化利用；另一方面，导致科研院所之间的分工不明确，易出现科研成果低水平重复的严重现象。另外，科研经费管理中的管理部门多头化、管理部门职能定位不清晰、管理部门之间协调机制不完善的问题也很突出，由于缺乏国家层面上的农业科研经费的系统整合机制，农业科研经费的使用效率

和产出效率低下。

可见，中国农业科研体制改革并没有为涉农企业获得农业科研资源提供有利机会和良好条件。国外农作物品种的研究和更新的70%是靠企业完成的，而中国90%是由科研院所来完成的（李建，2013）。同时，许多公益性农业科研院所的职能定位不清晰，导致其社会公益性、商业性科研活动相互缠绕、相互混淆，难以吸引涉农企业参与农业科技创新，因此，在未来相当长的一段时期内，企业还难以成为涉农农业科技创新的强大主体（黄季焜，2013）。农业科研资源高度集中于科研院所和农业科技创新严重依赖于科研院所，不符合农业科技创新主体的一般规律，也成为影响涉农企业开展农业科技创新活动的重大障碍。国家和政府对农业科研机构、高等院校和涉农企业在农业科技创新上的作用和定位不明确，导致各创新主体之间缺乏有效的统筹及战略协同。再者，农业科研体制未能随着农业发展形势的变化而及时做出调整或者改革，导致现阶段中国农业科研过于重视科技创新成果的先进性和学术价值，而忽视了其在农业生产经营中的适应性、可行性及经济价值，农业科技有效供给与有效需求不匹配、农业创新链与农业产业链不协调等问题普遍存在，从而导致中国农业科技资源闲置浪费、成果转化率和科技进步贡献率低等深层次问题。目前，中国每年产出的农业科技成果为6000—7000项，但其转化率仅为30%—40%，远低于美国、日本（70%—80%）和德国、英国等欧盟国家（90%）的水平（王丹萍，2013）。统计数据显示，大多数发达国家农业科技的贡献率都在75%以上，德国、英国、法国等超过了90%，以色列的农业科技进步贡献率在20世纪80年代就已达到96.7%，而中国的农业科技进步贡献率在1996—2006年年均仅为42.83%（孙秋霞、杨妍妍等，2010），2015年提高到56%，但仍然低于发达国家水平20多个百分点。

二 农业科技创新资金投入不足

联合国粮农组织的研究结论表明，一国或者地区的农业科研投入强度[①]

[①] 农业科研投资强度=（农业科研投资/农业GDP）×100%。

达到2%以上时，其农业科技才真正进入自主创新阶段，农业与国民经济其他部门才可能协调发展（袁学国、郑纪业等，2012）。统计数据资料显示，2003年以来，中国农业研究与试验发展（R&D）经费内部支出[①]快速稳步增长（见表2—2），由2003年的19.50亿元增长到2015年的144.32亿元，增长了6.40倍。但是，农业R&D经费内部支出占支出总额的比重却呈明显的下降趋势，由2003年的1.27%下降到2015年的1.02%。在农业科研投入强度方面，国际平均水平接近1.4%，发达国家水平一般都超过5%，发展中国家平均水平为0.5%左右（袁学国、郑纪业等，2012）。在中国，2003—2015年的农业科研投入强度持续维持在0.11%—0.23%的低水平，年平均水平（0.17%）是国际平均水平的12.14%、发达国家的3.4%、发展中国家的34%。这表明，一直以来，中国农业科研投入严重不足。

表2—2　中国研究与开发机构R&D经费内部支出变化趋势（2003—2015）

年份	支出总额（亿元）	农业研究与开发机构支出额（亿元）	农业支出额占支出总额比重（%）	农业科研投入强度（%）
2003	1539.63	19.50	1.27	0.11
2004	1966.33	23.70	1.21	0.11
2005	2449.97	27.37	1.12	0.12
2006	3003.10	30.04	1.00	0.12
2007	3710.24	41.17	1.11	0.14
2008	4616.02	53.16	1.15	0.16
2009	5802.11	70.15	1.21	0.20
2010	7062.58	81.06	1.15	0.20
2011	8687.01	88.37	1.02	0.19

---

① 按执行部门分组，全国研究与试验发展（R&D）经费内部支出包括企业支出、研究与开发机构支出、高等学校支出和其他部门支出。本部分内容仅分析农业研究与开发机构R&D经费内部支出的变化情况。

续表

年份	R&D 经费内部支出			农业科研投入强度（%）
	支出总额（亿元）	农业研究与开发机构支出额（亿元）	农业支出额占支出总额比重（%）	
2012	10298.41	106.01	1.03	0.20
2013	11846.60	113.47	0.96	0.20
2014	13015.63	120.42	0.93	0.20
2015	14169.88	144.32	1.02	0.23

资料来源：《中国科技统计年鉴》（2004—2016）。

从涉农企业来看，研发投入不足的问题亦为突出。目前，多数涉农公司（包括农业类上市公司）的研发投入在其销售收入中所占比重不足1%。2014年，在种业上市公司中，敦煌种业的研发支出为755.42万元，占营业收入总额的0.60%；在养殖和肉制品加工业中，圣农发展的研发支出为1467.87万元，占营业收入总额的0.23%[1]。尤其是与跨国涉农公司相比，中国涉农企业的研发投入存在巨大差距。2014年，在中国5200多家种业公司中，前50家种业公司研发投入总额不足20亿元人民币，而美国种业巨头孟山都公司的研发投入超过10亿美元（翟金良，2015）。显然，中国涉农公司的研发能力较为薄弱，不太注重研发能力的提升，涉农公司还未真正成为农业科技创新的产出主体和成果转化主体。

三 产学研合作条块分割，合作效率和质量不高

一是产学研合作的行政管理体制不健全，导致条块分割、利益分配机制不完善。在农业领域的产学研合作各方，都有各自的政府主管部门，这些政府主管部门希望并出台政策措施推进产学研合作，但又都希望保护各自管理单位的利益，这导致产学研合作中各利益相关主体条块分割、各自为政，相互之间缺乏协调一致，从而使产学研合作模式的建立和有效运转缺乏管理体制方面的保证；导致产学研合作中的利益共享、风险

---

[1] 甘肃省敦煌种业股份有限公司2014年年度报告、福建圣农发展股份有限公司2014年年度报告，http://www.data.eastmoney.com/notice/20150331。

共担机制难以建立，从而导致合作各方在利益分配上容易产生矛盾，影响产学研合作的深入发展。

二是产学研合作的层次不高、深度不够，导致长期稳固的合作关系难以形成。目前已有的产学研合作中，一方面，主要采用合作研发、委托开发等合作方式，合作内容大都是技术、农作物品种和产品的转让等，而高层次人才培养、共建研发机构和实验室以及技术创新联盟等合作方式还很少。另一方面，现阶段的大多数产学研合作模式中，涉农企业一般出资金，科研院所一般出技术和研发人员，科企合作进行新产品、新品种的研发，农产品生产和加工的技术研发。尤其是，涉农企业寻求与科研院所的合作项目大多是短平快项目，而对那些事关产业、行业发展的关键技术、共性技术的合作研发，则不感兴趣。而且，多数涉农企业还存在较重的急功近利思想，产学研合作的实际结果一旦不符合预期目标，往往采取中断合作的行为。因此，涉农企业与科研院所、高等院校之间很少有全方位的战略式合作，大多采用合约式、购买式合作模式，产学研合作的组织形式比较松散，以致合作难以达到深度协同创新，长期稳固的合作关系难以形成。

三是在产学研的合作中，涉农企业与科研院所、高等院校的利益诉求[①]各不相同，导致科研与市场需求脱节现象严重。合作各方利益诉求的非趋同，势必导致产学研合作中各方存在"分力"，科研院所、高等院校的科研成果与市场、涉农企业的真实需求严重脱节，大量科研成果无法直接转化为现实生产力，主要表现为：①科研院所、高等院校提供的科研成果多，但能满足涉农企业需要的科研成果少；②同质化、基础性的科研成果多，个性化、适用性强的科研成果少；低水平重复研究现象严重；③科研院所、高等院校的丰富科技资源和要素难以为涉农企业所利用。

---

① 涉农企业的利益诉求是从市场需求出发，期望能从产学研合作中获得新技术、新产品、新工艺、新方法等，以及它们的商业化开发和产业化应用，从而期望获得市场竞争力；科研院所、高等院校的利益诉求是从科研成果评价体系出发，期望通过产学研合作将其科研成果参与商业化竞争以获得商业利益，并从市场、涉农企业中获得科研成果的应用评价，从而期望能获得更多的科研项目。

第四节　农业农村人才队伍建设滞后

人才是农村现代化发展的第一资源，是强农兴农的根基，国家高度重视农村人力资源开发、人才队伍建设。一直以来，农村人才[①]在引导农业结构调整、活跃农村市场、保护生态环境、带动农民增收致富、促进农村社会和谐稳定等方面发挥了重要作用，已成为振兴乡村不可或缺的重要力量。但是，与实施乡村振兴战略和人才强国战略的内在需求相比，中国农业农村人才队伍的规模、结构、素质等仍存在不小差距和突出问题。

一　农业农村人才总量不足

农业部最新调查数据显示，截至2016年年底，全国农村实用人才总量已接近1900万人[②]，但占乡村就业人员总数（36175万人）的比重仅为5.25%。河北省农村实用人才占农村劳动力的比重仅为2.15%（王彩文，2017）。截至2017年6月底，全国新型职业农民[③]培育数量已达1400

[①] 在政府文件的话语体系中，农村人才分为两类：一是农村实用人才，是指具有一定知识和技能，为农村经济和科技、教育、文化、卫生等各项事业发展提供服务，做出贡献，起到示范和带动作用的农村劳动者。按照从业领域的不同，一般划分为5种类型：生产型人才、经营型人才、技能服务型人才、社会服务型人才和技能带动型人才，包括专业大户、家庭农场主、合作社负责人、职业农民、农村经纪人、生产服务主体、农村教师、农村医生、农村文艺工作者、土专家、田秀才、大学生村官、乡贤、党政人才等。二是农业科技人才，是指受过专门教育和职业培训，掌握农业行业的某一专业知识和技能，专门从事农业科研、教育、推广服务等专业性工作的人员，包括农业科研人才、土专家、农机人才、农技人才、农业技术推广人才、农村技能服务人才等（郜亮亮、杜志雄，2017）。

[②] 毕美家：《着力培养造就一支"懂农业、爱农村、爱农民"的农业农村人才队伍》，《农民日报》2017年11月9日第2版。

[③] 新型职业农民就是以农业为职业、具有较高素质、收入主要来源于农业生产经营的现代农业从业者，具有三方面特征：一是相对传统农民而言，新型职业农民是市场主体；二是相对兼业农民而言，新型职业农民具有高度的务农稳定性；三是新型职业农民具有更大的责任范围，新型职业农民有文化、懂技术、善经营，具有对家庭、市场、生态、环境、社会和后人承担责任的自觉意识和实践行动（朱启臻，2013）。

万人,"新农人"规模 200 多万人①,农民职业化进程不断提速,新型职业农民正在成为助推中国农业走向现代化的主导力量,"新农人"正成为一支引领现代农业发展的新生力量,但新型职业农民总量仍显不足。《中国人才资源统计报告》(2008—2015)统计数据显示,近年来,全国农业科技人才持续增长,但增速缓慢,2008—2015 年,农业科技人才由 62.60 万人增长到 2015 年的 68 万人,8 年间只增长了 5.4 万人,年均增长率仅为 1.08%;其中,急需紧缺人才②快速增长,由 600 人增长到 7000 人,需求缺口增长了 10.67 倍。这表明,中国农业高层次创新人才③严重不足,与全国人才总体相比,比重较低。截至 2015 年年底,在全国"两院"院士中,农业领域的院士为 121 人,约占院士总数的 8%;其中,农业部系统院士仅 14 人;农业领域国家百千万人才工程人选 350 余人,约占国家百千万人才工程人选总数的 8.4%;农业领域具有高级职称的专业技术人员 6.5 万人,仅占全国具有高级职称专业技术人员总数的 1.06%(温春生、刘东等,2016)。

二 农业农村人才结构不合理

在农村实用人才方面,存在性别结构、年龄结构、技术水平结构和工作类型结构不合理的突出问题。《中国人才资源统计报告(2010)》统计数据显示,在 1048.64 万农村实用人才中,女性人才较少,占比仅为 13.80%。40 岁及以下人才占比为 37%,51 岁及以上人才占比为 22.60%,农村实用人才老化现象明显。943.41 万农村实用人才没有或者未评定专业技术职称,占比高达 89.97%;评定了专业技术职称的人才占比仅为 10.03%,其中,评定为农民技师、农民高级技师等高级职称的人

---

① 《培育中国农业的新未来——党的十八大以来新型职业农民培育成就综述》,《农民日报》2017 年 10 月 12 日第 3 版。
② 急需紧缺人才是指当前和今后一个时期农业科技发展急需的生物育种创新、动植物疫病防控、高效栽培养殖集成、农产品加工与质量安全等现代农业产业技术创新人才和农业资源开发保护骨干人才(邵亮亮、杜志雄,2017)。
③ 农业高层次创新人才是指从事农业科技创新活动,具有较强的创新意识、创新素质和能力,对国家农业科技创新、农业现代化和新农村建设做出突出贡献的杰出人才(温春生、刘东等,2016)。

才占比仅为1.7%，拥有专业技术职称尤其是高级职称的农村实用人才严重不足。农村实用人才的工作类型主要集中在生产型和经营型，占比分别为38.40%和30.30%，两者合计高达68.70%；技能服务型、技能带动型和社会服务型人才相对较少，占比分别仅为9.8%、13.9%和7.6%，难以满足农业规模经营、农业生产服务业和农村一二三产业融合快速发展对高素质、高技能型农村实用人才的需求。

在农业科技人才方面，结构不合理是当前农业科技队伍建设面临的突出问题，农业科技人才队伍结构有待于进一步优化提高。一是农业科研人才偏少，2015年，农业科研人才只有8万人，占农业科技人才总数的比重仅为11.76%。二是学科与研究方向分布不均衡，人才"顶天立地"结构失衡（温春生、刘东等，2016）。从事粮食、棉花、油料、糖料等传统种植作物研究的农业科技人才相对较多，占农业科技人才总数的42%；从事畜牧业、水产业研究的农业科技人才相对较少，占比为33%；从事循环农业、农业农村生态环境保护、特色经济林、热作农业和旱作农业等新兴农业领域问题研究的农业科技人才严重不足。从事动植物基因、育种等方面农业产前领域研究的农业科技人才较多，占比为47%；而从事农业产后示范与推广研究的农业科技人才较为奇缺，占比仅为13%。三是区域和层级分布不均衡。东部地区和国家级、省部级教学与科研单位的农业高层次、创新型人才较多，且主要集中于农业领域中的基础性、前沿性问题研究；中西部地区和地市级教学与科研单位的高层次、创新型人才相对较少，且主要集中于农业领域中的示范、推广问题研究（温春生、刘东等，2016）。广东省农业科技人才的地区分布差异较为明显，粤东和较偏远的粤北地区农业科技人才严重偏少；高层次农业科技创新人才主要集中在农业类高效和科研机构，农业企业中的高层次创新人才严重匮乏（康艺之、张禄祥等，2014）。四是农业高层次创新人才存量年龄偏大，梯队结构不合理（温春生、刘东等，2016）。截至2015年年底，农业部所属高层次人才的年龄主要集中在40—60岁，50岁左右的高层次人才数量最多，达750人；其中，49—53岁的人才为533人，54—58岁的人才为217人。中青年农业高层次创新人才培养力度小，导致青年拔尖人才、具有较强创新能力的农业领域学科带头人匮乏，农业科技人才尤其是高层次创新人才的储备不足。

三 农业农村人力资源、人才队伍受教育程度低

国家统计局统计数据显示，2015年农林牧渔业就业人员的受教育程度主要集中在初中及以下，占比高达93.10%；其中，小学程度就业人员占比38.40%，初中程度就业人员占比47.30%，高中程度就业人员占比为5.30%，中等职业教育及以上程度就业人员占比仅为1.60%。《中国人才资源统计报告（2010）》统计数据显示，2010年农林牧渔业企业经营管理人才、非公有制经济领域专业技术人才的受教育程度主要均为中专及以下，两类人才占比分别达57.10%、65.97%，在大学专科程度，两类人才占比分别为25.30%、22.04%；在大学本科和研究生程度，两类人才占比分别仅为17.60%、11.99%。农村实用人才的受教育程度主要为初中，占比达62%；高中程度人才占比22.7%；大专及以上程度人才占比仅为3.3%。中国农业科研人才的受教育程度不高问题也较为突出，2010年，拥有研究生学历（包括硕士研究生和博士研究生）的农业科研人才占比仅为17.80%；而在美国农业科研机构中，拥有博士研究生学历的农业科研人才占比就达25%—30%（刘洪银，2013）。在庞大的农业技术推广人才队伍中，接受过大学本科及以上教育的人才占比仅为10.7%，与国外相比的差距较大；在美国，州一级农技推广人才全部拥有博士学历，拥有博士学历、硕士学历的县级农技推广人才占比分别为25%、75%；日本的农技推广人员全部接受过正规本科教育（刘洪银，2013）。截至目前，中国农村基层农技推广人才受教育程度普遍偏低的现状还没有得到根本改变（毕美家，2017）。农业农村人力资源不足、人才队伍受教育程度低、整体素质不高，在一定程度上制约了中国农业农村现代化的快速、可持续发展。

第 三 章

农业发展新目标:形成及实现

　　农业具有多功能性,之于农民生存和发展、国家政治、经济、社会等发展具有重要意义。首先表现为经济功能。农业承载着几亿农户家庭的生存和发展,是农民的一种基本生计手段;同时为国民经济发展贡献着产品、市场、要素和外汇,对国民经济发展发挥着基础支撑作用,这是农业的基本功能。其次表现为社会和政治功能。农业发展能解决一大部分人的就业问题,而且农副产品数量、质量、安全性等直接影响居民的健康状况、营养水平等,涉及社会发展问题。同时,农副产品供给事关国家粮食安全,农业发展决定社会秩序状况、影响社会稳定,具有重大的政治作用。再次表现为生态功能。农业是最接近自然的生产,其生产资料和产品都是自然的一部分,农业各要素本身就是生态环境的主体构成因子,对人类生态环境的改善、生物多样性的保持、自然灾害的防御、农业农村的可持续发展具有极大的积极作用。最后表现为承先启后的文化传承功能。农业是一个古老产业,历史悠久,农业内部蕴藏着丰富的文化资源、厚重的农业精神和深邃的历史价值。同时,农业还发挥着教育、审美、旅游观光和休闲、农耕体验的独特作用。过去,我们对于农业的需求主要是吃饭、穿衣、就业,把农业简单、浅层地看作"吃饭产业""就业产业",农业的经济和社会功能被强化,而忽视了农业之于生态文明建设、历史文化传承的独特功能和当代价值。当前,经济功能的过度张扬、严重的农业生态透支直接导致了农业环境功能的退化。发展农业不仅是农民的责任,也是全社会的责任(陈锡文,2007)。随着温饱问题的解决,人类对于农业的其他方面,特别是生态环境方面的功能提出了更深层的需求和更高的要求。随着经济发展和科技进步，农业的传统功能不断强化，新的功能日益彰显。综合起来，就是要实现农业的可持续发展，深入认识、全面发挥农业的多功能性。

第一节　农业发展新目标的形成及政策体现

一　农业发展新目标的形成

自古以来，农业都是中国的立国之本。中国是世界上第一人口大国，2016年年末全国内地总人口为13.83亿人，足够的粮食产量和供给量一直是中国农业政策的基本核心。也就是说，中国农业发展最重要的目标是养活世界上最庞大的人口群体，提高农业综合生产能力、保障国家粮食安全是长久不变的基本目标。这个基本目标使中国农业发展的传统动能主要表现在两个方面，一是政府过度追求粮食等重要农产品的高产增产，有些地方甚至不惜以牺牲农业生态环境为代价来实现农产品的高产增产；二是增产增收过度依靠生产过程中化肥、农药、农用塑料薄膜等农用化学类生产资料的大量投入。

但是，随着经济的快速发展和居民收入水平的持续增长，居民越来越注重农产品的质量，中国农业发展的基本目标就不再仅仅是让人们吃饱，同时还要吃好，这对农业发展提出了农产品优质的基本要求。尤其是在中国农业发展传统动能实现的农业高产增产的进程和实践中，化肥、农药、农用塑料薄膜等农用化学类生产资料的投入不断增长，农作物秸秆、农膜和畜禽粪便的非资源化利用，工业"三废"和城市生活等外源污染向农业农村的扩散，镉、汞、砷等重金属不断向农产品产地环境的渗透，导致农业内源性污染和面源污染日益严重和突出，从而导致农产品品质下降、农产品质量安全风险上升和人们生活质量的下滑，还使农业发展不可持续的矛盾日益加剧。随着农业农村环境污染问题的日益加重和突出，民众的环境保护意识日益觉醒，在能吃饱、吃好的情况下，还要求农业资源投入更加高效、清洁，农业农村生态环境得到有效保护，这对现代农业发展提出了高效、生态、安全的基本要求。正因为如此，党的十七届三中全会通过的《中共中央关于推进农村改革发展若干重大问题的决定》明确提出，发展现代农业，必须按照高产、优质、高效、生态、安全的要求，加快转变农业发展方式，推进农业科技进步和创新，加强农业物质技术装备，健全农业产业体系，提高土地产出率、资源利用率、劳动生产率，增强农业抗风险能力、国际竞争能力、可持续发展能力。2012年中央"一号文件"更是进一步明确提出，发展高产、优质、高效、生态、安全农业。

习近平总书记2013年11月视察山东时，对山东，也在对全国"三农"工作做出的重要指示里明确要求："以解决好地怎么种为导向，加快构建新型农业经营体系；以缓解地少水缺的资源环境约束为导向，深入推进农业发展方式转变；以满足吃得好、吃得安全为导向，大力发展优质安全农产品。"2014年，中国农业继续稳定增长，但农业面临的严重"产能生态透支"现象更加凸显；同时农业连年增产背景下进口连增、农业国际竞争力不足、国内外价格倒挂现象也受到全社会更大关注。有鉴于此，2015年、2016年中央"一号文件"都明确提出，做强农业，必须尽快从主要追求产量和依赖资源消耗的粗放经营转到数量质量效益并重、注重提高竞争力、注重农业科技创新、注重可持续的集约发展上来，走产出高效、产品安全、资源节约、环境友好的现代农业发展道路。2015年10月，农业部部长韩长赋更是用通俗的语言指出，"十三五"农业发展的三项任务就是"搞饭、搞钱、搞绿"，"搞饭""搞钱"指的是国家粮食安全和农民收入，"搞绿"就是保护农村生态环境、维持农业发展的可持续性，这意味着主管农业生产的部门都已经将保护生态环境内化为部门工作目标，而生态环境的改善无疑是可持续发展的原动力。而当前，粮食安全保障能力的提高为农业新目标的实现提供了空间。2017年中央"一号文件"更是明确提出，要促进中国农业农村发展由过度依赖资源消耗、主要满足量的需求，向追求绿色生态可持续、更加注重满足质的需求转变。

上述政策要求的提出表明，随着形势的变化，中国农业发展进入新的历史阶段，农业发展面临的主要矛盾也已经转化，主要表现在：消费者对农产品的消费结构已优化升级，而农产品的供给结构却严重失衡，未能有效跟进和匹配；资源环境压力日益增大、资源环境承载能力已接近极限，而农业领域中绿色生产、清洁生产却难以广泛推行，保护和改善资源环境却未能成为社会各界自觉一致的行动①；国内外价格严重倒挂，导致国外农产品和资本强势进入，"非必需进口"（指超过正常产需缺口的进口）持续增长，而国内抵御国际市场冲击的能力却未能得到及时、有效提升；农民收入增长传统路径失效、后劲乏力，而新的、高效的增收路径却又未能开辟、拓展出来。党的十九大报告指出，中国特色社会主义进入新时代，社会主要矛盾已经转化为人民日益增长的美好生活需要和不平衡不充分的发展之间的矛盾。改革开放以来，中国农业综合生产能力和水平总体上显著提高，但更加突出的问题是农业发展不平衡、不充分、不持续，这已经成为满足人民日益增长的美好生活需要的主要制约因素。

因此，在中国农业发展新的历史阶段，尤其是在中国特色社会主义新时代，如同化肥、农药、农用塑料薄膜等现代生产资料之于农业发展的促进作用，让资源环境等生态要素对农业生产经营者效益和农业发展产生立竿见影的效应，这是中国农业发展新的使命（李国祥，2017）。中国农业发展目标已由过去的"保障农产品供给、增加农民收入"的双目标向"保障农产品供给、增加农民收入和保持农业发展可持续性"的三目标的转变②。

可以说，在过去相当长的一段时间中，粮食增产、农民增收是中国

---

① 在中国，受传统思想和农业农村工作机制的惯性影响，在绝大多数人的认知中，保护、改善资源环境和建设生态文明似乎只是政府的应有责任和行为，社会公众表现出来的更多是，要么漠视，要么无可奈何。在主观上，绝大多数农业经营主体尤其是普通农户往往更加注重追求单产和效率，特别是在单产、效率与质量、安全、生态发生冲突时，他们往往选择前者，而放弃后者。保护、改善农业农村生态环境难以成为农业经营主体发展农业的驱动力量和切实行动。

② "农业可持续性"含有农业可持续增长和发展的思想，但农业可持续增长和发展不简单地等同于农业可持续性。根据我们以往的思想，"可持续性"可以分为经济、社会、技术和管理四个维度（张晓山、杜志雄、檀学文，2009）。我们这里所强调的"农业可持续性"更多强调的是技术维度的可持续性问题，亦即施加于农业生产资料（如土地）上的任何技术措施（如化肥、农药、种子、机械等技术）既不对农业生产资料及其产品质量本身，也不对农业以外的生态环境系统产生破坏性影响（负外部性），从而使农业作为一个整体成为可以连续和重复的过程的状态。

农业发展及其政策目标的两大主题，并且在强农惠农政策的支持下，实现了连续十二年（2004—2015年）增产增收。近年来，随着农业资源环境约束的日益显现，保持农业发展可持续性已经成为农业发展的第三大目标。农业发展目标的转变，符合农业发展的一般规律，即从原始农业、传统农业到现代农业，进而向生态农业的演进脉络（李周，2004）。诚然，农业发展的新目标与已有的增产、增收目标并不矛盾，毕竟中国要成为一个生态文明国家，首先要在食物上自给（小约翰·柯布，2015）。保持农业发展可持续性与农业增产增效、农民增收在很大程度上具有一致性，并相互促进和形成良性循环。改善和保护农业农村资源环境，推进农业农村生态文明建设，保持农业发展可持续性，本身就是在保障国家粮食安全、提高农产品质量和食品安全保障水平。

二 农业发展新目标的法律法规和政策体现

可持续发展并不是一个新的概念，过去也频繁被提及，但是在农业领域，过去的可持续发展具有工具性，也就是说，过去讲农业可持续发展，往往是服务于增产、增收两个目标的，而现在，保持农业发展可持续性已经成为与增产、增收并列重要的第三大目标。政策实践表明，农业发展可持续性已成为现代农业第三大目标，集中体现为一系列以保护农业生态环境为核心目标的政策出台，尤其是自2014年以来，以农业资源环境保护为核心、旨在实现农业可持续发展的政策频出；2016年以来出台的深化农村改革、推进农业供给侧结构性改革方面的相关文件和政策，无不体现着促进农业可持续发展的要求。

2014年1月1日，《畜禽规模养殖污染防治条例》正式施行，这是农业污染治理领域第一个专门的国家性法规，对于推进畜禽养殖废弃物的综合利用和无害化处理、保护和改善环境、保障公众身体健康具有里程碑式意义。2014年4月修订通过、2015年1月1日正式施行的《环境保护法》，新增了较多关于农业环境治理的内容，集中体现在第三十三、四

十九、五十条①中，作为环境保护基本法，这些条款为农业环境治理体系建设提供了法律依据。

此外，在新的《食品安全法》（2015年4月24日修订通过，2015年10月1日起施行）中也有对农产品中农药残留、安全使用农药、肥料等投入品的有关规定，主要集中在第四十九条②。在农业部门层面，围绕"一控两减三基本③"目标，农业部出台了《关于打好农业面源污染防治攻坚战的实施意见》，并迅速发布了化肥农药零增长行动方案（全称为《到2020年化肥使用量零增长行动方案》《到2020年农药使用量零增长行动方案》）。针对农药包装废弃物的环境污染问题，环境保护部、农业部组织起草了《农药包装废弃物回收处理管理办法（征求意见稿）》，该管理办法已经于2017年12月25日公开向社会征求意见。

对保持农业发展可持续性而言，最具有标志性意义的是2015年3月18日国务院常务会议审议通过的《全国农业可持续发展规划（2015—2030年）》（以下简称《规划》，农业部牵头，国家发改委、科技部、财

---

① 第三十三条规定，各级人民政府应当加强对农业环境的保护，促进农业环境保护新技术的使用，加强对农业污染源的监测预警，统筹有关部门采取措施，防治土壤污染和土地沙化、盐渍化、贫瘠化、石漠化、地面沉降以及防治植被破坏、水土流失、水体富营养化、水源枯竭、种源灭绝等生态失调现象，推广植物病虫害的综合防治。第四十九条第一款规定，各级人民政府及其农业等有关部门和机构应当指导农业生产经营者科学种植和养殖，科学合理施用农药、化肥等农业投入品，科学处置农用薄膜、农作物秸秆等农业废弃物，防止农业面源污染。第二款规定，禁止将不符合农用标准和环境保护标准的固体废物、废水施入农田。施用农药、化肥等农业投入品及进行灌溉，应当采取措施，防止重金属和其他有毒有害物质污染环境。第三款规定，畜禽养殖场、养殖小区、定点屠宰企业等的选址、建设和管理应当符合有关法律法规规定。从事畜禽养殖和屠宰的单位和个人应当采取措施，对畜禽粪便、尸体和污水等废弃物进行科学处置，防止污染环境。第四款规定，县级人民政府负责组织农村生活废弃物的处置工作。第五十条规定，各级人民政府应当在财政预算中安排资金，支持农村饮用水水源地保护、生活污水和其他废弃物处理、畜禽养殖和屠宰污染防治、土壤污染防治和农村工矿污染治理等环境保护工作。

② 第四十九条第一款规定，食用农产品生产者应当按照食品安全标准和国家有关规定使用农药、肥料、兽药、饲料和饲料添加剂等农业投入品，严格执行农业投入品使用安全间隔期或者休药期的规定，不得使用国家明令禁止的农业投入品。禁止将剧毒、高毒农药用于蔬菜、瓜果、茶叶和中草药材等国家规定的农作物。第二款规定，食用农产品的生产企业和农民专业合作经济组织应当建立农业投入品使用记录制度。

③ "一控"是指严格控制农业用水总量，大力发展节水农业；"两减"是指减少化肥、农药使用量，实施化肥、农药零增长行动；"三基本"是指畜禽粪便、农作物秸秆、农膜基本资源化利用。

政部等八部委联合印发）。自此，中国农业可持续发展有规可循，未来三个五年的农业发展，都将在《规划》的框架下展开。《规划》与过去几乎所有涉农规划的最显著区别在于强调资源环境的可持续利用和保护。《规划》中基本看不到"传统"的农业发展目标，例如粮食产量、农民收入等；贯穿《规划》通篇的是对农业生产"元能力"的保护，主要包括水土资源保护、生态修复和环境治理（见表3—1）。

表3—1　《全国农业可持续发展规划（2015—2030年）》主要可量化指标

任务	类别	指标	2020年	2030年
优化布局稳定产能	农业生产能力	农业科技进步贡献率	60%以上	
		主要农作物耕种收综合机械化水平	68%以上	
保护耕地	耕地面积*	耕地面积保有量	18亿亩	18亿亩
		基本农田	15.6亿亩	15.6亿亩
	耕地质量	集中连片、旱涝保收高标准农田	8亿亩	
		全国耕地基础地理提升	0.5个等级	1个等级
高效用水	水资源红线	农业灌溉用水量	3720亿立方米	3730亿立方米
		农田灌溉水有效利用系数	0.55	0.60
	节水灌溉	农田有效灌溉率	55%	57%
		节水灌溉率	64%	75%
		高效节水灌溉面积	2.88亿亩	
治理污染	农田污染	测土配方施肥覆盖率	90%	
		化肥利用率	40%	
		农作物病虫害统防统治覆盖率	40%	
	养殖污染**	养殖废弃物综合利用率	75%	90%
修复生态	林业生态	森林覆盖率	23%	
		农田林网控制率	90%	95%
	草原生态	草原综合植被覆盖度	56%	60%
	水生生态系统	水产健康养殖面积占比	65%	90%

注：* 没有提具体年份，18亿亩耕地和15.6亿亩基本农田可以理解为长期红线。

** 2017年年底前，关闭或搬迁禁养区畜禽养殖场（小区）和养殖专业户，京津冀、长三角、珠三角提前一年。

资料来源：根据《全国农业可持续发展规划（2015—2030年）》整理。

与《全国农业可持续发展规划（2015—2030年）》几乎同时着手制定和实施的是《农业环境突出问题治理总体规划（2014—2018年）》，在该规划中明确了今后一个阶段重点要解决的七大农业环境突出问题。2015年7月30日，国务院办公厅印发的《关于加快转变农业发展方式的意见》明确指出，要推动农业发展由数量增长为主转到数量质量效益并重上来，由主要依靠物质要素投入转到依靠科技创新和提高劳动者素质上来，由依赖资源消耗的粗放经营转到可持续发展上来，走产出高效、产品安全、资源节约、环境友好的现代农业发展道路。2016年12月，农业部印发的《农业资源与生态环境保护工程规划（2016—2020年）》进一步明确、详细规划了农业资源与生态环境保护的八大重点任务和十项重点工程。2017年中央"一号文件"更是旗帜鲜明地提出，推行绿色生产方式，增强农业可持续发展能力，具体包括推进农业清洁生产、大规模实施农业节水工程、集中治理农业环境突出问题、加强重大生态工程建设等。2017年9月，中共中央办公厅、国务院办公厅印发的《关于创新体制机制推进农业绿色发展的意见》进一步把"推进农业绿色发展"视为加快农业现代化、促进农业可持续发展的重大举措；并明确提出在生产领域，推行畜禽粪污资源化利用、有机肥替代化肥、秸秆综合利用、农膜回收、水生生物保护，以及投入品绿色生产、加工流通绿色循环、营销包装低耗低碳等绿色生产方式。以上这些政策文本，均是以整体性文件的形式突出强调农业可持续发展这一个方面，这是与以往政策文本只是零星提及的显著差异。

值得指出的是，把"保持农业发展可持续性"并列为与增产、增收同等重要的现代农业发展的第三目标，体现的是可持续发展由工具理性向（目标）价值理性的升华，同时，既然将其作为目标，就不再是可有可无，更不是权宜之计；不是将其作为解决其他问题的工具、实现另两个政策目标的手段和措施，而是理论上由农业产业发展自身的内在要求决定、实践中必须确保实现的发展及政策目标之一。这也使保持农业发展可持续性变得与农业增产、农民增收一样，成为农业农村工作的考核指标之一，成为各相关政府部门和国家整体经济工作的硬约束。

第二节 农业发展新目标的实现和承载主体

尽管国家政策频出,但农业各项发展及政策目标的达成仍有赖于农业经营主体尤其是生产主体的发展壮大,因为他们是农业资源的占有者和使用者。也就是说,无论政策多好,地总归要由人来种。因此,农业经营主体一定是农业发展及政策目标的承载主体。

目前,除传统的小规模农户以外,中国的新型农业经营主体主要包括专业大户、家庭农场、农民专业合作社、农业企业等,它们是发展现代农业的微观基础。中国未来的农业生产主体应该是坚持家庭经营的家庭农场或者专业大户形式,换言之,一定还是以农民为主体。家庭农场作为多元化新型农业生产经营主体之一,顺应了现阶段中国农业生产的新变革,既坚持了农业家庭生产经营的传统优势,又有助于破解保持中国未来农业经营主体稳定性和持续性的难题,将成为引领中国现代农业和先进生产力的发展方向。并且,当前家庭农场也正在成为农产品供给特别是粮食供给的重要主体,正在成为保障农产品质量安全的有效载体,正在成为推进科教兴农的有效途径,正在成为培育新型农民的有效手段(王新志、杜志雄,2014)。家庭农场所具有的实现多元化目标的工具价值,使其日益成为符合中国农业发展新目标的"合意的"农业生产经营主体,具体表现在以下四个方面。

第一,家庭农场发展迅速,已经成为中国农业经营的重要力量,且潜力巨大。到 2014 年 11 月底,全国已有平均种植规模 200 亩的家庭农场 87.7 万家[①],并且在相关政策的鼓励下家庭农场的数量呈快速增长态势。例如,截至 2014 年 11 月底湖北省的家庭农场总量达到 48370 家,增幅达到 112.8%。浙江全省经工商注册登记的家庭农场 15763 家,比 2013 年年底增长了 71.5%。从政策的导向来看,家庭农场可能成为中国农业经营的最主要主体。例如农业部于 2014 年 2 月 25 日下发了《关于促进家庭

---

① 汪苏:《农业部经管司司长张江宇:详解农地、流转思路》,http://opinion.caixin.com/2015-02-02/100780667.html。

农场发展的指导意见》(以下简称《意见》),从生产经营劳动力主体、经营范围和经营能力、土地规模与生产效率等方面明确了家庭农场区别其他农业经营主体的基本特征,强调了家庭农场在保障粮食安全、促进现代农业发展中的重要地位,并从土地流转、政策扶持、社会化服务和人才培养等方面提出了相应的发展支撑和保障条件。《意见》对家庭农场的健康发展有着重要的导向作用。与此同时,一些中央部委、行业部门也陆续出台了支持家庭农场发展的行业性支持政策,例如,中国农业银行于2013年8月出台的《专业大户(家庭农场)贷款管理办法(试行)》,中国人民银行于2014年2月出台的《关于做好家庭农场等新型农业经营主体金融服务的指导意见》。在地方层面,全国几乎所有的省都出台了更加详细的促进家庭农场发展的指导意见。政策所提供的激励,必然会带动家庭农产的蓬勃发展。

第二,家庭农场主从业经历丰富,年轻且受教育程度高,对于新事物、新理念的接受意愿和能力更强,且相当一部分是具有生态自觉的"新农人"(杜志雄,2015)。根据2014年全国家庭农场监测调查系统对全国2826个家庭农场的监测结果显示,53%的家庭农场主曾经是专业大户;22%的家庭农场主曾经是合作社主要负责人;5%的家庭农场主有企业管理层的工作经历;15%的家庭农场主曾经是村干部(含大学生村官);26%的家庭农场是个体从业者;15%的家庭农场主曾经是农机手。值得指出的是,还有6%的家庭农场主是刚毕业的大中专学生,8%的家庭农场主是进城务工返乡人员。受调查农场主平均年龄为46岁,相对全国农业从业人员平均水平较为年轻,文化程度较高,接受培训的比例较高。

已有的文献表明,年龄老化、文化程度低、接受农技指导的机会少,是农户过度使用化肥、农药等化学投入品,从而导致农业污染的重要原因(例如 Jin 等,2015;栾江等,2013),家庭农场主克服了普通农户的以上缺陷,这使得他们采取环境友好行为的可能性大大增加,有利于发展农业的可持续性。

第三,家庭农场经营目标与农业发展政策新目标具有一致性。家庭农场主与土地有着天然的依存关系。家庭农场主基本上来源于本土的自然人，2014年中国家庭农场监测调查结果显示，81.78%的家庭农场主户籍为本村，户籍为本乡的占到近92%。因此家庭农场主和土地之间有着非常浓厚的情感，恋土情结根深蒂固，土地不仅是他们基本的生产资料和安身立命之本，而且还蕴含着对家庭祖宗认同的血缘亲情意识，体现着他们的价值信仰、精神寄托和一种源远流长的人文精神；同时，他们与农场所在地具有较强的地缘关系，熟悉当地自然与社会环境，对保护当地自然和人文环境实现可持续发展有着高度的道德责任感。因此，家庭农场主的行为除了受经济法则的约束之外还受到基于地缘血缘关系、生命共同体的道德约束。这些是家庭农场区别于其他农业经营主体尤其是工商资本企业的一个重要特征。此外，即使是租地的家庭农场主，由于租期较长，也更加愿意采取可持续的生产方式。上述监测还显示，在有土地转入的1932个家庭农场中，超过66%的家庭农场的租期超过5年，超过63%的家庭农场的租期在10年以上。

第四，许多家庭农场主的实践表明，在采取可持续农业行为的同时，是能够实现增收的。许多家庭农场开始选择生态农业生产方式，既提高了产出效益，也保护了农业生态环境。例如，湖北省种养结合型家庭农场中不乏种养结合生态循环型。该省潜江市、监利县等地的家庭农场，利用自然禀赋优势，采用稻、虾连作模式，每亩除单产600—700斤有机稻外，还能产200斤左右的小龙虾，每亩纯利润都在3000元以上，效益极为可观。另外，该省不少家庭农场还通过推广秋播二麦、绿肥和深翻"三三制"轮作，推进秸秆还田，改进了肥料使用技术和效率，减少了化肥使用量，也达到改善农业生态环境的效果。

综上判断，家庭农场将成为承载农业发展新目标的主体。当然，家庭农场能否成为"合意的"农业生产经营主体不仅在于其是否能够确保实现多项农业发展的总目标，更重要的还在于生产经营者的微观目标，即是否能使微观主体真正成为有竞争力的市场主体；是否有助于高效农业产业体系的形成，实现更高的农产品附加值和加工收益，从而增加收入，让农业生产者更好、更充分地共享增长成果，实现小康。显然，从上述几个目标看，要使家庭农场真正成为"合意的"农业生产经营主体还有很长的路要走。

除了家庭农场等农业生产主体之外,还应充分发挥合作社、土地托管服务等农业生产服务主体在确保中国现代农业第三目标实现上的主体责任。例如,山东供销社系统开展的土地全托管和半托管服务,在减少化肥农药用量的同时建构新的农业生产和服务的产业链条关系,从而促使保持农业可持续性增强等方面的实践成功,也使得农业服务主体在保持农业可持续性方面的功能凸显。

第三节 农业政策新目标的实现路径

把保护和增强农业可持续性作为现代农业发展的三大核心目标之一已成为中国现代农业发展方向和行动纲领,同时它也必将成为"十三五"期间中国现代农业发展的主旋律。农业发展新目标尤其是政策目标反映的是政府和社会意愿,但新目标的实现有赖于各类政策参与主体的协同作用。中国农业发展新目标的正式确立时间不长,首先,要对新目标进行有力的宣贯,使之深入人心;其次是要在具体政策上对农业生产主体提供方向指引,使其行为自觉转向资源节约、环境友好;再次,重点扶持家庭农场,加快使其成为农业政策新目标的"合意"主体;最后,实施农业供给侧改革,切实去除不利于农业可持续性增强的产能。

第一,进一步明确宣示农业发展及政策新目标,尤其是强化农业生产主体意识。相比规划而言,中央"一号文件"在农业生产者中更具有熟识度。自1982年发布第1个,尤其是2004年以后,中央连续发布12个以农业为主题的中央"一号文件",使得党和国家的惠农政策深入人心。从过去的中央"一号文件"来看,其主题几乎覆盖"三农"问题的方方面面,唯独缺乏专门针对农业资源环境保护的文件。建议近年内以农业资源环境保护作为中央"一号文件"的主体,着重突出保持农业可持续性的政策目标,使之深入人心。从长期来看,要强化保持农业发展可持续性的国家意志,未来择机修订《农业法》《环境保护法》等基本法时,将保持农业发展可持续性作为基本原则。还应着手研究出台《农业资源环境保护管理条例》的必要性和可行性,为农业发展政策新目标保驾护航。

第二，在财政资金投入方向，引导农业生产者采取环境友好行为。应当立即调整和新设一批农业环境经济政策，包括：调整农业补贴方向，将已有的农资综合直补重点向有机肥、缓释肥、低毒高效低残留农药、生物农药等领域倾斜，加大对测土配方施肥的推广力度；在西北、新疆等缺水地区率先启动农膜以旧换新补贴示范，在东北、中部等粮食主产区启动秸秆还田补助试点；继续加大和完善对规模养殖场沼气建设、有机肥的补贴，引入市场机制，推行养殖小区粪污的第三方集中处理；建立农业生态补偿基金，从土地出让收益中提取一部分比例用于土壤质量保护工作。

第三，健全农业社会化服务体系，强化针对家庭农场等新型主体农业生产发展的服务支撑。家庭农场的经营规模和集约经营的水平受制于社会化服务体系。要加快构建以公共服务机构为依托、以合作经济组织为基础、以龙头企业为骨干、以其他社会力量为补充，公益性服务和经营性服务相结合、专项服务和综合服务相协调的新型农业社会化服务体系。采取政府订购、定向委托、奖励补助、招投标等方式，引导经营性组织参与公益性服务，大力开展农技推广、农机作业、抗旱排涝、统防统治、产品营销、农资配送、信息提供等各项生产性服务，满足家庭农场对社会化服务的需求。要积极引导和扶持家庭农场组建农业合作社，为家庭农场提供产前、产中、产后服务，使其成为家庭农场连接市场的纽带。大力培育农业产业化龙头企业，为家庭农场提供良种、农机、植保，以及农产品加工、储运、销售等一体化服务。

第四，加快推进农业供给侧改革，去除不利于农业可持续性目标实现的产能及生产方式。进入21世纪以来，中国农业特别是粮食生产成就显著，粮食实现"十二连增"，农业整体盈利性也由于相关支持政策得到增强。在取得这些成就的同时，中国农业也面临着生产量、进口量、库存量"三量齐增"以及农业发展过于注重数量增长，导致土壤肥力和地下水资源过度消耗、资源环境硬约束正在加剧、自然和经济风险等不利于农业可持续性保持的局面。要通过调整农业结构，提高农业供给体系质量和效率，使农产品供给数量充足，品种和质量契合消费者需要，真正形成结构合理、保障有力的农产品有效供给。要退出25度以上坡耕地的农业用途以及退出部分严重依赖生态透支为支撑的农业生产产能。同时，要加速农业生产方式转化，大力推进生态农业生产方式。通过上述这一系列调结构、去产能、转方式的措施，确保农业可持续性增强的新目标得到实现。

第四章

农业规模化经营的发展现状、重要问题与未来政策选择

农业规模经营是全球农业发展的共同趋势，也是中国农业经营制度和方式转型、创新的重要方向。促进土地流转与集中，[①] 以实现农业规模经营，一直是社会各界关注的重点，也是国家农业政策的主攻方向和基本目标。2013年，党的十八届三中全会更是明确提出，"鼓励承包经营权在公开市场上向专业大户、家庭农场、农民合作社、农业企业流转，发展多种形式规模经营"。2016年中央"一号文件"指出，"坚持以农户家庭经营为基础，支持新型农业经营主体和新型农业服务主体成为建设现代农业的骨干力量，充分发挥多种形式适度规模经营在农业机械和科技成果应用、绿色发展、市场开拓等方面的引领功能"。2017年中央"一号文件"指出，"大力培育新型农业经营主体和服务主体，通过经营权流转、股份合作、代耕代种、土地托管等多种方式，加快发展土地流转型、服务带动型等多种形式规模经营"。显然，这两个中央"一号文件"将新型农业服务主体与新型农业经营主体放在了同等重要的位置，并作为建设现代农业的两大骨干力量；阐释了农业现代化进程中多种形式规模经营的重要现实意义。同时，也指出了中国农业规模经营的两种实践形式和农业规模经济的两条实现路径：一是新型农业经营主体通过农地流转与集中形成土地规模经营，并由此实现现代农业意义上的土地规模经济；

---

① 本书所指的土地集中，是指通过土地使用权流转，形成适度规模化土地经营的过程和状态。它并非指代和倡导"土地所有权向少数人集中"。

二是新型农业服务主体通过农业社会化服务形成服务规模经营,并由此实现现代农业意义上的服务规模经济。鉴此,本章以土地流转与集中作为切入点,着重分析中国农业规模经营的发展现状,讨论相关重要问题,提出加快发展农业规模经营的基本思路和未来政策选择。

第一节 农业规模经营发展现状

一 土地流转为农业规模经营发展创造了重要条件

20世纪80年代初,沿海农村地区就开始出现家庭承包耕地流转(以下统称"农村土地流转")现象,并逐步向内地扩展。在2007年以前的较长时期内,农村土地流转的规模基本保持稳定,农村家庭承包耕地流转面积占家庭承包耕地面积的比重基本上稳定在4.40%—5.40%。自2008年开始,全国各地农村土地流转不断加快,土地流转面积逐年扩大,土地流转率快速上升(见图4—1),土地流转面积由2008年的0.54亿亩快速扩大到2016年的4.79亿亩,2016年流转面积是2008年的8.87倍,年均扩大0.47亿亩;土地流转率[①]由2008年的8.85%快速上升到2016年的35.12%,年均上升2.92个百分点。2016年,流转出承包耕地的农户达6788.93万户,占家庭承包农户数的29.69%,比2015年上升了2.24个百分点。

农村土地流转方式多样化,采取不同流转方式流转的土地面积呈现出不同的变化趋势,但转包、出租一直处于主导地位(见表4—1)。2002—2016年,采取转包方式和其他方式流转的土地面积占流转总面积的比重呈明显下降趋势,分别由2002年的53.70%、10.00%下降到2016年的47.18%、4.38%。采取转让方式流转的土地面积占流转总面积的比重呈现快速、显著的大幅下降趋势,由2002年的12.41%下降到2016年的2.71%,下降了9.70个百分点,这表明,越来越多的承包农户不愿意失去承包地及其土地承包经营权。采取出租方式流转的土地面积占流转总面积的比重呈现快速、显著的大幅上升趋势,由2002年的12.96%上升到2016年的35.07%,上升了22.11个百分点,年均上升1.70%。采

---

① 土地流转率=(家庭承包耕地流转面积/家庭承包耕地面积)×100%。

第四章 农业规模化经营的发展现状、重要问题与未来政策选择

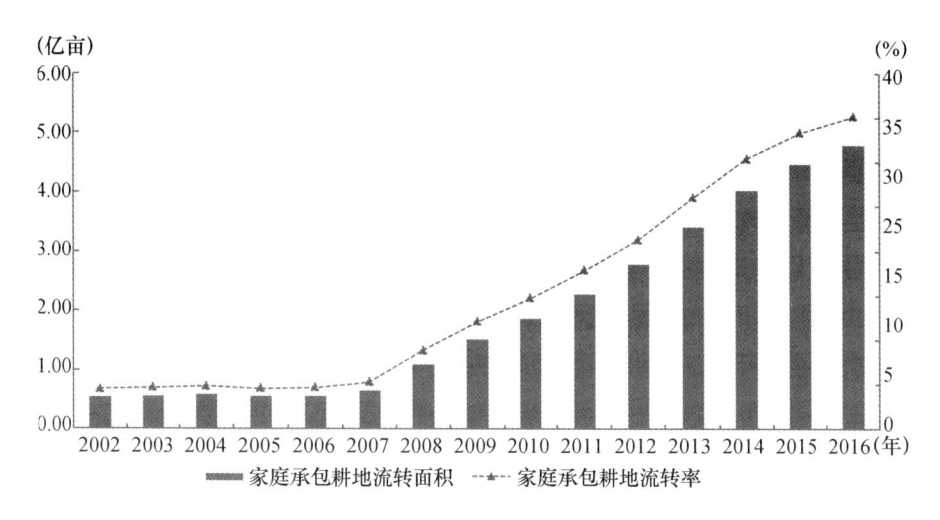

图4—1 中国农村土地流转的变化趋势（2002—2016）

资料来源：农业部经管司：《农村经营管理情况统计总报告》（2002—2016）。

取股份合作方式流转的土地面积占流转总面积的比重总体上基本不变，但自2013年以来呈现小幅下降趋势，由2013年的7.35%下降到2016年的5.22%，下降了2.13个百分点。采用互换方式流转的土地面积占流转总面积的比重基本保持不变，维持在5.60%的平均水平上。总体上来看，在土地流转的六种方式中，2016年采用转包、出租方式流转的土地面积占流转总面积的比重高达82.25%，也即全国土地流转总面积中的4/5多采取了转包和出租方式进行流转。2014年6月的调查数据显示，土地经营权不在承包者手中的现象涉及26%左右的农户（朱道林、王健等，2014）。由此可见，农户承包权与土地经营权分离的现象，在地方实践中已经客观存在，并且成为一种较为普遍的状态。

表4—1 不同土地流转方式流转面积占流转总面积比重的变化趋势（2002—2016） 单位:%

年份	转包	转让	互换	出租	股份合作	其他形式
2002	53.70	12.41	5.74	12.96	5.19	10.00
2003	55.36	12.50	6.61	14.82	3.57	7.14
2004	53.45	10.34	5.17	18.97	5.17	6.90

续表

年份	转包	转让	互换	出租	股份合作	其他形式
2005	52.73	10.91	5.45	18.18	5.45	7.28
2006	53.57	8.93	5.36	21.43	5.36	5.36
2007	56.25	7.81	4.69	23.44	3.13	4.69
2008	54.13	6.42	4.59	26.61	4.59	3.67
2009	52.63	4.61	4.61	25.66	5.26	7.24
2010	51.87	4.81	5.35	26.20	5.88	5.88
2011	50.88	4.39	6.58	27.19	5.70	5.26
2012	49.64	3.96	6.47	28.78	5.76	5.40
2013	45.59	3.82	6.47	32.06	7.35	4.71
2014	46.90	2.98	5.71	33.00	6.70	4.71
2015	47.20	2.68	5.37	34.23	6.04	4.47
2016	47.18	2.71	5.43	35.07	5.22	4.38

注：本表数据采用四舍五入计算。

资料来源：农业部经管司：《农村经营管理情况统计总报告》（2002—2016）。

土地流转快速发展，极大地推动了农业规模经营快速、稳步发展。目前，多种形式规模经营面积占承包耕地面积总数的比重超过30%[①]。根据2017年中央"一号文件"内容和各地发展实践，农业规模经营主要包括土地流转型和服务带动型两种具体实现路径和形式。

二 土地流转型农业规模经营稳步发展

土地流转型农业规模经营是指小农户、种植大户、家庭农场、农民合作社、龙头企业等（新型）农业经营主体，通过转包、出租、转让、互换、入股等形式流入土地而形成的土地规模经营。根据农业经营主体和土地流转形式，土地流转型农业规模经营具体可分为家庭经营型、股份合作型和工商租赁型三种土地规模经营类型。

1. 家庭经营型土地规模经营

家庭经营型土地规模经营主要包括两种情形：一种是承包农户通过

---

① 余瑶：《我国新型农业经营主体数量达280万个》，《农民日报》2017年3月18日第6版。

"互换并地"减少地块数量所实现的土地集中经营。近年来,有些地方针对单个农户拥有承包地块远近不一、大小不等、质量不同、土地细碎化经营的现象,结合农村土地承包经营权确权登记颁证,在坚持农户自愿的基础上,积极探索开展"互换并地",促进承包地块"小块并大块、多块变一块、分散地块变集中地块",取得了土地集中经营的良好成效。2014 年,河南省民权县 432 个行政村(占行政村总数的 82%)完成了承包耕地的"互换并地";全县"互换并地"面积 93.20 万亩,占耕地总面积的 81%[①]。截至 2015 年年底,甘肃省金昌市金川区 27 个行政村、166 个村民小组已全部完成了互换并地工作,整合后新增耕地 1.5 万亩[②]。在江苏省盱眙县刘岗村,通过对 1500 亩耕地的"互换并地",每块耕地平均实测面积由原来的 1.53 亩扩至 6 亩左右,户均地块由 6.7 块减至 2 块;在金湖县唐港村,"互换并地"使得 3 个自然组 86 户原本分散零碎的 326 块 986 亩承包地集中整合为 99 块 1051 亩[③],地块数减少 69.63%,承包地面积增加 6.59%。2016 年,全国通过互换方式流转的承包耕地面积达 0.26 亿亩;2002—2016 年,互换流转的承包耕地面积占流转总面积的比重平均为 5.57%。"互换并地"减少了承包农户耕作地块数,但并没有显著地扩大承包农户的耕地面积和土地经营规模,只是实现了原有耕地的集中、连片经营,这有利于农机作业和耕地利用,促进农业增产增效。但仍然难以解决承包农户耕地面积规模小、劳动生产率低的问题。此外,"互换并地"对耕地平整度、地力相近度要求较高,推广受到限制。

一种是承包农户通过转包、出租等流转方式发展种植大户、家庭农场等新型农业生产主体而形成的土地规模经营。从土地流入主体来看,2002—2016 年,尽管流入农户的面积占比呈现下降趋势,由 2002 年的 71.71% 下降到 2016 年的 58.46%(见表 4—2),但其占比仍然是最高的,且平均占比高达 63.56%。其中,大部分流入了专业大户、家庭农场。截

[①] 《民权县探索"互换并地"》,《河南日报》2014 年 4 月 14 日第 5 版。
[②] 农村改革试验区办公室:《甘肃省金昌市金川区以井定田、互换并地解决耕地细碎化问题》,《农民日报》2017 年 4 月 6 日第 2 版。
[③] 邹建丰:《农村土地"互换并地"实现化零为整》,《江苏农业科技报》2017 年 3 月 15 日第 1 版。

至2013年年底，经营耕地面积在50亩以上的专业大户共有287万户；其中，种粮大户68.2万户，经营耕地面积1.34亿亩，占全国耕地面积总数的7.3%（张红宇，2015）。截至2016年年底，各类家庭农场87.7万家；其中，纳入农业部门名录管理的家庭农场44.50万户，比2013年的13.9万户增加了2.20倍，平均每个种植业家庭农场经营耕地170多亩，相当于农户平均种植面积的22.9倍；家庭农场经营耕地1.76亿亩，占承包地耕地面积的13.4%（张红宇，2015；张红宇、杨凯波，2017）。农业部全国家庭农场监测数据表明，2014年、2015年和2016年有效监测样本家庭农场的平均经营土地面积分别为334.17亩、373.69亩和357.36亩，种植类家庭农场分别为368亩、429亩和385亩。农业部专项统计调查数据表明，2016年，耕地经营规模在200亩以上的粮食类家庭农场占比达36.80%。

表4—2　承包耕地流入不同主体面积占比的变化趋势（2009—2016）

单位:%

年份	流入农户的面积占比	流入农民专业合作社的面积占比	流入企业的面积占比	流入其他主体的面积占比
2009	71.71	9.21	9.21	9.87
2010	68.98	11.76	8.02	11.23
2011	67.98	13.60	8.33	10.09
2012	64.75	15.83	9.35	10.07
2013	59.41	20.00	10.59	10.00
2014	58.31	21.84	9.68	10.17
2015	58.84	21.70	9.40	10.07
2016	58.46	21.71	9.60	10.23

资料来源：农业部经管司：《农村经营管理情况统计总报告》（2002—2016）。

2. 股份合作型土地规模经营

股份合作型土地规模经营是指承包农户将土地经营权入股农民合作社、龙头企业而形成的土地规模经营。从经营主体来看，这种形式的土地规模经营，主要包括农产品专业合作社、农村土地股份合作社和土地股份经营公司，且主要开展农业合作生产和农业产业化经营这两种经营方式。近年来，在一些农村劳动力转移程度较高的地区，因受地方政府的大力引导，股份合作型土地规模经营发展较快。2016年，通过股份合作方式流转的承包耕地面积达0.25亿亩，占土地流转总面积的5.22%；2002—2016年这一流转方式的面积平均占比为5.36%，其中2013年占比达7.35%（见表4—1）。2009—2016年，流入农民专业合作社的承包耕地面积占比由9.21%逐年上升到21.71%（见表4—2），年均上升1.56个百分点。截至2016年年底，全国共有10.3万家土地股份合作社，入股土地面积2915.5万亩（张红宇，2017）。

农村土地股份合作社作为农民联合性组织，按照合作制原则组织分散的农户、统一分散的作业、联合分散的经营。从各地实践来看，农村土地股份合作模式主要包括以下三种：一是自主经营型土地股份合作模式，农户以土地承包经营权入股组建土地股份合作社或者土地股份经营公司，自己统一组织生产经营，成为规模化的新型农业经营主体。二是内股外租型土地股份合作模式。在操作中，首先，农户以土地承包经营权入股组建土地股份合作社；然后，土地股份合作社将整理出来、集中起来的连片土地统一对外向专业大户、家庭农场、农业企业等公开出租、转包，推动土地规模经营的形成。在这种模式中，土地股份合作社只是充当了土地流转的中介组织。三是共营制土地股份合作模式，农户以土地承包经营权入股组建土地股份合作社，按照土地股份合作社＋农业职业经理人＋农业综合服务"三位一体"的模式进行"农业共营制"经营[1]。

3. 工商租赁型土地规模经营

工商租赁型土地规模经营是指工商资本（企业）通过租赁农户承包地而形成的土地规模经营。近年来，流入企业的承包耕地面积及其占比呈现不断增长趋势，分别由2009年的0.14亿亩、9.21%增长到2016年

---

[1] 这种模式以农户为主体自愿自主组建土地股份合作社推进农业规模化经营，以培育农业职业经理人队伍推进农业专业化生产，以强化现代农业服务体系推进农业专业化服务，实现多元主体的"共建、共营、共享、多赢"。

的 0.46 亿亩、9.60%，年均增长 400 万亩；其中，2013 年的占比高达 10.59%（见表 4—2）。农业部关于河北、陕西、辽宁、浙江、四川、湖北和广西 7 省（自治区）的调研数据表明，7 省（自治区）总体看，流入企业的承包耕地面积占比由 2015 年的 11.56% 增长到 2016 年的 12.78%，增长了 1.22 个百分点；分省（自治区）看，四川省流入企业的承包耕地面积占比及增长率远高于平均水平，由 2015 年的 14.80% 快速增长到 2016 年的 25.43%，增长了 10.63 个百分点（郜亮亮，2018）。基于四川省投资农业的 38 家工商企业调研结果显示，38 家工商企业的平均土地经营面积 2971 亩（蒋永穆、鲜荣生等，2015）。可见，工商资本下乡租赁承包地从事农业规模化生产经营的现象越来越多。

当前，工商资本投资农业生产主要有两种方式：一是以直接方式，从承包农户或者村集体经济组织手中租赁承包耕地，直接投资建设标准化基地，雇用农户进行管理的土地规模经营模式。二是以间接方式，采取"龙头企业+农户""龙头企业+农民专业合作社+农户""龙头企业+基地+农户""订单农业"等模式进入农业，开展规模化种养活动。工商资本租赁承包耕地进行投资经营，一方面，能在一定程度上解决谁来种地、如何种地、钱从何来、农村劳动力就地就近就业、农业技术提高等现实问题；另一方面，可以为农业发展注入农业技术、种养管理方法与模式等现代的先进生产要素，创新工业反哺农业模式，改善农业生产条件，提升农业规模化经营水平。工商资本投资农业必然会对农业要素结构、产出效率、农民就业增收等产生深刻影响，综合来看，会产生规模经济、知识溢出、社会组织培育与发展三个方面的积极效应（涂圣伟，2014）。

三 服务带动型农业规模经营快速发展

目前，小农户仍然是主要的农业生产经营主体，但是，与以往的"单打独斗"不同，多数小农户已参与到多种形式的农业生产合作与联合中。一方面，专业大户和家庭农场等新型农业经营主体农地规模经营的发展，必然要求规模化现代农业（生产性）服务与其匹配和满足；另一方面，在土地连片经营以及经营规模不断扩大的情形下，小农户依托农民专业合作社、农业产业化龙头企业、集体经济组织、专业服务公司、技术协会等社会化服务组织,逐步实现了农机耕种收、农资供应、病虫害防治、技术改进、农产品销售等方面的统一服务。由此,在土地规模经营的带动下,服务带动型农业规模经营快速发展。

1. 农业生产托管日益成为带动小农户发展规模经营的主推服务方式

农业生产托管是农户等经营主体在不流转土地经营权的条件下,将农业生产中的耕、种、防、收等全部或部分作业环节委托给服务组织完成或协助完成的农业经营方式①。农业生产托管是服务型规模经营的主要形式,有广泛的适应性和发展潜力。调查结果表明,大部分小农户在经营耕地中已通过多种方式了实现了不同程度的农业规模经营:一种是合作组织带动下的紧密型规模经营;一种是社会化服务组织带动的松散型规模经营②(赵鲲、刘磊,2016)。截至2017年年底,全国从事农业生产托管的社会化服务组织22.7万家,托管服务土地面积2.32亿亩、服务农户3600多万户③,涌现出湖南省湘乡市的代耕代种、江苏省射阳县的联耕联种、山东省供销社的土地托管(分为半托、全托两种模式)、四川省崇州市的农业共营制等农业生产托管方式。截至2016年年底,全国供销合作社系统积极开展的农村土地托管服务范围不断扩大,已从山东已经拓展到江苏、河南、安徽、江西、辽宁等29个省(区、市),土地托管面积达1亿多亩;建立农村综合服务社37.4万家,覆盖全国66.30%的行政村④,从传统的"一供一销""农资供销",拓展为全程农业社会化

---

① 《农业部、国家发展和改革委员会、财政部关于加快发展农业生产性服务业的指导意见》(农经发〔2017〕6号)。

② 在紧密型规模经营方式中,小农户通过加入专业合作社等形式,以"生产在家、服务在社"的方式,实现统一购买农资、统一机械化作业、统一对外销售等,把承包农户的分散生产经营活动转变为可以应用现代农业生产装备的机械化生产、规模化经营。在松散型规模经营方式中,承包农户通过与农机作业、植物保护、农资供应、产品营销等社会化服务组织签订购买、销售、托管、代耕等协议的形式,利用新型经营主体拥有的现代农业生产装备,完成承包耕地的部分田间作业和产前产后经营活动。

③ 国家发展和改革委员会农村经济司:《农村一二三产业融合发展年度报告》(2017年),http://njs.ndrc.gov.cn/gzdt/201804/t20180419_882882.html。

④ 《秉持初心 驶向综合改革新航程——十八大以来供销合作社系统改革发展成就系列综述》,http://www.chinacoop.gov.cn/HTML/2017/09/21/123787.html。

服务和全方位城乡社区服务，成为供销合作社为农服务的一张靓丽名片，探索出了一条以服务规模化推进农业农村现代化发展的新路子。

近年来，山东省供销合作社以深化综合改革为契机，顺应农业农村发展新变化、新形势、新需求，坚持"农民外出打工，供销合作社给农民打工"的服务理念，创新探索出了"以土地托管为切入点推进服务规模化，以服务规模化推进农业现代化"的新路子。截至2016年10月底，山东省供销合作社已在全省范围内建成"为农服务中心"[①] 855处，土地托管面积达2107万亩（孔祥智、钟真，2017），农业生产节本增效增收和社会效益显著。据测算，在山东省，通过土地托管，农机作业服务能使粮食作物亩均增产10%—20%，节本增收400—600元；飞防作业服务能降低亩均农药使用量20%；智能施肥服务能减少亩均化肥使用量15%—20%[②]。具体来看，一是增加有效种植面积，提高粮食产量。普遍反映，在实行成型整块较大面积土地托管经营的区域，可通过去除户与户之间的耕地垄背增加有效种植面积15%左右，每亩土地可增产150斤。二是降低农业生产成本，有效防止假冒伪劣农资。由经营性服务组织实施土地托管经营，可以实现农资直购和集中采购，科学配肥施药，这不仅降低了生产成本，还可以从源头上防止假冒伪劣农资进入农村。三是提高农业生产效率，推动现代农业发展。土地托管较好地实现了集中连片种植，促进了生产集约化、规模化、机械化和专业化。四是增加村集体收入，密切干群关系。"村两委"通过组织农民合作社等形式，集合农民参与土地托管服务，形成村社共建模式，可由经营性服务组织给予一定的服务收益（一般为有偿服务收益的10%），并且每销售一吨化肥就给村集体提成100元。这既丰富了"村两委"服务群众的内容，又增加了村集体积累，密切了干群关系。五是实现农民和经营性服务组织的双赢。据调查，经托管服务的每亩土地生产经营成本可减少近200元，经营性组

[①] 在平原丘陵地区以大田作物托管服务为主的"为农服务中心"，服务半径3公里，辐射面积3万—5万亩，形成"3公里土地托管服务圈"；在山区以林果等经济作物托管为主的"为农服务中心"，服务半径约6公里，辐射面积约10万亩，形成"6公里土地托管服务圈"。

[②] 赵永平：《谁来种地，怎么种地？——来自山东两个产粮大县（市）的土地托管调查》，《人民日报》2017年9月17日第9版。

织也可以获得每亩150元左右的利润，两者相得益彰。

2. 以服务规模化推进农业现代化具有重要理论价值和实践意义

土地托管合作社等社会化服务组织立足于农业生产全过程，专业化、全方位为小农户、新型农业经营主体提供各种类农业生产性服务，形成服务型农业规模经营，发展了服务规模经济。这一方面为小农户与现代农业发展有机衔接提供了组织载体和具体路径；另一方面拓展了农业规模经营的内涵，为现阶段实现农业规模经营提供了一条新路径、新模式、新方向，具有重要的理论价值和现实意义。

第一，构建新型农业生产服务体系、发展农业生产全程社会化服务是构建新型农业经营体系的重要内容。就新型农业经营体系而言，客观上可以区分为农业生产主体体系（例如，专业大户、家庭农场、农业龙头企业以及其他城市工商资本进入农业生产形成的股份制农业公司等新型主体）和农业生产服务主体（例如，农技、农机、农用生产资料服务等）。由于农业的特殊性，生产主体规模再大也不大可能把应由市场提供的、更为经济的服务内化到自身内部。并且，农业土地经营规模越大，其对外部提供的社会化服务的需求也就越大。山东省供销合作社通过服务规模化，使其成为当地农业生产服务的主体，这就使山东省范围内的新型农业经营体系构建在很大程度上实现了新型农业生产主体培育和农业生产社会化服务体系建设的同时推进。山东省供销合作社还通过小规模农户成立土地股份合作社的形式，把小规模农户纳入服务范围，这一方面能与一家一户的传统小规模农业生产主体相得益彰；另一方面还将专业大户、家庭农场、专业合作社等新型农业生产服务主体作为服务重点，与其相互协力补益。这个做法可以成为解决"谁来种地、怎么种地"问题的重要手段。

第二，类似土地托管合作社这样的农业经营性服务组织有利于解决当前中国农业生产力发展与生产关系重塑之间的矛盾。新型农业经营服务组织是农业经营体系中"统"与"分"的重要有机结合点。20世纪80年代的家庭联产承包责任制，用"分"的生产关系优势调动了农民积极性，解放了生产力。但这种新的生产关系也在不断地面临新的挑战，一方面，它导致分散的农业小规模生产经营与以集约化、机械化、专业化等为主要特点的现代农业生产力发展矛盾越来越突出；另一方面，尽管过去也一直强调"统"，但并未找到实现"统"的有效路径。对农户等新老农业经营主体而言，土地托管服务本质上是农户等农业生产主体将过去全部由自己承担的部分农业劳动进行"服务外包"。在这种服务模式下，农户无须将土地承包经营权流转出去，这能有效避免很多地方"一转了之"的简单做法以及其可能带来的诸多弊端。在不改变土地承包关系、不动摇家庭经营这一农业基本经营制度的前提下，土地托管等新型农业服务方式实现了农业生产服务统一、规模化供给，它是把家庭联产承包"分"的优势与农业生产服务"统"的功能紧密结合起来的有益探索。

第三，土地托管等新型农业服务方式开辟了农业规模经营的新路子，也探索出了一条能更好地保障国家粮食安全的新路子。山东省供销合作社土地托管服务发展的实践证明，农业规模经营不只是土地流转、促使单个农业生产主体土地经营规模扩大这条唯一途径，通过农业生产服务的规模化，同样能给农业生产主体带来节本增效的规模效益。同时，土地流转快速推进伴随的高租金容易对土地转入方产生"非粮化""非农化"的激励，有影响国家粮食安全之虞。而土地托管因不流转土地，不产生土地流转租金，因此，"非粮化""非农化"激励比大规模企业经营要小得多。

第四，土地托管等新型农业服务方式找到了一条小农户分享现代农业发展成果的新路子，也找到了一条更为尊重农民意愿、更为符合农民利益的新路子。首先，土地托管是在坚持农户承包权、土地经营权和收益权不发生改变的前提下所实现的新型农业规模经营形式，农民依然是土地及其经营的主人，农民可以自主表达意愿和要求。其次，在土地流转中，农民只能获得土地流转租金以及可能的劳务收入；而在土地托管模式下，农民支付托管服务费后，拥有农业生产经营的全部收益，解决了农民流转土地只能获得约定租金而不能获得租出土地的增值收益的弊端。最后，在当前条件下，非农就业打工所能获得的高收入和土地低收益之间形成的强烈对比，使土地成为农民的"烫手山芋"；同时，完全依靠种地难以维持基本生计和流转出去担心失去土地的矛盾心理和两难困境，在很大程度上阻碍了土地的集约化、规模化利用，而土地托管是实现打工种地两不误、同增益的新路子。

四 家庭农场日益成为集生产与服务于一体的新型农业规模经营主体

家庭农场是规模化、集约化和商品化以及追求利润最大化的规模化农业生产主体。家庭农场的这一主体特征，决定了家庭农场在农业生产中追求规模经济。规模经济的实现需要在土地面积扩大的前提下，寻求资本和劳动的最佳组合。中国当前劳动市场和农机化服务市场发育不完善的现状使然，家庭农场在做资本要素投入决策时，往往选择自购农业资产设备。但是，农业资产设备的不可分性和资产专用性又决定了在农场水平上农业资产设备与经营面积之间不可能实现完全匹配，因而，家庭农场自有农业资产设备生产能力出现剩余的情形普遍存在。为提高资产利用效率、减少资本沉淀、降低机械设备使用的平均成本和尽快回收购买投资，作为理性经济人的家庭农场，大多进而选择将剩余的农业设备能力向周边的其他生产经营主体（农户）释放，提供服务。因此，家庭农场在农业生产实践中最终呈现既是生产主体又是服务主体的特征。农业部全国家庭农场监测数据及典型案例调查的结果表明，家庭农场作为一类重要的新型农业经营主体，实际上已经或正在成为新型农业经营主体和服务主体"双主体"，既是土地规模经营者，也是服务规模经营者。家庭农场双主体功能的发挥，既有助于其生产主体功能的发挥，也有助于现代农业生产服务业的发展。其服务主体功能的发挥，在农业生产社会化服务供给不足的地方，尤其重要。

第二节 对农业规模经营几个重要问题的讨论

引导土地经营权有序流转，发展多种形式的农业规模经营，已经成为国家重要的农业政策和现代农业发展的必然趋势。但是，因受制于人多地少的独特国情农情、农业转移人口市民化的长期性、家庭农场等新型农业经营主体发育的渐进性，中国农业规模经营的健康快速发展还面临一些需要认真研究讨论和解决的重要问题。

一 土地经营规模仍然偏小，农业劳动生产率低

上述分析表明，2008 年以来中国土地流转面积、流转率不断增长，土地规模经营趋势明显。但是，与现代农业发展的要求以及国际水平相比，中国土地经营规模仍然偏小，农业劳动生产率低。从规模农户[①]占比看（见表4—3），经营耕地面积小于 10 亩的农户占比持续稳定在 84%—86%，占比最高，且呈现小幅增长趋势，由 2009 年的 84.02% 增长到 2016 年的 85.51%。而经营耕地面积等于或者大于 10 亩的规模农户占比仅维持在 14%—16%，且呈现小幅下降趋势。尤其是，2009—2016 年，平均来看，经营耕地面积等于或者大于 30 亩的规模农户占比仅为 3.69%，等于或者大于 50 亩的规模农户占比仅为 1.20%，等于或者大于 100 亩的规模农户占比仅为 0.36%。

表4—3　　　　不同经营规模农户占比变化趋势（2009—2016）　　　　单位:%

	小于 10 亩	10—30 亩（含 10 亩）	30—50 亩（含 30 亩）	50—100 亩（含 50 亩）	100—200 亩（含 100 亩）	200 亩以上（含 200 亩）
2009	84.02	12.20	2.57	0.84	0.27	0.11
2010	85.79	10.83	2.33	0.77	0.19	0.09
2011	85.94	10.69	2.32	0.75	0.20	0.10
2012	86.11	10.48	2.31	0.78	0.22	0.10
2013	85.96	10.28	2.55	0.86	0.24	0.11
2014	85.93	10.18	2.60	0.89	0.28	0.12
2015	85.74	10.32	2.60	0.90	0.30	0.13
2016	85.51	10.48	2.61	0.94	0.33	0.14

资料来源：农业部经管司：《农村经营管理情况统计总报告》（2002—2016）。

从国际水平来看，目前，中国户均农业土地经营规模为 7.5 亩，约为日本的 1/4、欧盟的 1/40、美国的 1/400；农业劳动生产率约为世界平均值的 47%，高收入国家平均值的 2%，美国的 1%（孙中华，2016）。郭

---

① 按照农业部标准，"规模经营"农户是指一年内经营耕地面积等于或超过 10 亩的农户。

熙保和白松涛（2013）的研究结论显示（见表4—4），从农业劳动力人均耕地面积来看，2007年，中国农业劳动力人均耕地面积为0.4公顷，发达国家、中高收入国家分别是这一水平的106.25倍、14.50倍；从农业劳动生产率来看，2010年，中国劳动力人均增加值为545美元，发达国家、中高收入国家分别是这一水平的70.36倍、6.62倍；农业劳动力人均耕地面积小是中国农业劳动生产率低下的重要原因。据世界银行估计，2012年，中国农业劳动力劳均耕地5.80亩；据FAO估计，2010年，中国农业劳动力劳均耕地仅为3.66亩；国内官方机构的统计结果表明，2012年，中国农业劳动力劳均耕地7.87亩，农户农均耕地7.56亩；显然，中国目前的劳均耕地和户均耕地都超不过10亩，这一土地经营规模不仅显著低于世界平均水平，而且显著低于亚洲国家平均水平（林万龙，2017）。

表4—4　　　　　　　　中国农业经营规模的国际比较

年份	农业经营规模衡量指标	发达国家	中高收入国家	中低收入国家	中国
2007	农业劳动力人均耕地面积（公顷）	42.50	5.80	0.57	0.40
2010	农业劳动力人均增加值（美元）	38347	3607	622	545

注：表中的发达国家分别为美国、加拿大、澳大利亚、英国、德国、法国、意大利、日本和韩国；中高收入国家分别为巴西、南非、墨西哥和波兰；中低收入国家为中国、印度、泰国和印度尼西亚。

资料来源：郭熙保，白松涛：《农业规模化经营：实现"四化"同步的根本出路》，《光明日报》2013年2月8日第11版。

二　土地流转存在"被流转"、流向不合理等突出问题

当前，土地流转、规模经营过程中已经出现一些值得重视的倾向和突出问题，突出表现为速度很快、"被流转"、流向不甚合理。快速工业化和城市化进程使得越来越多的农村劳动力离开土地。正常情况下，这部分进入城市的农民把土地经营权拿出来流转和集中，将成为自然也是必然的过程。但是，目前这样一个自然的历史过程由于一些错误的导向和地方政府、基层社区的冲动，正在被人为地加速。在很多地方，这种加速流转是在农地确权这样一个既涉及农民土地权益保护，也涉及土地用途管治的农地管理基础性工作并没有完成的情况下进行的；同时土地流转或多或少存在"被流转"的情形。1992年，通过各种方式流转的耕地面积占家庭承包经营耕地面积总数的比重不足1%。2005年也只占4.53%，但到2016年达35.12%，即2005—2016年，土地流转率提高了30.59%，年均增长2.55个百分点，土地流转速度显著加快。东部地区土地流转更快，2016年土地流转率最高的是上海市，达74.80%，其后依次为江苏省（60.19%）、北京市（59.99%）、浙江省（53.80%）。

进而言之，理论上看，支持土地流转，应该主要是支持和鼓励流向专门从事农业生产的专业大户、家庭农场，促进这些经营主体的规模经营。但实际情形是，目前很多地方把土地集中流转到大企业手中。这样的做法在一定程度上可能短期内缓解了规模经营问题和使用效率问题，但遗留下的问题可能更多，例如农民权益保护、农民离农后的生计保障、农地用途管制等。

大量调研表明，当前确实存在这样一种现象，即地方政府和基层社区有一种土地流转偏好，倾向于大规模的动不动就成千上万亩的流转，而且倾向于把农地流转给大工商企业或大户。工商资本进入农业，有两件事情值得重视：一是防止"非粮化"，就是原来的粮地不种粮食了。如果不种粮食，但还在从事农业生产，那么这种土地资产专用性的改变还不是特别彻底，必要时还可以做粮食生产资源的动员，因而对粮食安全的冲击有限。二是防止和杜绝"非农化"。耕地"非农化"等于把农用地转成建设用地，不是种庄稼而是种楼房。

三 高速度大规模土地流转正在导致土地租金显著上涨

近年来，随着土地大规模流转，土地租金上升非常快。不断攀升的土地租金成为导致土地流转型农业规模经营主体收益下降或者亏损的重要原因。在一些平原地区，年土地租金已攀升到700—800元/亩，有的甚至达到或者超过1000元/亩（赵鲲、刘磊，2016）。重庆市梁平县的年土地租金由2013年的680元/亩上升到2016年的720元/亩；山东省、河北省、安徽省2015年的平均土地租金分别为708元/亩、668元/亩、570

元/亩；陕西省、吉林省 2016 年的平均土地租金分别达 643 元/亩、811 元/亩（孔祥智、穆娜娜，2018）。

1. 土地租金上涨事关农业可持续发展大局

从各地调查的实际看：目前的土地租金大致与流转前的亩均纯收益持平。整体上看，租金上涨主要还是市场行为，但工商资本的进入也是不可忽视的因素。租金不断上涨可以为拥有承包权的农民增加一笔财产性收入，但也可能阻碍正常土地流转的进行和新型农业经营主体的成长。根据前几年农业经营成本收益的比较分析，在此前土地成本还没有出现高企的情况下，农业生产特别是粮食生产的利润已经比较低了。现在土地租金上升，对于真正想做农业的人来说，规模扩张的成本压力更大了。从这个角度看，租金上涨是不利于粮食生产的稳定和整个农业的可持续发展。

另外，在一些地方的调查发现，虽然整体上看租金是上涨的，但也出现少数土地大规模流转到企业的租金低于之前农民之间流转租金水平的情形。可能的原因：一是政府对租金的过度干预，人为压制和压低租金；二是政府无所作为，对于明显不合理的低租金现象缺乏干预。

从长期看，土地租金事关农业可持续发展大局。人为压低租金导致明显小于市场决定的租金水平，对保护农地流出户不利；但租金虚高，虽然短期、局部地增加了农地流出户的土地财产性收益，由于租金在农业生产成本中的占比急剧提升，高租金对农业经营者获得合理利润报偿、保持农业可持续发展是不利的。

2. 应高度关注土地租金非正常上涨可能对中国农产品国际竞争力的负面影响

中国近些年农业的生产成本上升得非常快，由此导致中国农业竞争力的显著下降。大概可以得出这样一个判断：21 世纪以来的农业生产成本上升，其中的主要原因是劳动力成本的快速上升；其次是化肥、农药、薄膜、水费等其他要素成本的显著增长；最后是土地成本的不断提高。劳动力成本快速上升导致的一个重要负面效应就是农业国际竞争力显著下降。2001 年加入 WTO 前，中国还是一个农产品净出口国，到了 2004 年就变成了净进口国，农产品贸易逆差持续扩大，由 2004 年的 46.40 亿美元扩大到2016年的380.1亿美元,逆差额年均扩大55.32%;2013年,中国农产品贸易逆差额最大,为508亿美元,比2004年扩大了9.95倍。这是主要源于劳动力成本上升形成的国际竞争力第一次大幅度下降。

非常值得观察和警醒的是,土地租金的大幅度上升会不会引起第二次农产品国际竞争力的急剧下降。在新形势下,劳动力成本可能仍然还在快速上升,在土地流转趋向规模经营之后,土地租金又在急剧上升。在过去小规模农户从事经营的情况下,土地不能说没有成本,但是一种影子成本。而现在一旦土地流转,就把隐性的土地成本显性化了。如果任由土地租金上涨,肯定会影响粮食生产和农业规模经营,从而对中国农业国际竞争力产生负面影响。

四 家庭农场处于农业规模经营、农业生产经营体系构建的核心地位

农业产业链上的所有主体都可以称为农业经营主体。但农业经营主体不完全等同于农业生产主体。纯粹从居于现代农业发展核心地位的农业生产主体的角度而言,家庭农场是农业规模经营发展和农业新型生产经营体系的核心。农业的生产特点和农户的社会经济属性决定了在农产品生产环节上农户所具有的先天优势。种植业和养殖业是经济再生产与自然再生产相互交织的过程,其劳动对象是活的生物体,需要劳动者具备高度责任心和主动性,及时对自然环境变化做出反应。以家庭为经营单位的家庭农场,其最大优势是产权明晰、内部治理结构简单、成员利益高度一致、劳动责任心强、主动性高,其生产劳动的数量和质量与其最终收益直接相关,劳动监督成本低,对于种养业生产环节具有天然的适应性和优势。从目前全国家庭农场从事的主要领域看,主要集中于种植和养殖业的生产环节。农业部的统计表明,在全国家庭农场中,从事种植、养殖及种养结合的家庭农场占总数的98.2%,其中,从事粮食等大田作物生产的家庭农场占农场总数的40%。

1. 家庭农场是农产品加工企业生产原料的有效提供者

家庭农场专注于农业生产环节,是商品性农产品的主要提供者。农产品加工企业获得生产原料、发展订单农业,更加愿意与家庭农场这样有规模的原料供给者打交道,使其原料供给在数量和质量上得到交易成本更加低廉、供给更加稳定。实践中，很多龙头企业都将家庭农场作为原料基地，克服小规模农户生产经营波动大、生产方式不规范和质量安全难保障且违约率高的风险和缺陷。农业部全国家庭农场监测数据表明，2016年2998家农场中有近1/4（24.39%）与龙头企业有联系；在与龙头企业有联系的农场中，28.39%的农场获得了龙头企业的技术指导，21.15%的农场获得了农产品销售服务。

2. 家庭农场是使用农业先进适用技术、提高生产经营管理水平的示范带动者

与小规模农户相比较，家庭农场集约化、规模化经营水平更高，更有意愿使用先进农机、引进优良品种、采用新技术、开展品牌化经营，能够带动小规模农户改进生产技术、提高产量、降低成本。农业部全国家庭农场监测数据表明，2016年，72.09%的家庭农场拥有自己的拖拉机，29.04%的农场拥有联合收割机，17.07%的农场拥有插秧机，平均每家农场自有农机具价值为22.13万元。

3. 家庭农场是生态农业技术的使用者和农业绿色发展的实践者

2016年，在进行灌溉的种植类和粮食类农场中，采用喷灌技术（含微喷、滴灌、渗灌）进行灌溉的农场占比分别为36.59%和19.50%；亩均化肥用量低于或者等于周边农户的农场合计占比83.93%。就亩均化肥用量而言，至少40%的家庭农场在"减量"使用；在418家养殖类农场中，利用粪便发酵做有机肥、饲料和沼气，或者运输到附近加工厂再进行资源化、综合循环利用和无害化处理的农场占比近八成（79.05%）。

4. 家庭农场是为周边小规模农户提供农业社会化服务的提供者

家庭农场是规模化、集约化和商品化以及追求利润最大化的农业生产主体。家庭农场的这一主体特征，决定了家庭农场在农业生产中追求规模经济。规模经济的实现需要在土地面积扩大的前提下，寻求资本和劳动的最佳组合。但由于劳动市场、资本市场以及农业生产服务市场的不完善，家庭农场资本要素投入的选择往往是自购农业资产设备。由于农业资产设备的不可分性和资产专用性的特点，在农场水平上，农业资产设备与经营面积之间不可能实现完全匹配，家庭农场自有农业资产设备生产能力出现剩余的情形普遍存在。为提高资产利用效率、减少资本

沉淀、降低机械设备使用的平均成本和尽快回收资本成本，作为理性经济人的家庭农场，大多会选择将剩余的农业资产能力向外［周边的其他生产经营主体（农户）等］提供。因此，家庭农场在农业生产实践中既是农业生产主体，又是为周边小农户提供包括农机服务在内的农业生产的服务主体。由于家庭农场与周边小农户距离最近，对其需求更了解从而也更容易与其融合，更容易带动小农户实现现代化。

5. 家庭农场是"最适宜"和"最合意"的规模化农业生产经营主体

中国农业要提高资源使用效率、增加经营效益从而增强其国际竞争力，从根本上说都将取决于能否形成一群具有生态自觉意识和企业家精神、能够对不断变化的市场迅速实施冲击—反应式调整、能主要依靠自身力量而非依赖政府政策支持、自主发展能力强，区别于传统小规模农户的农业生产新主体。在所有的新型农业经营主体当中，从现实表现看，家庭农场正在向这样的生产主体演化，成为农业生产主体重构、经营体系构建的重要力量。

因此，家庭农场是中国现阶段众多农业新型经营主体中"最适宜"和"最合意"的规模化农业生产经营主体。"最适宜"是说，它作为新型农业生产主体，适应了中国整体经济社会发展以及作为中国经济主要产业部门的农业的历史性变化，适宜中国小规模农业未来的发展走向，尤其适宜于农业生产的自然和经济特征。"最合意"是说，家庭农场的经营特征及其实际表现说明，家庭农场最合"现阶段中国现代农业发展目标和任务"[①] 之意。

五 应重视家庭农场与农民专业合作社之间的功能互补关系

历史发展实践表明，农民专业合作社主要不应是合作生产，或者说不应该是生产领域的合作——从初级合作社到人民公社体制逐步将农业合作推向了生产的合作，这是失败的根源。当今农民专业合作社的发展，应该主要是为农业生产者提供产前、产中和产后的服务，其要解决的是这样的一个基本问题：由于农业的特殊性，农场规模再大也不可能把应

---

① 指产出高效、产品安全、资源节约、环境友好。

由市场提供的服务内化到厂商内部,因此,农业种植规模越大,对外部提供的社会化服务的需求也越大。这表明,农业领域的生产服务业发展有着巨大潜力和空间。美国的"大农场+大服务"、日本的"小农户+大服务"农业发展模式及其经验证实了这一点。

如前所述,中国"最适宜""最合意"的农业经营主体,主要是适度规模化的家庭农场,在这种情形下,由于参加合作获得的边际收益增长更大,会将对合作的需求由一般意义上的日常需求转化为实际的有效需求,从而引来农民专业合作社发展的真正的春天。

因此,应高度重视家庭农场与农民专业合作社之间的功能互补关系,家庭农场是农民专业合作社发展的参与者和助推剂。实际上,无论农业生产主体的特征如何,客观上都存在对"合作"的日常需要,但其是否能将这种合作的需求转化为合作的行动,取决于其参与合作收益的大小,而收益的大小又取决于其经营规模的大小。相对于小规模农户,家庭农场对农资购买、农产品加工销售、运输贮藏以及农业生产经营技术等服务的需求更为迫切,尤其是规模化生产的特征,其能从合作中获得的效益更大。因而,家庭农场首先是现有农民专业合作社的参与者,农业部全国家庭农场监测数据表明,在 2016 年 2998 家有效样本农场中,36.97%的家庭农场加入了农民专业合作社。同时,由于家庭农场经营者专业素质较高、更懂农业技术、善于经营管理,在农民专业合作社组建和运营中也更愿意发挥核心带头作用,其作为合作社发展助推剂的特征也很明显。在许多没有合作社的地方,家庭农场作为创办人建立合作社的情形比较普遍。不仅如此,在家庭农场发展比较密集的区域,家庭农场之间建立协会、联盟等合作性质的行业组织的情况也正在涌现。因此,健康发展的家庭农场,还是加速农民合作和组织化、提升农民专业合作社规范化水平的重要推动力量。

第三节　发展农业规模经营的基本思路

通过对土地流转型、服务带动型农业规模经营发展现状的分析以及几个重要问题的讨论,我们认为,当前发展农业规模经营,要注意把握好四个基本思路。

一 既要"积极",又要"稳妥"

发展农业规模经营,是构建新型农业经营体系和发展现代农业的必然要求,也是世界各国发展现代农业的重要路径,既有他国的成功经验借鉴,也有他国的深刻失败教训。在当前,发展农业规模经营已成为各级政府政策共识和各地实践重点,一系列推进农业规模经营的政策措施得到贯彻落实,并取得了明显成效。但是,在一个人多地少、农村集体所有制的基础上向农业规模经营迈进和发展,既是中国最大的农情,也是最大的国情,世界上没有可以遵循和比照的先例。尤其是,当前农业规模经营发展所处的时代背景和所面临的经济新常态新形势更为严峻,所面对的问题更为复杂,所需完成的任务更为艰巨;同时,因为农业转移人口市民化进程缓慢、农村社会保障体系不健全、农民恋土情结深重等因素制约,导致土地流转不顺畅、不稳定的现象仍然较为突出,实现农业规模经营将是一个长期过程。因此,发展农业规模经营,关键是要处理好积极与稳妥的关系。既要不失时机地推进土地流转与集中以及多种形式的农业规模经营,为扩大农民就地就近就业、农业农村经济提供新的增长空间;又要立足国情农情,从实际出发,认真研究解决推进农业规模经营进程中的突出问题,制定具体政策,探索有效办法,因势利导、循序渐进。推进土地流转,必须按照中央决策部署和总体要求,严格坚持依法、自愿、有偿原则,充分尊重农民意愿,切实保护农民合理合法土地权益。对于一些地方的失当、过度的激励性政策措施和做法,必须及时纠正。

二 既要"求效率",亦要"顾公平"

实践发展证明,中国目前小规模农户的农业生产方式,在工业化城市化快速推进的过程中是不可持续的。所以,一定要有对传统农业经营主体的再造和重塑,要有适度的农业规模经营,这有利于提高土地资源的使用效率,有利于实现土地生产率和劳动生产率"双高"增长。因此,推进农业规模经营的政策要按照效率原则和标准进行动态调整。但问题在于，如果不能对农户承包权进行明确界定和有效保护，特别是不能为离农人口和劳动力提供新的就业机会、未能解决好他们离农后的生计，就支持、引导农户流转土地、大力推进农业规模经营，这在短期内可能解决了效率低的问题，但是，在长期来看，这可能会带来公平的问题。在发展农业规模经营中，公平问题的核心有以下三个方面：一是规模经营主体是农民还是工商资本（企业）？二是新型农业经营主体的劳动力构成变化，是否会对缺乏其他就业机会的农业劳动力产生挤出效应？三是小农户的收益权、劳动权能否得到有效保障？

发展农业规模经营，不只是解决一个效率问题就解决了所有问题，效率优先背后，一定要考虑公平。农民把亩产1000—1500斤粮食的农地以800—900元/亩的租金流转出去，即使人均耕地达到2亩，他每年所能获得的租金也不足2000元。年轻些的农民在土地出租、搞规模化经营后，还可以去打工。但60岁以上有劳动能力的高龄农民怎么办？如果把他们都挤出农业，纯粹以"租金补偿+养老保险"维持生计，他们退出农业后的福利可能变得无法维持。实践中，在"土地流转+集中居住"的情况下，部分农民甚至连参与农业劳动的权利（这也是一种福利）也被剥夺了。所以，扩大农业规模经营水平、提高资源利用效率是方向，但这一定是一个渐进过程，不能太着急，不能总想着要把中国农业变成大公司经营、大农户、大农场经营。这种做法，看似使农业现代化进程加快了，但可能会遗留下来很多更难解决的问题。发展农业规模经营必须坚持一个最基本的准则，即不能是遗留下来的问题比解决了的问题还要多。

三 既要"追求规模"，更要"注重适度"

众多研究表明，土地产出率、劳动生产率以及全要素生产率与土地经营规模大小直接相关。如果土地经营规模太小，土地产出率可能较高，但劳动生产率、全要素生产率会较低，制约农民增收；如果土地经营规模过大，劳动生产率、全要素生产率可能较高，但在边际报酬递减规律影响下，土地产出率会较低，制约农业增产增效。过小的土地经营规模不利于农民获得比较利益和调动农民经营农业的积极性；但过大的土地经营规模可能会导致农业经营的粗放化、农业产业组织和经营制度的异化、农业经营主体行为的扭曲以及同类农业经营主体之间收入关系的失衡和过度分化等问题（黄祖辉，2018）。因此，发展农业规模经营，要正确把握好土地经营规模与劳动生产率、全要素生产率、土地产出率之间的关系，以及农业增产增效与农民增收之间的关系，即要正确把握好土地农业规模经营的"适度"。发展农业规模经营，既要"规模"，更要"适度"。目前，一些地方超小规模经营与超大规模经营并存，已经出现了土地规模经营两极化、过度追求土地经营规模的现象，存在土地经营规模越大越好的认识误区。对此，社会各界尤其是各级政府应给予高度关注。

《关于引导农村土地承包经营权有序流转发展农业适度规模经营的意见》（中办发〔2014〕61号，以下简称《意见》）明确提出，"各地要依据自然经济条件、农村劳动力转移情况、农业机械化水平等因素，研究确定本地区土地规模经营的适宜标准。防止脱离实际、违背农民意愿，片面追求超大规模经营的倾向"。发展中国特色的农业规模经营，"适宜"规模为多大？《意见》概括为，农业规模经营要与城镇化进程和农村劳动力转移规模相适应，与农业科技进步和生产手段改进程度相适应，与农业社会化服务水平提高相适应。因此，农业规模经营的"适度"应该是一个土地经营规模的合理区间。对于这个区间，要特别把握好土地经营规模最大值、最小值和目标值三个关键值，其中，最大值是主要依靠农户家庭劳力就能耕种的最大土地面积，各地要以最大值为控制线，防止土地过度集中和产生社会不公；最小值是根据农业劳动力数量平均分配每户得到的土地经营规模，各地要以最小值作为工作的出发点，防止土地撂荒；目标值是能够使种粮专业户的年收入水平与其家庭全部劳动力外出打工的年收入相等的土地经营规模，各地要以目标值作为发展方向，引导粮食生产向规模化和专业化方向发展（钱克明，2015）。现阶段，应重点支持土地经营规模相当于普通农户10—15倍、收入相当于外出务工平均收入的专业大户、家庭农场。

四 既要"坚持家庭经营基础地位",还要"探索形式多样性"

农业不同于工业,其不同生产环节的劳动质量、生产成本等难以标准化;但每一环节又都对最终生产成果和收益产生影响;只有将劳动效果、成本控制与最终收益紧密联系起来,才能实现整个全部生产过程的最优化。农户家庭具有集生产和消费为一体,集农业劳动者、投资者、管理者、受益者为一身的特征。农业的这些生产特点和农户的社会经济属性决定了在农业经营上农户具有先天优势。发达国家现代农业发展的实践表明,无论农村土地、劳动力等资源禀赋如何,家庭经营都是最主要形式,处于基础地位;其他农业产业组织和经营方式都是在家庭经营基础上延伸而来的。家庭经营并不天然等同于小农经济,农户家庭通过土地经营权流转、建立与其他农业经营主体之间的合作与联合,同样可以实现规模经营。历史实践发展表明,中国农业基本经营制度以及农业健康可持续发展必须以家庭经营为基础,必须建立在以农业为终生职业、具有共同价值取向的农户联合与合作的基础之上。

农业规模经营是手段,不是目的。发达国家实践经验表明,农业规模经营存在多种形式、多条路径。并且,不同的农业规模经营形式,其发展条件、收益表现、风险特点各不相同;不同区域、不同农作物的农业规模经营形式,有其不同的侧重点和关键点,发展路径也不尽相同。因此,发展农业规模经营,既要坚持农户家庭经营的基础性地位,又要探索多种规模经营形式的共同发展和协调推进。发展多种形式的农业规模经营是实现农业农村现代化的必由之路和重要路径。一是加快培育、发展壮大专业大户、家庭农场、农民合作社、农业产业化龙头企业、经营性农业服务组织等新型农业经营主体与服务主体,构建符合国情和发展阶段的以农户家庭经营为基础、以合作与联合为纽带、以社会化服务为支撑的立体式、复合型现代农业经营体系,提高农业经营规模化、集约化、组织化、社会化、产业化水平。二是探索、创新多种形式农业规模经营的共同发展。发展农业规模经营,不能仅以经营者的土地经营规模为农业规模经营的唯一度量标准和路径(黄祖辉,2018),不只是土地规模经营"单项突进",而应该是土地规模经营与服务规模经营的共同推进、协同发展。土地规模经营与服务规模经营是实现农业规模经营的两条并行不悖的路径，从土地规模经营转向服务规模经营是现阶段顺应中国农业经营方式转型发展的重要路径（罗必良，2017）。不同农产品应探索不同的规模经营路径，粮食等土地密集型农产品，应以"规模经营户+社会化服务组织"为主要形式实现规模经营；果蔬等劳动密集型农产品，应以"规模生产基地+合作组织"为主要形式实现规模经营；畜禽等资本密集型农产品，应以"规模养殖小区+龙头企业"为主要形式实现规模经营（周应恒，2016）。

第四节　加快发展农业规模经营的未来政策选择

促进农业规模经营，是一项涉及新型农业经营体系构建、农村土地制度改革、农业支持保护政策完善等诸多制度和政策内容的系统工程，亟须完善相关扶持政策。

一　引导土地经营权有序流转

根据《意见》，放活土地经营权是重大政策导向和决策部署。土地经营权是土地作为农业生产要素属性和经济效用功能的直接体现。实施"三权分置"有多重目的，但其中最为重要的是更好更优地用活土地经营权，优化土地资源配置，以更大幅度提升土地产出率、提高劳动生产率和农民收入水平，促进农业规模经营和现代农业又好又快发展。作为最主要的生产要素，土地的适度集中是专业大户、家庭农场得以发展壮大的前提。发展农业规模经营，重点是要培育专业大户、家庭农场，不提倡工商企业长时间、大面积租赁农户承包地。因此，要鼓励土地经营权优先流向专业大户、家庭农场等新型农业生产主体，鼓励土地流出农户与专业大户、家庭农场签订具有较强法律约束力的中长期土地经营权流转合同，稳定专业大户、家庭农场农业生产、投资和经营预期。

一是稳定、完善土地流转关系。加强土地经营权流转交易平台建设和市场体系建设，健全县（市）、乡（镇）、村三级土地经营权流转服务体系，支持开展土地经营权流转市场供求信息、流转合同咨询指导、流转价格协调、相关纠纷调解等服务，引导土地经营权依法、自愿、有偿平稳流转。

二是创新租地型专业大户、家庭农场形成方式。在有条件的地方，鼓励、引导将土地承包经营权确权登记颁证、互换并地与农田水利等农业基础设施有机结合起来，整合、统筹各类涉农项目资金，集力建设优质高标准农田，并将其优先流转给专业大户、示范家庭农场。同时，鼓励各地积极推广股份合作、土地托管、联耕联种等新型农业经营方式和利益联结机制。

三是创新有利于农村土地经营权市场交易的体制机制。例如，探索建立农村承包土地指导价格评估机制，为土地流转方和需求方提供价格指导服务；探索建立土地储备机制，着力提高承包地流转的组织化、规模化程度；引导、鼓励新型经营主体、服务主体与承包农户以及相互之间建立合理、顺畅、高效的利益联结机制。

四是加强土地租金调控。从根本上来说，土地租金应该由市场来决定。但由于农业的特殊性，租金的高和低会对不同的利益相关者产生影响，这就成了公共领域的事情，要由政府来做出决策。我们认为，在实际租金由市场最终决定的前提下，可以考虑按照土地的区位、土壤肥力状况、土地产出类型等建立基准租金制度。对于明显高于基准租金的，政府予以适当补贴；对明显低于基准租金的应从保护流出户利益的角度监控租金的形成是否合理以及农户对土地流转是否知情、租金是否公平等。鼓励、引导各地积极推广采用实物计租货币结算、租金动态调整（包括定期和非定期两种方式）、土地入股"保底＋分红"等利益分配方式，切实保障土地经营权流转双方合理合法权益。需要强调的是，所有的租金补贴对象始终应该是真正从事农业的生产经营者；防止"租金过高—补贴—租金进一步上涨"的恶性循环。

二 优化农村信贷供给政策，有效缓解农业经营主体融资困难

以家庭农场为例，农业部全国家庭农场监测数据表明，2016 年，在 2998 个有效样本中，83% 的家庭农场有融资需求，但是，其中仅有 13% 的家庭农场的融资需求较为容易得到满足；在获得贷款的家庭农场中，

66%的融资需求是从农村信用合作社或者亲朋好友处得到满足的,从中国农业银行、中国工商银行、中国银行、中国建设银行、交通银行等大型商业银行获得贷款的比例仅有7%。全国家庭农场监测数据统计结果还发现,在1145个粮食类家庭农场有效样本中,82%的粮食类家庭农场表示经常处于资金紧张、困难状态;93%的农场表示土地经营规模难以扩大的重要原因就是资金缺乏、融资难。

这种局面的形成是与金融系统信贷供给特征与家庭农场等新型经营主体的信贷需求特征严重不匹配导致的。农村信贷供给侧特征集中体现在抵、质押贷款是优先序第一的担保形式,第三方责任人担保居其次,排最后的是信用贷款。但从新型生产经营主体的需求特征看,家庭农场的融资需求意愿、强度都要远远大于传统小农户,且主要用途为生产用途。对金融机构优先序排第一的抵、质押贷款形式,所需要的抵押物或质押物,恰恰是新型农业生产经营主体所缺乏的,在一些地方,由于改革不到位或不彻底,新型农业生产经营主体的耕地、宅基地、自留地、自留山、农机具等抵押权能尚不彰显。对于金融机构优先序第二的保证贷款形式,新型农业生产经营主体同样缺少相应资源。信用贷款是农村信贷供给侧优先序排最后的贷款形式,却是新型农业生产经营主体排第一的贷款形式。监测数据统计结果表明,新型农业生产经营主体在缺少抵押物、缺少社会资源的情况下,信用贷款是最为优先选择的贷款形式。因此,要持续深化农村金融体制改革,创新农村金融制度和金融支农方式,着力解决家庭农场等新型农业经营主体资金不足、融资难问题,多途径、多渠道有效满足新型农业经营主体资金需求。

一是创新信贷产品和服务。针对粮棉油糖、农作物制种、园艺作物、畜牧业、渔业、农机等不同产业,有针对性地创新和拓展信贷服务方式。

二是鼓励、支持发展农村信用贷款。切实加强农村信用体系建设,尽快建立权威、全国性的家庭农场等新型农业生产经营主体数据库并对金融机构公开。以家庭农场等新型农业生产经营主体为单位,可查询其土地承包经营权、宅基地使用权、土地流转面积、享受国家政策等动态信息,并将该数据库对金融机构公开,便于金融机构对其做信用评级时提供基础数据,针对家庭农场开展信用评定,降低金融机构给新型农业生产经营主体提供信用贷款的成本。

三是促进抵押方式多元化。健全农村产权交易市场基础设施和体系建设，完善、优化农村抵押资产变现处置机制。鼓励金融机构尤其是新型农村金融机构（例如小额信贷公司、村镇银行等）积极开展农村土地经营权、农民住房财产权、大型农机具、在产农作物及订单、活体畜禽、各种有价票据等抵押、质押业务。

四是大力发展农村合作金融。引导供销合作社、农村信用合作社充分、有效发挥自身优势，鼓励农民合作社积极开展内部信用合作、资金互助合作。

三　大力发展农业保险，提高农业经营主体风险保障水平

目前，政府仍是农业保险政策运行的主体，但扶持措施单一、力度不够。问题首先表现在保险对象受限，中国主要的大田作物和部分养殖业虽然都已经有了政策性保险，但一些区域性特色产业保险没有或刚刚起步，家庭农场等新型农业经营主体更大规模经营的水果、蔬菜、牛羊畜禽等产品还未纳入保险覆盖。其次，保额偏低，多数农业政策保险只保成本不保收益，满足不了新型农业经营主体的保险需求。最后，由于保险理赔程序复杂、手续烦琐，灾后赔付难度大、比例小，往往难以真正达到保险目的。

因此，要以农业保险多元化为方向，以增强新型农业经营主体抵御自然和市场风险的能力为目标，不断加强农业保险管理，促进农业保险快速健康发展。

一是丰富农业保险产品，给新型农业经营主体多元化保险选择。根据新型农业经营主体生产经营特性，开发保险新品种，优化政策性保险品种结构，逐步将农业保险补贴覆盖范围从稻麦油等大宗农产品向花果蔬等特色农产品拓展。

二是调整保障水平，提高新型农业经营主体农业保险的赔付水平。设计多层次、多档次农业风险保障水平，对不同层次、不同档次农业风险实行差别化保险补偿标准。新型农业经营主体根据自身情况和需求自主选择参保层次和档次，逐步实现农业保险由"保成本"向"保收益"

转变。

三是简化定损、理赔等程序和手续，及时发放保险赔付款。

四是开放农业保险市场，形成政策保险和商业保险、合作保险共同参与的农业保险市场新格局。充分发挥政策性农业保险的财政补贴杠杆作用，鼓励、引导商业保险机构积极开展农业保险业务。引导、支持新型农业经营主体积极开展农业互助合作保险。

四 着力发展农业生产性服务业，健全农业生产社会化服务体系

功能健全、运行良好的社会化服务，可以有效地把各种现代生产要素注入经营主体的经营之中，不断提高农业物质技术装备水平，从而在坚持家庭"小生产"的基础上推进农业生产专业化、商品化和社会化。中国资源禀赋和现有生产条件决定了专业大户、家庭农场不可能像美国等新大陆国家家庭农场那样具备较高的农业机械化水平和自我服务的能力。同时，专业大户、家庭农场规模再大，也不可能将应由市场提供、成本更低的产前和产后生产服务全部内化到专业大户、家庭农场内部。

习近平总书记曾指出，在鼓励规模经营同时，要研究完善针对小农生产的扶持政策，加强社会化服务，把小农生产引入现代农业发展轨道。

一是加快构建新型农业社会化服务体系。培育发展多元化、多形式、多层次的农业生产服务组织，做好产前的农资供应、市场信息服务，产中的农业技术指导、农机协作服务，产后的储藏、销售和加工等服务，为农业经营主体发展提供服务保障。

二是适应农业经营主体联合的需求，支持和鼓励农业经营主体之间的联合合作。引导同产业同类型农业经营主体组建专业协会、联合会，发挥集聚效应。

三是引导专业大户、家庭农场组建农民合作社，为专业大户、家庭农场提供良种、农机、植保、农产品加工储藏销售等一体化服务，降低专业大户、家庭农场生产和服务成本。同时，重视专业大户、家庭农场的服务主体功能，引导其为周边农户提供优质的农业生产机械和技术服务。从服务内容看，首先，强化农业科技培训和使用服务。通过创新农业技术推广服务途径，支持专业大户、家庭农场积极应用农业新技术，加强农业先进技术的宣传示范和推广等措施，使农业科技成为专业大户、家庭农场可持续发展的重要支撑。其次，强化对专业大户、家庭农场的产品营销服务。加强专业大户、家庭农场的信息化基础设施建设，不断提升专业大户、家庭农场信息化运用水平，着力解决其所遭遇到的市场信息不对称问题。充分利用"互联网＋"、大数据、云计算等现代化信息技术，促进农村电子商务、智慧农业、精准农业等新业态发展。加强专业大户、家庭农场产品品牌建设，引导专业大户、家庭农场通过标准化生产提升农产品质量水平，帮助有条件的专业大户、家庭农场创设农产品品牌；引导专业大户、家庭农场积极开展"三品一标"质量认证，不断提升产品品质和质量；鼓励、组织专业大户、家庭农场直接参与各类农产品展会等营销活动，着力解决产品销路问题，促进收入增长。

第 五 章

农业生态化生产的基本现状、面临挑战与重要方向

近年来,中国农业发展面临着资源约束日益显现、生态环境总体堪忧的现实情况。农业污染给生态环境带来了一系列负面影响,例如,过量使用化肥造成水体富营养化,过量使用农药造成土壤中有毒元素增加,过量使用塑料薄膜造成土壤中含有大量不易溶解的化学物质,以及农产品中有害物质超标等(李周,2004)。2003年以来,中国粮食单产几乎没有显著增长,但亩均化肥施用量却增长了近40%,每公斤化肥生产的粮食不足19公斤。农药的广泛施用已经带来了一系列生产、环境和食品安全问题(黄季焜等,2008),氮肥的过量施用是导致中国农田土壤酸化的最主要原因(Guo et al.,2010)。同时,化肥、农药还是农业生产中重要的碳排放来源,占农业碳排放总量的25%—30%(张广胜、王珊珊,2014)。由于长期粗放生产,传统的"高投入、高消耗、高污染、低效益"的农业发展方式与资源环境之间的矛盾日益尖锐(朱春江等,2013),过量使用化肥、农药、兽药、农膜以及秸秆燃烧、畜禽粪便排放等造成的污染已成为农业生态系统破坏的主要原因(朱立志,2013)。因此,党的十九大报告提出实施乡村振兴战略,坚持农业农村优先发展,按照"产业兴旺、生态宜居、乡风文明、治理有效、生活富裕"的总要求,加快推进农业农村现代化。近年来的中央"一号文件"明确提出了"推行绿色生产方式""推进农业清洁生产""开展农业绿色发展行动""推动农业绿色发展"等指导方针和重点行动。另外,随着经济发展水平

的提高，公众对安全优质农产品和良好生态环境的需求越来越大。当前农业领域供给侧结构性改革的内容中隐含着对农产品优质化、安全化和生产可持续性的要求（孔祥智，2016）。

因此，中国农业面临着生产方面的生态化转型升级。所谓农业生态化生产，是指应用清洁、绿色生产技术和方式发展现代高效生态循环农业，以实现农业绿色发展、可持续发展以及农业系统与自然生态系统协调和谐发展的农业生产模式。这种农业生产模式把自然资源与环境因素、资源节约集约利用与环境友好内蕴于农业生产过程，具有"低投入、低能耗、低排放、高循环、高利用"的显著特点。农业生态化生产首先是一种农业生产方式，是有利于环境友好和资源节约的生产方式；其次是运用生态化生产方式生产出来的产品的质量应该是优良、无害的。具体而言，农业生态化生产包括两个方面的内容：一是清洁、绿色生产。从农业投入品、农业生产性服务的安全性、环保性、最小化着手，通过农业研发（包括技术、良种、生产工艺等研发）生态化、投入品购买和使用生态化、农艺生态化等对农业经营主体的生产过程和环节进行生态化改造，努力实现投入品减量化、生产清洁化、产品质量安全的全过程生态生产。二是共生、循环生产。依据生态共生原理，通过生态化技术和共生系统管理技术，对农产品的各个生产环节或者过程、农业经营主体的不同生产体系以及农村一二三产业进行系统耦合、融合，使农业投入品得到高效、高值的梯度循环和利用，从而实现农业系统的高效产出、污染物和有害废弃物的低水平排放或者零排放，加快形成资源利用高效、生态系统稳定、产业模式生态化的农业可持续发展格局。推进农业生态化生产是加强农业面源污染治理和农业生态治理的现实需要，是满足消费者生态需求和人民日益增长的美好生活需要的根本保证，是实现农业增效增产和农民增收的有效途径，是提升农产品国际竞争力的必然要求，是加快农业现代化、促进农业绿色发展和可持续发展的重大举措，对保障国家食物安全、资源安全和生态安全具有重大意义。鉴于此，本章深入分析中国农业生态化生产的基本现状，识别面临的挑战，并提出推进农业生态化生产的重要方向。

第一节　农业生态化生产的基本现状

一直以来，中国高度重视农业生态化生产和生态农业的发展，并出台一系列相关政策和实际措施，并且很多工作例如农业面源污染防治已由过去口号式的倡导进入带有明确任务目标和明晰要求的具体实践，已由部门行动上升为国家意志，农业生态化生产发展取得了明显成效。

一　农业发展理念、政策生态化转型基本形成

早在20世纪80年代初期，中央就提出了推进农业生态化发展的重要理念和政策导向。1982年中央"一号文件"提出，中国农业发展要广泛借助现代科学技术的成果，走投资省、耗能低、效益高和有利于保护生态环境的道路。此后，历年中央"一号文件"都对农业生态化发展提出了明确的目标要求和政策规定（见表5—1）。党的十九大报告指出，"中国特色社会主义进入新时代，中国社会主要矛盾已经转化为人民日益增长的美好生活需要和不平衡不充分的发展之间的矛盾。"基于此，2017年中央"一号文件"强调，"促进农业农村发展由过度依赖资源消耗、主要满足'量'的需求，向追求绿色生态可持续、更加注重满足'质'的需求转变"。由此，中国农业发展理念、政策的生态化转型基本形成，即牢固树立"绿水青山就是金山银山""生态就是资源，生态就是生产力"的理念，推进农业生态化生产，加快提升农业发展质量效益和竞争力，实现农业绿色发展和可持续发展，不断满足人民日益增长的美好生活需要。这既是一场从"量"到"质"的深刻变革，更是今后很长一段时期中国农业政策改革、制度改善的重要方向。

表5—1　中共中央、国务院相关文件关于农业生态化发展理念、政策的表述

文件名称	农业生态化发展理念、政策的表述
1983年中央"一号文件"	我国农业的技术改造，必须注意发扬传统农业所具有的精耕细作、节能低耗、维持生态平衡等优点

续表

文件名称	农业生态化发展理念、政策的表述
1985年中央"一号文件"	地区性合作经济组织,要积极办好机械、水利、植保、经营管理等服务项目,并注意采取措施保护生态环境
2004年中央"一号文件"	在保护和提高粮食综合生产能力的前提下,按照高产、优质、高效、生态、安全的要求,走精细化、集约化、产业化的道路,向农业发展的广度和深度进军,不断开拓农业增效增收的空间
2006年中央"一号文件"	按照高产、优质、高效、生态、安全的要求,调整优化农业结构;加快建设优势农产品产业带,积极发展特色农业、绿色食品和生态农业
2007年中央"一号文件"	提高农业可持续发展能力;鼓励发展循环农业、生态农业,有条件的地方可加快发展有机农业
2008年中央"一号文件"	大力发展节水灌溉,加强耕地保护和土壤改良,继续加强生态建设,加大农业面源污染防治力度
2010年中央"一号文件"	构筑牢固的生态安全屏障,加强农业面源污染治理,发展循环农业和生态农业
2012年中央"一号文件"	推进农业清洁生产,引导农民合理使用化肥农药,加强农村沼气工程和小水电代燃料生态保护工程建设,加快农业面源污染治理
2013年中央"一号文件"	推进农村生态文明建设;加强农村生态建设、环境保护和综合整治,努力建设美丽乡村;加强农作物秸秆综合利用;搞好农村垃圾、污水处理和土壤环境治理,实施乡村清洁工程,加快农村河道、水环境综合整治
2014年中央"一号文件"	促进生态友好型农业发展;分区域规模化推进高效节水灌溉行动;大力推进机械化深松整地和秸秆还田等综合利用,支持开展病虫害绿色防控和病死畜禽无害化处理;加大农业面源污染防治力度,支持高效肥和低残留农药使用、规模养殖场畜禽粪便资源化利用、新型农业经营主体使用有机肥、推广高标准农膜和残膜回收等试点
2015年中央"一号文件"	加强农业生态治理;加强农业面源污染治理,深入开展测土配方施肥,大力推广生物有机肥、低毒低残留农药,开展秸秆、畜禽粪便资源化利用和农田残膜回收区域性示范,按规定享受相关财税政策;大力推动农业循环经济发展;加大水污染防治和水生态保护力度;建立健全农业生态环境保护责任制

续表

文件名称	农业生态化发展理念、政策的表述
2016年中央"一号文件"	推动农业可持续发展，必须确立发展绿色农业就是保护生态的观念，加快形成资源利用高效、生态系统稳定、产地环境良好、产品质量安全的农业发展新格局；实施耕地质量保护与提升行动；创建农业可持续发展试验示范区；划定农业空间和生态空间保护红线；加大农业面源污染防治力度，实施化肥农药零增长行动，实施种养业废弃物资源化利用、无害化处理区域示范工程；积极推广高效生态循环农业模式
2017年中央"一号文件"	推行绿色生产方式，增强农业可持续发展能力；推进农业清洁生产，深入推进化肥农药零增长行动；大力推行高效生态循环的种养模式；大规模实施农业节水工程；集中治理农业环境突出问题
2018年中央"一号文件"	牢固树立和践行绿水青山就是金山银山的理念；以绿色发展引领乡村振兴；加强农业面源污染防治，开展农业绿色发展行动，实现投入品减量化、生产清洁化、废弃物资源化、产业模式生态化；推进有机肥替代化肥、畜禽粪污处理、农作物秸秆综合利用、废弃农膜回收、病虫害绿色防控；严禁工业和城镇污染向农业农村转移

资料来源：根据历年中央"一号文件"整理。

二 "一控二减三基本"取得明显成效

为遏制农业面源污染扩大趋势，加强农业生态治理，2014年全国农业工作会议首次提出了"一控两减三基本"的农业面源污染防治目标。《关于打好农业面源污染防治攻坚战的实施意见》（农办科〔2015〕24号）对此目标进行了详细阐释和全面确认[①]。同时，农业部于2015年2月印发了《到2020年化肥使用量零增长行动方案》《到2020年农药使用量零增长行动方案》，对"两减"目标提出了更为详细、明确的行动方

---

① "一控"，即严格控制农业用水总量，大力发展节水农业，确保农业灌溉用水量保持在3720亿立方米，农田灌溉水有效利用系数达到0.55。"两减"，即减少化肥和农药使用量，实施化肥、农药零增长行动，确保测土配方施肥技术覆盖率达90%以上，农作物病虫害绿色防控覆盖率达30%以上，肥料、农药利用率均达到40%以上，全国主要农作物化肥、农药使用量实现零增长。"三基本"，即畜禽粪便、农作物秸秆、农膜基本资源化利用，大力推进农业废弃物的回收利用，确保规模畜禽养殖场（小区）配套建设废弃物处理设施比例达75%以上，秸秆综合利用率达85%以上，农膜回收率达80%以上。

案。"一控两减三基本"目标深刻体现了中国现代农业追求可持续发展的最新努力。就此,全国各地紧紧围绕"一控两减三基本"目标,着力加强农业面源污染防治和农业环境突出问题治理,取得了明显成效,农业清洁生产水平明显提高。

2016年,全国已建立11个高标准节水农业示范区,推广节水品种和喷灌滴灌、水肥一体化等技术应用面积超过4亿亩;全国测土配方施肥技术推广应用面积近16亿亩次、有机肥施用面积3.8亿亩次、绿肥种植面积约5000万亩;河北、黑龙江、浙江、四川等省份已实现了化肥使用量零增长;主要农作物病虫害绿色防控覆盖率25.2%,病虫害专业化统防统治覆盖率35.5%①。2017年,在全社会用水总量中,农业用水量所占比重相较于2015年呈下降趋势,下降到62.40%;农田灌溉水有效利用系数相较于2015年呈上升趋势,上升到0.542;三大粮食作物(水稻、小麦、玉米)化肥利用率比2015年提高了2.6个百分点,达37.8%,全国化肥使用量提前三年实现零增长;农药利用率达到38.8%,比2015年提高2.2个百分点,农药使用量已连续三年负增长;粪污综合利用率已经达到60%②。2017年,全国范围内产生的农作物秸秆产量达9亿多吨,其中,82%的农作物秸秆得到了综合利用,总体上,基本形成了"五化"综合利用格局,即肥料化利用为主、燃料化和饲料化稳步推进、原料化和基料化为辅③。

在部分地区,"一控二减三基本"所取得成效更为显著。2015年,浙江省化肥、农药用量分别比2010年减少5%和13%;畜禽粪便、农作物秸秆、食用菌种植废弃物、废弃农膜综合利用率分别达到97%、92%、90%和89%,死亡动物收集处理基本实现全覆盖④。2016年,湖北省每

---

① 张桃林:《切实加强农业资源环境工作 不断提升农业绿色发展水平——在全国农业资源环境与能源生态工作会暨2016年中国现代农业发展论坛上的讲话》,《农业资源与环境学报》2017年第2期。

② 常钦:《农业面源污染防治 不欠新账多还旧账》,《人民日报》2018年7月27日第16版。

③ 常钦:《秸秆利用,下气力培育产业链》,《人民日报》2018年7月8日第9版。

④ 《浙江省大力推进现代生态循环农业发展试点省建设》,http://www.kjs.moa.gov.cn/hbny/201703/t20170328_5540651.htm。

亩平均减施化肥用量1.45公斤,肥料利用率提高1.6个百分点;配方肥施用量占化肥总用量的比例由2005年的19.4%提升到2016年的35.5%;创建化肥减量增效示范样板2200多个,示范面积超过240万亩[①]。2017年,安徽省秸秆综合利用率达87.3%,其中,产业化利用量占利用总量的27.59%;江苏省睢宁县秸秆综合利用率达95%[②]。2017年,东北地区(包括内蒙古自治区)秸秆综合利用能力取得了整体突破,秸秆综合利用率达75%,比2016年提高了7.1个百分点;其中,辽宁省秸秆综合利用率达84%,内蒙古自治区达82.5%[③]。2017年,宁夏回族自治区新增高效节水灌溉面积38万亩,推广玉米、马铃薯、瓜菜高效节水灌溉313万亩,较常规灌溉减少用水量50%以上;绿色防控及统防统治面积600万亩;化肥、农药实现了零增长,利用率分别提高到37%、38%;畜禽粪污资源化综合利用率达到88%,农作物秸秆利用率达到83%,残膜回收率达到90%[④]。

三 农业经营主体生产行为初具生态自觉性

转变农业生产方式,最终仍有赖于农业经营主体生态化生产行为的改变,因为他们是农业生产的资源占有者和使用者。近年来,随着农村劳动力教育培训的普及和加强、小农户生态意识的增强以及家庭农场等新型农业经营主体的涌现和发展壮大,农户、家庭农场等农业经营主体的生产行为已初具生态自觉性,规模种田、知识种田、科学种田的能力和水平不断提高。2015—2016年基于黄土高原476户农户的调查数据表明,62.56%、72.04%的农户采用了小麦秸秆覆盖技术和玉米少耕免耕播种技术等保护性耕作技术(李卫、薛彩霞等,2017)。基于湖北省387户

---

① 《湖北"组合拳"推进化肥减量增效》,http://www.kjs.moa.gov.cn/hbny/201704/t20170419_5574353.htm。
② 常钦:《秸秆利用,下气力培育产业链》,《人民日报》2018年7月8日第9版。
③ 于险峰、张仁军:《东北地区秸秆处理实现三大突破》,《人民日报》2018年6月14日第8版。
④ 《宁夏治理农业面源污染成效突出》,http://www.nx.gov.cn/ztsj/zt/hjbhdc/201802/t20180207_687037.html。

农户的调查数据表明,在化肥、农药施用上,分别有71.83%、63.05%的农户选择低于标准和按标准施用,28.17%、36.95%的农户选择高于标准施用,这表明,大多数农户选择了农业低碳生产[①]行为(田云,张俊飚等,2015)。

相关研究表明,家庭农场是发展生态农业、保持农业发展可持续性的"合意"主体。家庭农场具有旺盛的生命力和强韧的竞争力,以及较高的土地产出率、资源利用率和劳动生产率,正在成为保障农产品供给和农产品质量安全的重要主体(贺雪峰,2011;黄宗智,2012)。家庭农场主与现代农业发展的要求相适应,具有高度的社会责任感和现代观念,其行为要求对生态、环境、社会和后人承担责任,更有利于耕地保护和农业可持续发展(杨继瑞、杨博维等,2013;朱启臻、胡鹏辉等,2014)。由于家庭农场主从业经历丰富,年轻且受教育程度高,对于新事物、新理念的接受意愿和能力更强,且相当一部分是具有生态自觉的"新农人"(杜志雄,2015)。中国生态农业的发展适宜采用以家庭为单位进行适度规模经营的家庭农场模式(胡光志、陈雪,2015)。家庭农场所具有的实现多元化目标的工具价值,使其日益成为符合可持续发展的农业生产经营主体(杜志雄、金书秦,2016)。

农业部全国家庭农场检测数据(2016年)统计结果表明,样本中有63.4%的农场采用测土配方施肥;26.6%的农场表示其亩均化肥施用量比周边农户少,29.7%的农场表示其亩均农药使用量比周边农户少;在作物秸秆处理上,59.2%的农场选择机械化还田的方式;在作物灌溉上,27.1%的农场选择喷灌、滴灌、渗灌等节水灌溉方式,多数家庭农场生产行为出现减少农业污染、保护地力、节约资源等"生态自觉性"的趋势;并且,农场主从事农业规模经营年限越长,其农场的生产行为也越表现出"生态自觉性";示范家庭农场(包括省级、市级和县级)的生产行为比非示范家庭农场具有更加明显的生态自觉性(蔡颖萍、杜志雄,

---

[①] 农业低碳生产是一种减少化肥、农药等生产资料投入从而减少农业碳排放的新型农业生产方式(高文玲、施盛高等,2011),是一种旨在实现"低能耗、低污染、低排放"目标的农业生产行为(蒋琳莉、张露等,2018)。相对来看,低于标准和按标准施用农药、化肥为农业低碳生产行为,高于标准施用则为农业高碳生产行为。

2016）。基于北京郊区 41 个中小型生态农场的调查结果表明，大部分农场主要采用环境友好型、生态文明型农业生产技术；50% 的农场主要使用有机种子；农药使用最多的是自己开发的农药、生物农药和有认证的生物农药，对常规农药和无认证的生物农药的使用都很少；近 90% 的农场使用自制堆肥、有机认证肥料和自制饲料；显然，中小型生态农场在社会和生态维度具有较强可持续性（檀学文、杜志雄，2015）。

四 "新农人"日益成为农业生产方式生态化转型的引领力量

化肥、农药、农膜等现代工业投入品过量使用导致的农村生态环境恶化和食品安全"四面救急"的局面正在倒逼农业转型发展，由此决定了农业正在进入生产方式转换的历史关键时期。促进农业生产方式顺利转化，离不开目前正在努力实践和探索发展生态农业、具有"生态自觉"的"新农人"这支有生力量。"新农人"是农民的新群体、农业的新业态、农村的新细胞（汪向东，2014）。"新农人"坚持绿色发展，强调生态自觉，普遍追求人与自然的和谐（农业部农村经济体制与经营管理司课题组，2016），日益成为农业生产方式生态化转型的引领力量。

1. 生态生产方式是"新农人"的基因和灵魂

"新农人"构成复杂，一般泛指那些农业全产业链上从事农业生产、产品营销或为生产与营销提供支持和服务的自然人和企业。张红宇（2016）认为，"新农人"主要指秉持生态农业理念，运用互联网思维，以提供安全农产品、提高农业价值为目标的农业生产者和经营者。但是，与一般的传统农民和企业不同，"新农人"具有的共同基因是他们都基于"生态自觉"注重生态友好和资源节约型技术的"创新"和"运用"。"新农人"注重精细、生态、科学的农业生产过程和绿色、安全、优质农产品的产出；注重休耕、土壤改良和地力提升，注重"一控两减三基本"和资源集约节约利用。可以说，"新农人"以其对农业农村生态环境保护的担当精神，通过把农业生产对外部工业品投入的高度依赖转化成充分利用农业生产系统内物种共生、物质循环的成熟和创新技术，因地制宜、因业制宜，为消费者提供充裕的安全食品，从而实现农业生产者、消费者和农业农村生态环境利益最优化，经济、社会和生态环境效益最大化已成为这批人和企业的活的灵魂。由此我们可以看到，"新农人"的行为与2014年中央"一号文件"首次明确提出的"促进生态友好型农业发展"的目标高度统一。

2. 有机产品供给和服务是"新农人"的符号和标识

与"新农人"生态友好资源节约的生产方式相适应，"新农人"生产和提供的产品品质优于按传统生产方式生产出来的普通农产品。尽管由于立地条件以及现有的生产技术还不能保障"新农人"生产的农产品都达到严格意义上的"有机产品"等级，由于认证成本高等因素，很多"新农人"的产品也没有获得权威认证，但"新农人"一般都将生产出"有机"产品作为其品质追求和奋斗目标。非生产领域的"新农人"也将提供有机农产品的服务作为方向。正是从这个意义上说，"有机"已成为"新农人"的符号和标识。品质认证是国际上农产品安全保障的通行做法，不应因中国农产品认证体系存在的各种问题而简单地拒绝。政府除了通过改革和创新提供低成本农产品认证服务外，也应采取降低认证成本、提供认证便利等措施提升政府系统的认证服务水平，创新认证方法和体系；应支持和鼓励通过购买服务的方式，容许那些认证标准严格、认证程序合理、消费者接受、生产者认同的各种新型认证服务的建立和完善。

3. 社会责任担当是"新农人"的价值和前途

"新农人"已经在"生态自觉"的基础上通过生产方式转化朝着现代农业发展方向先行一步。但从根本上说，中国农业产业整体转型和现代化并非仅有"新农人"的力量可以"毕其功于一役"，正所谓"一花独放不是春，万紫千红才能春满园"。"新农人"要注意充分发挥好自身在生态友好型农业发展中的示范带动作用，主动承担社会责任，引领周边普通农业生产者共同运用好生态农业技术、引导他们走上生态农业发展之路。只有这样，才能既有利于自身产品品质保障，也有利于中国农业整体转型。因此，发挥好领头羊作用，推动和引领周边农业生产者共同进步，促进共同致富既是"新农人"的前途所在，也是"新农人"之于中国农业整体转型和现代化的价值所在。"新农人"自身要有承担这一社会责任的自觉性和主动性。当然，在这个过程中政府要注意发挥好"新农人"这个不可替代的作用,赋予"新农人"这一社会责任,同时给予"新农人"更多的物质和精神支持。尽管"新农人"在生态技术创新、盈利模式构建、物联网和电子商务技术运用、品牌化和差异化营销策略形成等方面都还有很长的路要走,但是,代表中国未来农业发展方向的"新农人"及其事业的前途一片光明,其引领力量和价值更是不可估量。

五 清洁化、绿色型现代生态循环农业建设实现新提升

20 世纪 80 年代初期,中国就开始探索发展生态循环农业,先后两批建成 100 多个国家生态农业示范县。2014 年以来,国家进一步加大生态循环农业试点示范力度,在浙江和安徽两省推进生态循环农业整省试点,探索建立生态循环农业示范基地(园地)。按此部署,全国各地围绕农业资源保护、产地环境保护与治理、农业废弃物综合利用、农田清洁生产、农业绿色发展,积极作为,勇于创新,清洁化、绿色型现代生态循环农业建设实现新提升。浙江省在全省范围内组织实施生态循环农业示范创建工程,"主体小循环、园区中循环、县域大循环"的生态循环农业发展新格局基本形成,促使浙江在更高生产力水平上实现了"高产量、高收益、高循环"的现代农业绿色发展。截至 2016 年 11 月底,全国已基本建成 13 个现代生态农业示范基地,40 个以农业产业化龙头企业为实施主体的区域生态循环农业示范园区,形成六大区域现代生态循环农业发展模式(见表 5—2)。

表 5—2　　　　　　　　六大区域现代生态循环农业发展模式

地区	解决问题	示范基地	发展模式	生态成效
南方水网地区	农业面源污染	湖北省峒山村现代生态农业示范基地	"源头消减+综合种养+生态拦减"水体清洁型	通过综合种养,实现水质改善、生态功能恢复和产品效益同步提高;化肥用量下降 30% 以上,农药用量下降 70% 以上
西南丘陵地区	水土流失严重;化肥农药过量施用	重庆市二圣镇集体村现代生态农业示范基地	"生态田园+生态家园+生态涵养"生态保育型	有效减少灌溉定额 90%、化肥用量 50% 以上;无害化处理率达 80% 以上

续表

地区	解决问题	示范基地	发展模式	生态成效
华北平原区	化肥农药投入强度高；种植单一化；地下水漏斗	山东省德州市齐河县焦庙镇周庄村现代生态农业示范基地	"种养结合化+生产标准化+生物多样化"集约化农区清洁生产型	种植类作物亩均增产100公斤以上，农业灌溉用水量、化肥和农药用量均减少10%，农作物秸秆综合利用率达100%
西北干旱区	水资源短缺；白色污染	甘肃省金昌市金川区古城村现代生态农业示范基地	"农田综合节水+地膜综合利用+种植间作套作"节水环保型	地膜残留量明显减少，废旧地膜回收率达到85%以上，加厚地膜使用率达95%以上，产量平均增长6%左右
黄土高原区	水土流失；生态环境脆弱；土壤有机质缺乏	山西省临汾市吉县东城乡现代生态农业示范基地	"生态种植+生态节水+有机循环利用"果园清洁型	有效提高苹果一村一品专业村农民科技应用水平，苹果产量提高10%以上
大中城市郊区	水土资源、劳动力紧张；外来及内在污染风险并存；生态农产品供应能力不足	浙江省宁波市章水镇郑家村现代生态农业示范基地	"种养合理配置+污染综合防控+生态产品增值"生态多功能型	改善产业环境，提高农产品品质；带动旅游采摘、休闲观光、土地认养等旅游休闲农业发展

资料来源：根据《六大现代生态农业模式助推农业绿色发展》（《北方牧业》2017年第3期）整理。

第二节 农业生态化生产面临的挑战

尽管农业生态化生产取得了较大进步和明显成效，但在新型工业化和城镇化、农业供给侧结构性改革和乡村振兴快速推进的宏观背景下，中国农业生态化生产仍然面临着农业生态安全压力大、"新农人"生存困难、农产品优质不优价、体制机制不健全等挑战。

一 农业生态安全压力依然较大

第二次全国土地调查数据显示，2009年中国人均耕地面积1.52亩，不到世界人均耕地面积3.38亩的一半；而且，耕地质量水平总体偏低，基础地力相对不足，部分耕地污染严重。2015年，在全国耕地评定总面积中，优等地面积5960.63万亩，仅占2.90%；高等地面积53768.98万亩，占比26.50%；中低等地面积142916.53万亩，占比达70.60%，其中，低等地占比17.70%[①]。《全国土壤污染状况调查公报》数据显示，2005—2013年，全国农业耕地重金属污染点位超标率为19.4%，污染类型主要为无机型；受重金属污染的耕地面积占18亿亩耕地总面积的8.30%；每年因重金属污染导致的粮食产量直接减少约100亿公斤（刘腾飞、杨代凤等，2017）。由于耕地质量和基础地力偏低，长期以来中国大部分农产品尤其是粮食增产的实现，主要依赖于化肥、农药、除草剂等农业化学品的大量投入。1980—2016年，全国化肥施用量由1269.4万吨增长到5984.1万吨，增长了3.71倍；其中，氮肥施用量增长了1.47倍，磷肥施用量增长了2.04倍，钾肥施用量增长了17.41倍，复合肥施用量增长了80.14倍。目前，中国农作物亩均化肥用量21.9公斤，远高于世界平均水平（每亩8公斤），是美国水平的2.6倍，欧盟水平的2.5倍[②]。1990—2015年，全国农药使用量由73.30万吨增长到178.30万吨，增长了1.43倍。2015年，中国农膜使用量达200万吨，并且正在呈现逐年增加趋势；全国农膜残留率高达40%以上，遭受农膜污染的耕地面积达780多万公顷（王炜炜、田丽等，2016）。农业部统计数据显示，近年来中国每年产生的畜禽粪污量约为38亿吨[③]，成为农业面源污染的主要来源。大量的废旧农膜遗留在耕层土壤中，导致土壤结构遭到破坏，产生土壤板结现象，农业生产受严重影响。化肥、农药、农膜的长期过量

[①] 国土资源部：《2016年中国国土资源公报》，http://www.mlr.gov.cn/sjpd/gtzygb/。
[②] 农业部：《到2020年化肥使用量零增长行动方案》，http://www.moa.gov.cn/ztzl/my-wrfz/gzgh/201509/t20150914_4827907.htm。
[③] 常理：《我国每年产生畜禽粪污约38亿吨 用好"放错了地方的资源"》，http://www.ce.cn/xwzx/gnsz/gdxw/201703/22/t20170322_21236649.shtml。

使用，一方面导致土壤养分失衡、土壤肥力和有机质含量下降，土壤和水环境污染问题日益突出，生产成本持续增加；另一方面，大量有毒有害物质的残留也带来了严重的安全隐患。农业环境和资源正面临前所未有的压力和挑战，生态安全压力依然较大。

二 "新农人"面临不容忽视的生存困难

从对北京郊区41个中小型生态农场的调查结果看，"新农人"发展面临的生存困难大致有以下四个方面。

一是农业用工的问题，雇工少且年龄偏大。调查表明，大部分农场的职工人数在10人以下，同时常年工人和临时工人的年龄以40—60岁为主，其中不少农民甚至在60岁以上。与此对应的是，农场职工待遇相对较低。

二是销售与盈利总体上不容乐观。由于资金投入比较大和土地稳定性低等问题，大部分农场的经营成本较高，盈利情况总体上不容乐观。采用生态农业生产方式的产量不是很高，在市场上又很难卖出好价钱。高品质的农产品不一定能够完全实现相应的价值。虽然较多的农场基本收支平衡，盈利和亏损的农场均存在，但是亏损农场数量要多于盈利农场数量。

三是尚未解决品质保证和信任问题。"新农人"的农场主要都采用了生态型农业生产技术，但产品质量认证比例较低，大部分使用自己研制的生态农药和生物农药，对有机种子和常规种子的区分不是很严格。值得注意的是，样本农场产品质量认证比例非常低。只有5家农场的产品获得国家有机农产品认证，其中34家农场没有获得任何认证，占比82.90%。受访者普遍反映，由于政府第三方认证成本较高，农场经营主要建立在消费者和生产者之间相互信任的基础之上。这种通过直销建立的信任只能在小范围内成立，一旦消费者群体扩大，仍会产生信息不对称和信任危机。

四是尚未得到足够的政府扶持。调查表明，一方面，政府对生态农场的政策扶持总体偏少；另一方面，生态农场获得的政策扶持的分布高度不均，少数农场享用了多数政府资源，存在明显的"精英俘获"现象。政府扶持项目中较多的是农资补贴和农机具购置补贴，其他补贴比较少。

需要说明的是，我们调查的时间是 2014 年 5 月之前，现在情况可能有很大的变化。最近观察到，很多地方政府对"新农人"的努力越来越重视，给予的支持力度也在加大。

三 农产品优质不优价、生态溢价水平低

当前，城乡居民对农产品的消费需求日益呈现优质化、个性化和多样化的趋势，品质消费、品牌消费、安全消费、绿色消费等日益成为农产品消费需求新的增长点（姜长云、杜志雄，2017）。同时，近年来，中国优质、特色农产品发展迅速，颇受市场追捧。截至 2016 年年底，全国"三品一标"总数近 10.8 万个，其中，无公害农产品、绿色食品、有机农产品、农产品地理标志分别为 7.8 万个、2.4 万个、3844 个、2004 个[①]；全国绿色食品企业 1 万多家，产品近 2.5 万个（马爱国，2017）。然而，不少农业经营主体生产的无公害、绿色、有机等高端农产品却遭遇了难以被认可、"优质不优价"、生态溢价水平低的尴尬处境。无公害、绿色、有机等高端农产品越来越多，但市场价格却并不如人意。虽然，在媒体报道中能偶见 60 元一公斤的有机大米、160 元一公斤的散养土鸡、10 元一根的绿色黄瓜，但以此价格卖出的产品数量很少[②]。2015 年，湖北省"三品一标"总数 4386 个，总产量 1945 万吨，总产值达 679 亿元，品牌数量和产业规模位居全国前列，但"三品一标"的单位营业额仅为 1527.59 万元、单位均价仅为 3.44 元/公斤[③]。目前，很多地在积极推进"农超对接""农社对接""农校对接"等优质农产品直通车交易的销售模式，但这只能实现部分优质农产品的优价，还有大部分优质农产品不能及时实现优价。

综合来看，农产品"优质不优价"的主要原因有以下三个方面。一是优质农产品生产的高成本。有关部门市场调查统计结果显示，与普通农产品价格相比，绿色食品价格平均高出 10%—30%，有机农产品平均

[①]《"三品一标"农产品 10.8 万个：农业品牌信心提振》，《农民日报》2017 年 3 月 1 日第 1 版。
[②]《让绿色农产品叫好又叫座》，《经济日报》2017 年 7 月 4 日第 15 版。
[③]《绿色有机农产品优质为何难优价？》，http://www.hbagri.gov.cn/mbksn/182801.htm。

高出 50% 以上（马爱国，2017）。在表面上，优质农产品市场价格很合适，实现了优价。但是，在成本比较上，优质农产品生产成本远高于普通农产品，有机农产品的成本甚至两倍于普通农产品①。高成本导致优质农产品难以优价。二是农产品信息的高度不对称。由于农产品质量国内标准体系建设滞后以及与国外标准接轨的滞后、质量检测和追溯体系建设的不健全、有些新型农业经营主体的"重认证、轻实施"以及"三品一标"的违规使用和"重发证、轻监管"，消费者对优质农产品品质、认证和市场准入的可信度产生怀疑。市场不认同导致消费者不愿意，也不敢出高价购买优质农产品。三是优质农产品产业链经营水平低。优质农产品产业链条不完整、结构不完善、经营水平不高，导致高品质农产品育种、繁育与推广脱节，生产、加工和销售分离，导致一些具有地域特色、优质品种等优势的高品质农产品的混种、混收、混储、混销、混加工现象时常发生，这使农产品品质鱼龙混杂、消费者难以分辨出优劣农产品，"劣币驱逐良币"，农产品优质优价的市场机制和格局未能真正形成。

四 农业生态化生产的体制机制尚不健全

虽然，近年来中国农业生态化生产发展取得了一定成效，但从促进农业绿色发展、构建农业可持续发展的长效体制机制来看，还存在不健全问题。

一是技术支撑体系不健全。在大多数地方，围绕"一控两减三基本"的清洁、绿色、循环生产单项技术或者共性技术的研发、推广应用取得了明显成效，但是，农业生态化生产技术和生态农业发展技术体系建设滞后（巩前文、严耕，2015），技术总体储备仍显不足，技术集成示范推广力度仍显不够。在农业面源污染防治技术上，单项技术多、综合技术少，传统技术多、替代技术少，科技支撑能力总体不强②。农业生态化生

---

① 《让绿色农产品叫好又叫座》，《经济日报》2017 年 7 月 4 日第 15 版。
② 常钦：《农业面源污染防治，不欠新账多还旧账》，《人民日报》2018 年 7 月 27 日第 16 版。

产的先进适用设备不多，导致无法从根本上解决绿色发展人工成本过高的问题（郑微微、沈贵银，2018）。

二是农业社会化服务体系不健全。服务和技术对农业生态化生产来说同等重要。到目前为止，中国面向农业生态化生产的社会化服务体系仍不健全，服务能力和水平有待提升。农技协等农技推广机构存在服务能力不强、服务质量不高、组织影响力下滑等问题（刘同山、孔祥智，2016），难以满足农业经营主体对农技的需求和要求。为小农化提供专业化农业投入品施用服务的经营型农业服务组织仍然偏少，小农户科学种田所需要的社会化服务支撑仍显不足。

三是农业面源污染防治体制机制不健全。在农村地区，"先污染，后治理"的观念还普遍存在，环境与生态保护意识淡薄。农业废弃物资源化、综合化利用率相对较低，生态补偿机制不健全、相关补偿政策执行不到位。农业投入品和畜禽水产养殖管理涉及的政府部门众多，部门工作任务侧重点不同，它们在农业面源污染防治执法中难以协同作战、形成合力。在农业面源污染防治主体的参与上，市场主体偏少，市场激励机制不健全、运用不充分，清洁、绿色生产方式与产品示范推广的市场效应还未广泛形成。在农业面源污染防治上，还要特别注意化肥农药零增长陷入数字浮夸、畜禽粪便污染管控过于严厉和资源化利用激励不足、秸秆禁烧不计成本和代价等问题（金书秦、邢晓旭，2018）。

四是农业生态化生产的政策支持体系不健全。以农业清洁生产、绿色农业发展为导向的金融、价格、用地、用电等政策还未取得明显突破，亟待建立农业绿色政策支持体系。在推进农业绿色发展的支持政策上，财政政策的倾向性不明显，资金使用较为分散；从事绿色农业生产的经营主体从金融机构所能获得的信贷资金仍然较为匮乏，农业经营主体所面临的信贷困境与绿色农业发展所需要的资金需求之间仍然存在较大矛盾（周红民，2017）。尤其是，中国目前在农业废弃物资源化利用产品的性能尚没有形成统一的国家标准或地方标准，致使农业绿色生产标准或者操作规范以及农业绿色投入品标准体系缺乏（郑微微、沈贵银，2018）。

第三节 推进农业生态化生产的重要方向

进入新时代,消费者对优质安全农产品的需求日益增长。在绿色发展理念下,推进农业绿色发展是破解新时代社会主义主要矛盾的重要内容(于法稳,2018)。当前,中国农业发展面临的最大挑战,就是农业与环境的协调问题、农业综合生产能力提升和农业高质量发展的同步推进问题。解决上述突出问题的根本出路就在于农业生态化生产的强化、有机农业和生态循环农业的快速健康发展,同时,这也是推进农业生态化生产的重要方向。

一 坚持绿色发展理念,推动农业生产全面生态化转型发展

20世纪60—70年代,欧美国家兴起了农业生态化发展思潮和行动。那个时候,石油农业对中国经济社会发展的破坏性影响还不是十分严重,生态农业概念和发展模式也开始引入中国。总体上看,中国农业生态化发展进程主要可以划分为以下五个阶段。第一个阶段是1979—1985年,主要是引入、讨论生态农业的理念,并在一些地方开展小规模试验。这与国际大环境同步。第二个阶段是1986—1992年,政府开始了推进农业生态化发展的相关行动,主要是建立生态村和生态农场,开展农业生态技术和工程研究。第三个阶段是1993—2002年,关于推进农业生态化发展的行动规模和范围增大,在全国建立了101个国家级生态农业试点县,带动省级生态农业示范县500多个,建成生态农业示范点2000多处。第四个阶段是2003—2011年,从2003年开始,政府主导的农业生态化发展专门行动如生态农业试点示范没再继续下去。在2002年的机构改革中,主导农业生态化发展的农业部环保能源司被撤销,并入科技教育司,导致在国家层面,生态农业的行动出现缺位[①]。第五个阶段是2012年至今,2012年党的十八大提出经济建设、政治建设、文化建设、社会建设、生

---

① 虽然缺乏了政府主导部门和整体部署,但农业部、科技部、环保部、国家发展和改革委员会等相关政府部门,还是开展了一系列有利于农业生态化发展的具体工作和行动。

态文明建设"五位一体"的中国特色社会主义事业总体布局和战略部署；2013年党的十八届三中全会提出"加快生态文明制度建设"。此后，国家关于农业生态文明建设、农业"一控两减三基本"目标、农业面源污染防治和农业生态治理、农业可持续发展规划、乡村振兴等的政策文件陆续颁布、战略部署陆续展开。这表明，推进农业生态化发展再次上升到国家意志和战略行动；当前，中国农业发展已经进入全面生态化转型的新阶段。所谓"全面"，是指在农业的不同行业、不同领域、不同层面以及农业生产的各个环节都需要推进以"提质、增效（包括经济效率和生态效率）、增绿、强竞争力"为核心的生态化转型，而不是局部的"修修补补"。所谓"生态化"，是指农业的清洁、绿色、共生、循环生产。所谓"转型"，是指农业生产向绿色、生态、可持续发展方式和模式的转变。"转型"的核心是采用现代农业生态技术、生态和共生组织方式、绿色经营管理理念与方法，努力实现"四个转变"，即从注重数量增长为主向数量质量效益并重提升转变；从注重生产功能为主向生产生活生态功能协调并重转变；从注重土地产出率稳步提高为主，向农业劳动生产率、资源利用率、全要素生产率和农业生态效率同步大幅度提高为主转变；从注重石油农业发展向大力促进现代生态循环农业、绿色农业发展转变。

为促进农业生产的全面生态化转型，当前亟须从国家层面加快石油农业导向型的支持政策向绿色农业导向型的支持政策的转变和顶层设计，并对农业生态化生产的具体推进路径和支持政策作出细致的战略规划和重点部署。绿色农业导向型的支持政策，要着手当前、放眼长远，在主要矛盾上，要着眼于解决农业发展不平衡不充分与人民日益增长的生态需要和美好生活需要之间的矛盾。在政策目标上，要努力实现保障农产品供给、增加农民收入和保持农业发展可持续性三个目标。在政策工具上，要围绕农业绿色、生态、可持续发展的影响因素，改革、完善现有体制机制，科学制定整体配套的组合式支持政策，强化政府生态文明建设与涉农资源的高效整合和政策协调配套，加快创新、落实农业供给侧结构性改革的方式和措施。

二 构建农业清洁生产促进机制，推进农业绿色发展

根据《中华人民共和国清洁促进法》（2012 年 2 月修正，2012 年 7 月 1 日起施行）对清洁生产的定义[①]，所谓农业清洁生产，就是应用生态和节本增效技术、使用绿色投入品、遵照绿色标准规范，通过清洁的农业生产过程，生产出不危害人体健康和生态环境的清洁农产品，实现农业经济效益和生态效益最大化，农业经济发展和环境保护相协调的绿色型、生态型农业生产模式。清洁生产是一种综合性、预防性的生态化生产模式，在农业领域也日益引起重视、不断得到推广。但是，一方面，因为农业清洁生产对生态化技术与物质装备、绿色化原料与投入品、清洁化工艺和流程要求较高的同时，一些农业经营主体过于注重短期成本和收益，缺乏生产化生产发展的战略眼光，都在极力回避清洁生产。另一方面，到目前为止，中国的农业清洁生产还存在政策法规体系尚未建立、管理体制分散、经济激励机制缺乏等问题，农业经营主体推进农业清洁生产的主动性、积极性不足。以上两方面导致中国农业清洁生产处于"热提出、冷应用"的局面。因此，必须构建农业清洁生产促进机制，真正地、高效地推进农业生产模式生态化转型和农业绿色发展。

一是从战略高度重视、组织农业清洁生产。各级农业农村部门要将农业清洁生产列入重要工作内容和议事日程，编制符合当地实际情况的农业清洁生产规划，制订实施方案。把农业清洁生产列入相关农业发展规划的重要内容。建立健全农业清洁生产的工作责任制，把工作目标和任务科学合理地分解到各层级、各单位，严格绩效考核。各级农业农村部门和环境保护部门切实加强对农业清洁生产推进进程与各项工作的监督管理，创新、优化服务方式，把好农业清洁生产源头关和过程关。

二是制定、完善法律法规，强化政策支持。加快研究、制定符合中国国情农情的农业清洁生产条例，相关政策规定和管理制度。建立完善

---

① 清洁生产是指不断采取改进设计、使用清洁的能源和原料、采用先进的工艺技术与设备、改善管理、综合利用等措施，从源头削减污染，提高资源利用效率，减少或者避免生产、服务和产品使用过程中污染物的产生和排放，以减轻或者消除对人类健康和环境的危害。

农业清洁生产技术标准和过程标准体系。完善、创新与农业清洁生产有关的研发设计、财政投入、税收优惠、金融保险、用水用电等支持政策。鼓励、引导专业大户、家庭农场、农民专业合作社、农业企业、经营性农业服务组织等参与农业清洁生产技术的开发、推广应用和社会服务等。

三是加强绿色投入品、农业清洁生产技术的研发和推广应用。重点研发、推广应用高效优质多抗农作物、牧草、专用畜禽水产品新品种。鼓励积极开展绿色农作物品种研发、生产与生态效益评估,不断建立健全以优质和绿色为重点的市场准入制度。鼓励、支持研发、推广应用环保高效型农用肥料、农业药物、农业生物制剂和节能低耗智能化农业装备,开展相关产品评估和市场准入标准研究。研发、推广应用耕地质量提升与保育技术、农业控水与雨养旱作技术、化肥农药减施增效技术和畜禽水产品安全绿色生产技术。

三 大力发展现代生态循环农业,推进农业可持续发展

历年中央"一号文件"多次提出,要大力推行高效生态循环的种养模式,发展循环农业和生态农业,大力推动农业循环经济发展。因此,推进农业生态化生产,就要进一步完善、创新农业有机共生、良性循环生产模式,大力发展现代生态循环农业,推进农业可持续发展。

一是促进农业生产空间与生态空间协调布局、农业生态化生产与资源环境承载力相匹配。依托《全国农业可持续发展规划(2015—2030年)》和《特色优势农产品区域布局规划(2013—2020年)》,立足水土资源匹配性和空间均衡稳定,遵循生态系统整体性、生物多样性规律,按照优化发展区、适度发展区、保护发展区的区域划分,引导农产品生产及其加工向优势区聚集,着力减轻非优势区发展农业的任务和压力,有效防止、切实解决农业空间布局上资源错配、要素扭曲和市场供给错位的结构性矛盾,加快形成真实反映市场供求关系、要素禀赋状况与资源稀缺程度的生态型农业生产力布局。尽快完成粮食生产功能区和重要农产品生产保护区的划定工作,科学认定特色农产品优势区,明确各区域在农业生产体系中的功能定位和目标任务,切实保障国家粮食安全,努力提高重要农产品供给质量和效率。

二是完善、创新现代生态循环农业发展模式。从全国各地现代生态循环农业发展模式的实践看，由于区域农业资源禀赋、农业生产的多样性、农业经营组织与主体的多元性，一个区域内存在多类型现代生态循环农业发展模式具有必然性。因此，各地要把握现代生态循环农业模式的多样性及其演化规律，从当地农业发展的实际和农业生态化转型发展的具体方向出发，积极探索区域农业循环利用机制，将现代生态循环农业模式的选择与当地农业经营组织和主体的培育以及循环农业技术的研发和推广应用紧密结合，并在实践中不断予以完善、创新，其基本方向是粮经饲统筹、种养加结合、农林牧渔融合循环发展，以及现代生态循环农业技术体系、标准化生产体系和社会化服务体系的同步构建。具体而言，主要包括以沼气工程为纽带的养殖场农牧小循环模式、农牧配套家庭农场适度规模集约型模式、畜禽废弃物综合利用及有机肥生产加工等循环利用模式（郑微微、沈贵银，2018）。

三是加强成熟可行现代生态循环农业发展模式的示范推广。梳理全国各地正在实践的现代生态循环农业发展模式，并加强对其的多视角、多层次的理论分析、实证考察与案例研究等，尤其是要加强模式在各地的推广适宜性和匹配度，总结先进做法、成功经验和失败教训。充分利用报纸、广播、电视、新媒体等途径，采用各种方式宣传、推介一批技术措施、政策措施和工作措施"三位一体"的可推广、可复制、成熟可行的典型模式。鼓励、引导、支持新型农业经营主体探索发展现代生态循环农业发展模式，积极试验示范农业共生、循环生产模式。尽早设立"生态（有机）农业国家奖"，表彰政府和个人、企业以及相关区域在推进生态有机农业发展方面做出的贡献。

四　加强农业面源污染防治，提高农业生态治理水平

加强农业面源污染治理，是转变农业发展方式、推进农业生态化生产、实现农业绿色发展和可持续发展的重要路径和重点任务。近年来，"一控两减三基本"取得了一定成效，但农业面源污染形势在未来很长一段时间内依然严峻。因此，加强农业面源污染防治要有耐心，做好打持久战的准备，不断提高农业生态治理水平。

一是大力发展节水农业。着力实施"华北节水压采、西北节水增效、东北节水增粮、南方节水减排"战略,加快建设现代农田灌排体系和农业高效节水体系。因地制宜推进农村机井油改电,加大地下水超采区综合整治力度,鼓励社会资本参与小型农田水利工程建设与管护。

二是努力推进化肥农药减量化使用。牢固树立"增产施肥、经济施肥、环保施肥"理念,在更大规模、更高层次上推广测土配方施肥,提高化肥利用效率。按照农艺农机融合、基肥追肥统筹的原则,积极推进化肥机械深施、机械追肥、种肥同播等技术,减少养分挥发和流失。加大支持力度,鼓励引导农民积造农家肥,施用商品有机肥。结合高标准农田建设,大力开展耕地质量保护与提升行动,着力提升耕地内在质量。大力推进绿色防控、统防统治,有效控制农药使用量。实施农药减量控害项目,不断加大农药产品抽检频次和密度,严厉打击超范围、超剂量使用农药和使用禁限农药的违法行为。加大高效低毒低残留农药、直升机和植保无人机等现代植保机械、低容量喷雾和静电喷雾等先进施药技术的推广和应用力度。

三是着力推进农作物秸秆、畜禽粪便、农膜全量资源化利用。进一步加大示范和政策引导力度,激励农业经营主体积极开展农作物秸秆机械化还田和肥料化、饲料化、基料化、原料化、能源化利用,合理设置机械化还田与收储利用的比例。建立健全秸秆收储运体系,加快推进秸秆综合利用的规模化、产业化发展。鼓励、支持养殖经营主体因地制宜地探索和开展畜禽粪污的分散储存、统一运输、集中处理和资源化利用。引导养殖经营主体以畜禽粪便为原料发展沼气工程。加强病死动物无害化处理与屠宰废水资源化利用。探索开展废旧农膜、地膜、农药包装物等农田废弃物回收与再利用试验示范。探索实施大田生产地膜零增长行动。

四是加强农业面源污染监测体系建设。整合现有全国农业面源污染监测网络点[①]建设,完善优化现有监测体系。坚持点面结合、面上扩点,

---

① 自2012年开始,农业部已全国范围内建立起了273个农田氮磷流失、210个农田地膜残留、25个畜禽养殖废弃物排放定位监测点和20000个农田调查点。

探索以流域或者完整独立生态系统为核心建立监测区，优化、完善监测布局。探索建立农业投入品监测体系，对农业投入品进行总量控制监测，准确掌握化肥、农药等农业投入品使用情况；将农药残留纳入监测内容。建立健全动态监测制度，不断推进监测常态化、制度化运行。加强对监测数据的开发与研究，摸清农业面源污染的组成、发生特征和影响因素，不断完善面源污染排放核算体系，科学评估农业面源污染实时情况和防治成效。加强农业环境监测队伍与组织机构建设，不断提升农业面源污染监测能力和水平。

五 鼓励支持"新农人"、家庭农场推进生态化生产，不断增强生态自觉性

作为一个群体，"新农人"是中国最高一批具有"生态自觉"的人，是中国生态农业、有机农业、绿色农业、创意农业的发展先锋。"新农人"热爱农业，绝大多数自觉、主动、创新性地选择生态化生产方式，具有强烈的对生态环境保护的担当精神、对产品质量的负责精神。因此，政府、社会应该理解、信任"新农人"，给予"新农人"更多关心和呵护，以发展的眼光、开放的心态、宽松的环境，引导、支持、帮助他们健康成长、快速发展。一是政府尽早将"新农人"的生态自觉行动纳入国家生态农业、绿色农业建设和发展的整体规划和行动中，纳入新型农业经营体系的构建进程中。二是鼓励、支持"新农人"创新创业，争当专业大户，创办家庭农场，领办创办农民合作社，力争将"新农人"打造成实施"生态+"新型农业经营主体、发展绿色农业的重要主体和力量。引导"新农人"与新型农业经营主体融合发展、与小农户展开有机对接，实现互利共赢。三是加强扶持政策。引导、支持"新农人"申报各级各类生态农业项目，将"新农人"纳入面向新型农业经营主体的扶持政策范围，同等享受财政补贴、税收优惠、金融保险、用水用电用地、物流运输等扶持政策。加强对"新农人"的政策咨询和农业技术指导服务，加大对"新农人"的教育和培训。

家庭农场是生态农业技术的使用者和农业绿色发展的实践者（杜志雄，2018），是"生态+"新型农业经营主体、发展绿色农业的引领主体和力量。因此，应大力鼓励、支持家庭农场加快推进农业生态化生产，不断增强生态自觉性。一是在逐步提升农场主及家庭农场从业人员受教育程度的同时，加大对农场主的培训，可以专门设计针对生态、低碳生产行为的培训内容，提高农场主在农业生产过程中的资源节约和环境保护意识；鼓励与支持大学毕业生、返乡创业人员、大学生村官等从事现代农业，成为年轻的农场主。二是在保障国家粮食供给安全的前提下，推进农业供给侧结构性改革，调整种植结构，适度减少对环境损害大、效益低的作物品种的种植面积，研究与开发效益高、污染少、易采用的新产品与新技术，使家庭农场在作物种植过程中更易于采用生态生产行为。三是鼓励家庭农场参加示范评比，开展"三品一标"认证，注册商标，拥有自己的产品品牌；鼓励家庭农场领办或加入合作社，在合作经营中扩大生态生产方式的应用范围。四是调整农业补贴方向，引导家庭农场采取资源节约和环境友好的生产行为，可以将"三补合一"的农业支持保护补贴的一部分重点向有机肥、低毒高效低残留农药、生物农药等领域倾斜，加大对测土配方施肥的推广力度；在东北等粮食主产区实施秸秆综合利用补贴政策，限制直接焚烧；扶持具有市场竞争力的生态农业技术。目前现代农业发展中土壤肥力和地下水资源过度消耗、资源环境硬约束加剧等不利于农业可持续发展的问题凸显，政府应当鼓励家庭农场在成为高效率的农业经营组织形式的同时积极承担起改善这一局面的任务。

第 六 章

农业品牌化发展的现状、问题与未来对策

第一节 农业品牌化：现代农业发展的重要方向

一 农业品牌化发展是现代农业建设的重要方向

当前，随着经济全球化的全面、深入推进与发展，全球经济各个领域、各个企业之间的竞争日益体现为品牌竞争，全球步入品牌经济时代。党的十八大以来，国家高度重视品牌建设工作。2014年5月，习近平总书记在河南省考察时提出推进中国质量改革的"三个转变"：中国制造向中国创造转变、中国速度向中国质量转变、中国产品向中国品牌转变。2015年7月，习近平总书记在吉林省考察时进一步指出，"中国有13亿人口，要靠我们自己稳住粮食生产；粮食也要打出品牌，这样价格好、效益好"。近年来的中央"一号文件"对农业品牌建设和农业品牌化发展做出了重要部署：大力发展名特优新农产品，培育知名品牌；创建优质农产品和食品品牌；推进区域农产品公用品牌建设，改造提升传统名优品牌；推进农产品商标注册便利化，强化品牌保护；引导企业争取国际有机农产品认证，加快提升国内绿色、有机农产品认证的权威性和影响力。《全国农业现代化规划（2016—2020年）》进一步提出，"构建农业品牌制度，增强无公害、绿色、有机产品影响力，有效保护农产品地理标志，打造一批知名公共品牌、企业品牌、合作社品牌和农户品牌"。尤其是，农业部确定2017年为中国农业品牌推进年。2017年4月17—18

日，农业部在河南省郑州市召开全国农业品牌推进大会，全面、系统、集中地展览、展示了改革开放以来的农业品牌建设成果，并设计了中国农业品牌大道。2018年中央"一号文件"提出，实施质量兴农战略，深入推进农业绿色化、优质化、特色化、品牌化，着力提升农业发展质量。2018年6月，农业农村部印发了《关于加快推进品牌强农的意见》（农市发〔2018〕3号），对新时期加快品牌强农的总体要求、主要任务和保障措施进行了全面、细致部署。可见，随着农业现代化建设步伐的不断加快，农业品牌化发展是现代农业建设的重要方向，质量振兴、品牌强农已经成为农业发展的主攻方向。当前，中国农业发展正在由主要偏重规模和数量、实现"吃饱"目标的"吃饭农业"，向主要倚重质量和效益、注重"品级、品质、品位"、实现"吃好"目标的"品牌农业"迈进。在国家大力实施乡村振兴战略的大好机遇下，中国农业已进入品牌化发展的黄金时代。

二 新时期推进农业品牌化发展的重要意义

品牌化的农产品代表安全、放心和高品质，随着人们的生活水平逐步提升，越来越多的消费者把品牌作为识别农产品品质的重要标志，追求绿色、优质的农产品，农业品牌便成为农产品品质的保障，集中体现农产品质量。品牌化的农产品通过统一管理、生产和销售，质量全面提高，形成具有较高认知度的农业品牌，使消费者对品牌农产品产生信任，进而激发出消费欲望。农业品牌化贯穿农业产业链的各个领域、各个环节和农业供给体系的各个方面和全过程，是力促农业转型升级和提质增效、实现农业高质量发展的重要路径和持久动力。

（一）农业品牌化发展是实现农业高质量发展和现代化的必由之路

所谓农业现代化，是指以现代科学技术、经营管理技术、高质量要求来改造传统农业，从而实现农业区域化布局、专业化生产、产业化经营、资本化运作、品牌化营销、集约化发展的过程（裴四海，2017）。农业高质量发展和现代化是农业品牌化发展的最终目标，农业品牌化是农业现代化建设的重要内容和重要标志。农业品牌化是现代农业的重要标志，是由传统农业向现代农业过渡的必然选择（李伟，2015）。党的十九大为推进新时代中国特色社会主义伟大事业,实现乡村振兴、加快推进农业农村现代化进程做出了全面部署。落实全面部署的必由之路,就是着力实施农业品牌战略工程,加快品牌农业的发展速度,提升农产品的核心竞争力,开展农业品牌化营销,实现乡村振兴。农业品牌化发展还能够促进调整农业生产结构,促进现代农业科技的推广应用,推动农业发展方式的转变。当前,中国农业发展正处于新旧动能转换的攻关期,推进农业品牌化发展有利于促进农业生产要素更合理、更优化配置和匹配组合,不断催生农业新业态新产业新模式,促进产业兴旺和乡村振兴。

(二) 农业品牌化发展是适应城乡居民消费结构优化升级的迫切需要

随着现代经济的快速发展和社会的快速进步,人们的物质生活资料不断丰富充裕,生活水平稳步快速提高,追求优质、绿色、安全的农产品已经成为主流消费趋势。但是,在目前所处阶段,大多数农业生产经营主体的经营规模仍然过于分散、细碎,先进、现代化农业生产技术应用程度低,农产品市场竞争能力低弱,难以形成独特竞争优势,产品质量难以得到有效保障。农产品的科技含量越来越高,各类农产品品质方面的差距逐渐被拉大,品牌逐渐成为消费者识别农产品品质的重要标志。消费者可以从品牌中获取大量的商品信息,了解产品的质量优劣,有助于消费者认牌购物。同时,农业品牌化强调的是高品级、高品质、高品位农产品的有效供给。推进农业品牌化就是要以市场需求为导向加强农业品牌建设,积极探索有效路径和方法引领新消费、创造新需求,从而不断改善、优化农业供给结构和体系,提高农业供给质量和效率。可见,农业品牌化发展有利于减少农产品的低端、无效供给,增加、丰富农产品的绿色、优质、安全供给,更好地满足人民日益增长的对品牌农产品和美好生活的需要,促进农产品的消费需求与市场供给实现更高水平的平衡。

(三) 农业品牌化发展是增强农业国际竞争力的必然选择

品牌是企业名片、区域名片,更是不可或缺的国家名片,是国家经济实力、区域和产业以及企业核心竞争力的集中体现。因此,农业品牌建设直接影响和决定着农业国际竞争力的强弱。自 2001 年中国正式加入

WTO以来,农产品受到了来自发达国家品牌农产品的巨大冲击,国际名牌农产品通过各种渠道、各种方式纷纷涌入、抢占中国市场,并通过品牌溢价获得高额超额利润。反观中国,由于大部分农产品和加工制品缺乏核心技术和品牌优势,在全球农业产业链、价值链中处于"微笑曲线"底部。因此,国内农产品若想在竞争激烈的国内外市场中占到一席之地,必然要提高农产品的科技含量,实行农业品牌营销策略和农业品牌化发展战略,努力向农业产业链、价值链"微笑曲线"的两端攀升。在现阶段农业发展过程中,坚持对外开放,"引进来""走出去"战略加速了国内外要素及市场的深度融合,品牌化发展成为当前提升农业国际竞争能力的重要出路。推进农业品牌化发展,有利于传承、弘扬中华传统农耕文化,提升农业产业素质水平、农业对外开放层次和水平,树立中国农业良好国际形象,不断增强中国农业在国际市场竞争中的影响力、主导权和话语权。

(四)农业品牌化发展是促进农民持续增收的重要路径

品牌是一种无形资产,打造农业品牌的过程就是实现农产品价值增值增效的过程。近年来,一方面,农民收入(指可支配收入)结构发生了重大变化,农业经营性收入在收入总额中的所占比重呈现逐渐降低趋势;另一方面,受农产品价格波动、进口冲击等因素影响,部分农产品时常发生区域性、结构性、季节性过剩现象,导致农产品"卖"难问题突出,部分农产品严重滞销、价格低迷,农民收入增速呈现放缓趋势。但是,相关市场调查结果发现,品牌农产品的市场销售价格依然高昂、坚挺,销售火爆,已经成为农产品销售中的重要组成部分。因此,推进农业品牌化发展,有利于发挥品牌效应,挖掘、增强绿色、优质农产品的功能开发、细分市场和价值增值,促进小农户与大市场的高效对接、与现代农业发展的有机衔接,拓展小农户参与市场、开拓市场的有效路径,提升小农户获取利润的能力,让小农户更多分享农业品牌的溢价收益和农业产业链的增值收益。

第二节 农业品牌化发展的基本现状

一 农业品牌意识和自觉行动日益增强

在国家农业品牌政策的激励和全球农业竞争的倒逼下，近年来，全国各地和各类新型农业经营主体的农业品牌意识日益增强，陆续掀起了打造农业品牌、推进农业品牌化发展的自觉行动和热潮。例如，安徽省启动实施"绿色皖农"品牌培育计划；黑龙江省制定并实施《关于加强农产品品牌建设的意见》（黑农委市发〔2018〕118号）；河北省制定并实施区域、企业、产品"三位一体"品牌发展战略；江苏省制定并实施《关于加快推进农产品品牌建设的意见》（苏农字〔2017〕1号）和《江苏农产品品牌目录制度（试行）》（苏农规〔2017〕4号），2018年8月，江苏省成立了全国首家省级农业品牌协会——江苏省农业品牌协会；浙江省制定并实施《浙江农业品牌振兴行动计划（2017—2020年）》。

山东省推进农业品牌化发展的自觉行动更为快速，且成效显著，早在2015年就制定并实施《关于加快推进农产品品牌建设的意见》（鲁政办字〔2015〕80号）；2018年3月，制定并实施《农产品品牌提升行动实施方案》（鲁农市信字〔2018〕6号）。尤其是近年来，山东省组织实施了一系列效果显著的农业品牌宣传营销活动，在山东省广播电视台创设《品牌农业在山东》栏目，陆续拍摄制作了"烟台苹果""微山麻鸡""大泽山葡萄""胶东刺参""金乡大蒜""菏泽牡丹""黄河口大闸蟹""胶州大白菜""昌乐西瓜""章丘大葱""烟台大樱桃""冠县鸭梨"等30多个农业区域公用品牌节目；打造"空中博物馆"，利用山东航空公司运营飞机的餐桌板广告位，宣传"莱芜生姜"等18个农业区域公用品牌。全省各地市紧密结合当地农业产业特色和产品定位，先后设计、推出了地市级农业区域品牌形象，例如，"产自临沂""聊·胜一等""HELLO品淄博""潍坊农品""济宁礼飨"等。

二 "三品一标"快速发展，市场优势逐渐显现

当前，城乡居民对农产品的消费需求日益呈现优质化、个性化和多

样化的趋势,品质消费、品牌消费、安全消费、绿色消费等日益成为农产品消费需求新的增长点(姜长云、杜志雄,2017)。并且,大部分消费者对农产品的消费已开始由"商品消费"转变为"品牌消费"的新阶段(刘奇,2014)。经过多年的深耕和积淀,"三品一标"(指无公害农产品、绿色食品、有机农产品和农产品地理标志)发展取得了可喜成绩,"三品一标"品牌公信力得到了大量消费者和社会各界的高度认可和赞誉,并呈现"生产—消费"良性循环互动、线上线下一体化销售两旺的良好态势。这几年在各地举办的农产品交易会、博览会和展销会上,"三品一标"企业纷纷"唱主角",备受经销商和消费者的青睐,展示出了广阔的发展空间和市场前景。"三品一标"产品逐渐表现出明显的价格优势。在陕西省,丰阳无公害鸡蛋贴标后价格比贴标前提高了20%—30%,与普通鸡蛋相比,通过无公害认证的春蕾鸡蛋价格高出了50%以上。

截至2016年年底,全国范围内各农业经营主体获得的"三品一标"认证农产品总数近10.8万个,其中,无公害农产品认证产品7.8万个,绿色食品2.4万个,有机农产品3844个,农产品地理标志登记总量达到2004个。无公害农产品产地达3.5万个、种植面积达2.41亿亩,产量达1.22亿吨;绿色食品原料标准化生产基地696个、经营面积1.65亿亩,产量0.51亿吨;有机农产品生产示范基地24个、经营面积0.25亿亩,产量210.90万吨,农产品地理标志示范基地20个[①]。全国绿色食品企业1万多家,产品近2.5万个,绿色食品年销售额达4383亿元,年出口额24.9亿美元;消费者对"三品一标"的综合认知度已超过80%,绿色食品比普通农产品价格平均高10%—30%,有机农产品价格高出50%以上(马爱国,2016,2017)。阿里研究院统计数据表明,2015年阿里零售平台"绿色消费者"人数已超过6500万人,占平台活跃用户数的16%,比2011年增长14倍;其中,对柴米油盐、零食、生鲜等食品的关注热度位列"绿色篮子商品"第五位,关注的代表性关键词有绿色、有机、原生态、无添加、无防腐、无色素等;营养保健食品溢价37%、奶粉辅食溢

---

① 赵广飞:《"三品一标"农产品10.8万个:农业品牌信心提振》,《农民日报》2017年3月1日第1版。

价33%、零食溢价31%、生鲜蔬菜溢价29%。这体现出消费者对生态有机、绿色专用食品的高度关注和强烈需求。

三 农业品牌营销方式日益多样化

在农业品牌营销方面，农业品牌推进大会、博览会、展销会、推介会、论坛、评选、媒体宣传等全国各地日益兴起。2017年4月，农业部组织举办了规模宏大的中国农业品牌推进大会，同期及此后，还陆续举办了中国农业品牌发展论坛、中国国际茶业博览会、中国茶业国际高峰论坛、中国国际品牌农业发展高峰论坛、全国农产品地理标志品牌推介会等。近年来，各级各类农业品牌评选、品牌价值评估活动不断涌现，例如，中国农产品区域公用品牌价值评估、中国果品品牌价值评估、中国茶叶区域公用品牌价值评估。广东省、辽宁省、山东省、云南省等积极组织开展名牌农产品评选活动。截至2018年5月，山东省分三批评选公布了35个知名农产品区域公用品牌、300个知名农产品企业（合作社）产品品牌。2014年5月，广东省启动"十大名牌系列农产品[①]"评选推介活动，对各系列评选出的前三名农产品授予"广东名米""广东名猪"等荣誉称号，并进行全方位专题、重点宣传推介。江苏省、吉林省、河南省、山东省等地还逐步建立健全农业品牌目录制度，编印"农业品牌名录"，定期、集中展示宣传本省优质、特色农产品和农业品牌。

在"互联网+""大数据+"思维迅猛发展的新形势和时代背景下，各地还积极创新农业品牌营销方式，努力构建"纸媒+电视和电台+网站和电商+微信和QQ"等多层面、多路径的信息共享、技术共享、资源共享的农业品牌宣传和营销格局，不断扩大品牌农产品的市场范围和规模以及农业品牌的影响力。

四 两个农业品牌营销实践及经验

（一）烟台苹果品牌战略实践经验

2017中国果品区域公用品牌价值英雄榜出炉，烟台苹果品牌价值达

---

① 主要选择设置米、猪、鸡、鸭、鹅、果、茶、菜、鱼、虾10大主要食用农产品系列。

到131.95亿元,是全国唯一一个品牌价值过百亿元的果品区域公用品牌,连续九年稳居中国果品区域公用品牌价值榜首位。果品区域公用品牌榜于2009年开始公布,"烟台苹果"品牌从最初的80.97亿元,到如今的131.95亿元,身价上涨了50多亿元。

烟台苹果成功的经验主要有以下三个方面。

一是不断研发、提升苹果品种与品质。烟台市先后采用多种方式设立了3个国家级专业研究机构,分别为农业部苹果育种中心、农业部果品和苗木质量检测中心、国家苹果产业技术体系烟台综合试验站,这三个机构日益成为烟台市培育具有自主知识产权苹果优良新品种、推进苹果品种更新换代的强力支撑(唐园结等,2014)。

二是加强品牌建设与宣传推广。烟台苹果参加了中国—东盟农业国际合作展等盛会,提高了品牌国际认知度。品牌建设是一个漫长的过程,2015年,为配套烟台市出台的《烟台苹果品牌战略规划》,烟台苹果的宣传广告在中央电视台一套播出,烟台苹果品牌知名度有了显著提高。烟台市农业局通过举办中国(烟台)苹果产销对接会、烟台苹果电商节等活动,使烟台苹果的网络认知度大大提升。

三是积极谋划电商销售。为了更好地在大数据时代下服务实体经济,2015年,烟台市农业局、烟台市苹果协会、烟台市农业信息中心和山东省烟台市果品总公司联手共同打造了"烟台苹果网"。烟台市果品龙头企业、专业合作社、农场基地集合在一起,共同探索"扁平垂直结合、特色农品融合"的电商营销模式,逐渐形成了规模化、信息化的苹果产业营销体系(顾海燕,2017)。

(二)"三只松鼠"——传统农产品的新型营销模式

安徽三只松鼠电子商务有限公司于2012年成立,成立4个月后,"三只松鼠"在当年的天猫"双十一"活动当日成交近800万元(朱颖慧,2017),在2017年"双十一"大促中,仅活动开始第12分钟52秒天猫旗舰店销售额便破亿元。2017年9月19日,"三只松鼠"已在天猫渠道累计销售额突破100亿元。成立6年以来,"三只松鼠"一直稳居全网休闲零食行业交易指数榜首。

在"互联网+"的时代大背景下,"三只松鼠"目光锁定"互联网+农产品",精准探索带有鲜明特色的农产品品牌。"三只松鼠"的核心战略思想是只做互联网销售,不做线下销售,力做线上销售的第一品牌,利用互联网缩短与消费者之间的距离。在企业迅速发展的同时,"三只松鼠"还建立了自己的大数据平台,通过售后评价来了解消费者的购买偏好,及时改进产品,培养老客户群体。

"三只松鼠"品牌明确定位为"森林系"袋装坚果,目标人群定位在"80后""90后"的年轻人群体。在品牌形象设计方面体现出了独特、个性的品牌形象。"三只松鼠"还一直致力于传播品牌文化,从网络店铺设计、赠品包装等方面表现出绿色、健康、活泼、积极的品牌文化。"三只松鼠"还时常强化对自身品牌的塑造,不定期举行"松鼠儿童公益义卖"、拍摄公益舞台剧等品牌活动,长期关注中国儿童发展,宣传爱心,这些公益活动不仅有助于提高"三只松鼠"品牌的美誉度与知名度,还体现出了企业的社会责任感,获得社会的广泛好评(李婧,2017)。

五 农业品牌价值不断提高,品牌竞争力增强

中国品牌价值评价信息发布结果[①]显示,2016年,39个初级农产品类地理标志产品的平均品牌价值达139.28亿元,其中,赣南脐橙的品牌价值最高,达668.11亿元;品牌价值位列第二的是五常大米,达639.55亿元;品牌价值在100亿元以上的初级农产品地理标志15个。6个加工食品类地理标志产品的平均品牌价值达231.08亿元,其中,郫县豆瓣的品牌价值最高,达649.84亿元;位列第二的是镇江香醋,达450.27亿元。在12个畜禽水产类地理标志产品中,大连海参的品牌价值最高,达212.58亿元。2018年,15家农业企业上榜中国品牌价值榜单,平均品牌价值达17.86亿元,比2016年上榜农业企业的平均品牌价值(14.10亿元)高3.76亿元,增长26.67%;其中,9家农业企业的品牌价值在10亿元以上。值得关注的是,与2016年评价结果相比,仅有5家农业企业连续两年上榜,且五得利面粉集团有限公司、中国牧工商(集团)总公

---

① 引自《2016年品牌价值评价信息发布名单(654家)》,《中国品牌》2017年第1期;《2018年品牌价值评价信息发布名单》,《中国品牌》2018年第6期。

司连续2年位列前二,4家农业企业的品牌价值呈现增长态势(见表6—1),其中,中牧实业股份有限公司品牌价值增长最快,由2016年的10.60亿元快速增长到2018年的18.96亿元,增长78.87%。2018年,10家农业企业新上榜中国品牌价值榜单。这表明,农业企业品牌发展迅速,农业品牌市场竞争激烈、空间巨大。

表6—1　　连续两年上榜中国品牌价值榜单农业企业的品牌价值

单位:亿元

企业名称	2016年	2018年
五得利面粉集团有限公司	45.79	54.13
中国牧工商(集团)总公司	35.00	39.61
中国水产有限公司	19.81	20.20
中牧实业股份有限公司	10.60	18.96
潍坊中基集团有限公司	10.04	5.71

资料来源:根据2016年、2018年中国品牌价值评价信息发布结果整理。

2017年中国农产品区域公用品牌价值发布结果[①]显示,374个农产品区域公用品牌的品牌价值共计6080.26亿元,平均品牌价值达16.26亿元;百强农产品区域公用品牌的平均品牌价值达38.64亿元。长白山人参、重庆涪陵榨菜、烟台苹果位列前三,品牌价值分别达190.48亿元、147.32亿元、131.95亿元。15个农产品区域公用品牌的品牌价值在50亿元以上。

第三节　农业品牌化发展存在的主要问题

一　农业经营主体品牌意识薄弱,品牌培育保护制度缺位

目前,农产品已告别短缺时代,消费者解决温饱问题后,对农副产品的消费由追求数量转为追求质量,开始追求品牌。根据国家工商行政

[①] 浙江大学CARD中国农业品牌研究中心:《2017年中国农产品区域公用品牌价值》,http://www.brand.zju.edu.cn/Article/BrandListshow.aspx? BrandListId=27。

管理总局发布的数据（见表6—2），中国农产品商标累计注册量从2012年的128.15万件增长到2016年的242.96万件，增长近1倍，农产品商标增长率也有上升趋势，但是近五年农产品商标占累计商标注册总数的比例基本不变且都没有超过17%。这表明，中国农产品品牌虽然有所发展，但品牌数量仍然较少。这是由于政府、企业和农民没有认识到品牌在现代农业发展中的重要性，政府对农产品品牌建设支持力度不足，品牌培育制度缺失；部分企业没有树立良好的品牌观念意识，缺乏品牌发展规划；一线农业生产者长期受到小农经济思想的影响，始终按照传统模式生产和销售，观念陈旧，没有用长远眼光看待农业发展。这就导致即使一线农产品生产者生产出质优价廉的农产品，但由于品牌意识薄弱，没有把握住将产品品牌化营销的机会，无法发挥品牌效应。一些已经打造成功的农产品品牌由于缺乏保护，没有对商标、包装进行防伪处理，被无良商贩冒充，损害了消费者的利益。"五常大米"的包装袋曾经被五常大米协会任意销售，而协会的职责本该是保护品牌、打击仿冒品，但这种行为无疑是"自毁长城"，使"五常大米"品牌遭遇信任危机（丛珩，2011）。

表6-2 中国注册商标总数与农产品注册商标数量（2012—2016）

	2012年	2013年	2014年	2015年	2016年
累计商标注册总数（万件）	765.60	865.24	1002.75	1225.39	1450.90
农产品商标累计注册量（万件）	128.15	144.73	168.9	205.61	242.96
农产品商标所占比例（%）	16.74	16.73	16.84	16.78	16.75
农产品商标增长率（%）	—	12.94	16.70	17.85	18.17

资料来源：国家工商总局商标局，商标评审委员会：《中国商标战略年度发展报告》（2012—2016年）。

二 农产品科技含量不高，国际竞争力较弱

新中国成立以来，中国农业发展取得了举世瞩目的成绩。但由于传统思想的禁锢，国内市场上的大部分农副产品是初加工产品，精、深加

工能力弱，缺乏正规营销网络。发达国家的农业科技进步贡献率在2010年已达到70%—85%，虽然截至2017年年底，中国农业科技进步贡献率已达57.5%，比2012年（53.5%）提高了4个百分点；但与发达国家相比，还有较大差距。就目前中国农业的发展形势来看，中国的农产品科技含量比较低，无法形成品牌优势，很难适应农业发展趋势。农产品质量是农业品牌化营销的基础，而科技水平是提升产品质量的保障。现阶段中国农产品加工技术相对落后，农产品在加工环节始终处于初级阶段，产品的内在价值没有充分体现，品牌价值还未开发。究其根本，就是农业企业缺乏品牌意识和创新精神，"小富即安"思想严重，一些特色农产品的品牌潜力始终未能得到充分挖掘，缺乏竞争优势，市场占有率低下（裴四海，2017）。现代农产品市场竞争包括农业科学技术的竞争，只有将科学技术作为农业的坚强支撑，才能让中国农业品牌在国内外市场中立足。所以，我们需要将农业生产和农业科学技术有效结合起来（郭立宏、李志新等，2016）。

三 农业品牌定位模糊，缺乏宣传整体规划

明晰品牌定位是品牌化营销成功的前提。品牌定位是指企业在明确市场及产品定位的基础上对品牌进行商业性决策，以建立起与目标市场匹配的品牌形象。准确的品牌定位能够成为企业拓展市场、品牌营销的导航。若不能有效定位品牌，消费者很难记住该品牌形象，产品也会被同质化产品淹没。目前，中国绝大多数农产品品牌建设及营销仍处在起步阶段，缺少鲜明的品牌形象，而品牌形象与品牌知名度是成正比例关系的。

长久以来，品牌观念尚未完全普及，消费者们往往只识别农产品的产地与品名，不太注重品牌，而随着买方市场逐渐形成，消费者越来越倾向于购买品牌产品，对品牌农产品的需求越来越大，而许多农产品宣传不到位，很难吸引人们购买。大多时候农产品宣传缺乏整体的宣传计划与战略设计，仅依靠传统的电视广告、展销会等进行宣传，缺少系统化的宣传。在农产品推广中也很难见到在其他行业中围绕品牌定位与整体营销目标开展的网络营销、体验营销等创新营销手段。

四 农业品牌营销手段匮乏,与发达国家有较大差距

与国外农业品牌营销手段相比,中国农业品牌的营销手段存在较大差距。大多数农业经营主体的农业品牌营销意识淡薄,缺乏有效手段,导致未能申请品牌或者现有品牌认知度低,农产品价值增值缓慢,农业品牌价值提升空间受限,在激烈的市场竞争中经常被竞争对手抢占先机。近年来,日本的品牌农业发展较为成功,其中的经验值得深入学习与借鉴。在实践中,日本鼓励农业生产者有计划、有步骤地将农业生产与商标权有机结合起来,探索出了一条具有日本独特优势的"品牌农业"发展道路,并取得了显著成效。在"品牌农业"战略带动下,大米、小麦、大豆、果蔬、畜产品、花卉等农产品品牌竞相涌现、蓬勃发展。在农业品牌总量中,畜产品品牌占比为30%,蔬菜类产品品牌占比为24%,大米类产品品牌占比为23%,花卉、小麦、大豆、水果类产品品牌占比为23%(张文超,2017)。随着经济全球化的逐步推进和深入发展,在国际农业市场上,农产品市场竞争激烈,创建附加值高、具有独特竞争优势的农业品牌日益成为一国农业国际化营销的新趋势。

五 农业生产监管不到位,农产品检验和认证体系有待完善

目前,由于中国小规模、分散化、细碎化、粗放的农业经营方式仍然没有得到根本改观,农业产前、产中、产后各环节的操作没有统一规程和标准,这在很大程度上导致农产品质量参差不齐,农业品牌化营销和竞争力提升缺乏必要的质量保障。中国农产品质量安全形势不容乐观,养殖业过度依赖抗生素,超标超量使用饲料添加剂,养殖环境脏差乱,畜禽疫病高发,种植业过度使用农药、化肥,依然使用高毒禁售药品。食品安全隐患层出不穷,企业为了追求最大限度的利益,利用违法手段降低成本,侵犯了消费者的合法权益,甚至对消费者的人身安全产生威胁。最常见的手法是在农产品里非法加入化学添加剂以冒充食品添加剂,比如前些年引起国内舆论哗然的"苏丹红""三聚氰胺""瘦肉精"等食品添加剂问题。这表明,有关部门缺乏监管手段,对农产品检测力度不到位,未落实市场准入制度等现象依然存在,严重威胁了农产品质量、安全以及消费者健康，严重影响了中国农产品在国际、国内市场中的信誉度，竞争力大大降低。可见，中国健全统一的农产品安全和质量检测体系、认证体系是当务之急，是打造农产品知名品牌的首要前提。

第四节 促进农业品牌化发展的未来对策

一 树立品牌观念，做好农业品牌的培育、保护工作

打造农产品知名品牌，推动中国农产品销售走品牌道路，需要从农民、企业与政府三个角度强化品牌营销意识，树立品牌观念，做好品牌培育、保护工作。首先，从农民角度来看，政府应加强对农民宣传市场观念，促使农民生产市场需要的农产品，不盲目跟风；农民应树立质量观念，种植具有本地特色的、绿色无公害的农产品；促进生产专业化，使农民认识到分散经营无法产生规模效益，更无法实施品牌化营销，培养其与企业合作的意识。

其次，就企业来说，应加大对农产品生产基地的资金、基础设施等投入，建立健全与农户之间的利益联结机制，增大合作力度，为农户提供市场信息、适用生产技术与基本资金保障，以确保企业加工生产有稳定、可靠的原材料来源；加大用于注册、宣传品牌的资金投入，提高品牌的知名度，从只注重设备等有形资产向注重农产品品牌转变；制定符合企业实际的品牌策略，建立科学、合理的品牌运营机制，保证有专人、专门部门负责品牌运营工作，逐步扩大品牌影响力。

最后，从政府角度来看，政府应明确认识到农业品牌化是农产品争夺国内外市场的有力武器，是振兴乡村经济的关键，政府需切实做好服务工作。地方政府应主动整合农户、企业的信息资源，为其牵线搭桥。鼓励、支持地方努力打造名优产品品牌，切实做好品牌培育、品牌保护、品牌宣传工作，不断提升品牌影响力、知名度。着力实施农业品牌引领工程，充分发挥地方特色农业品牌、企业品牌和产品品牌的引领作用，以品牌建设促进农业产业链延伸与优化，大力发展农业品牌群。加强农业品牌评估与管理，建立健全科学合理的农业品牌评估体系，坚决杜绝自行滥评品牌现象和打击假冒伪劣名牌农产品，营造良好的农业品牌运

营环境，向社会推介真正的优质产品。

二 加大农业技术创新力度，提高农产品国际市场竞争力

提高农业技术创新和农产品科技含量是提升中国农产品全球竞争力的必要条件，有利于降低农产品生产成本、升级品种品质。具体而言，需要做到以下四个方面。

第一，政府可以制定相关政策来鼓励农业科技研究，比如增加科研资金和人才投入，从而创新农业技术，为提高农产品的科学技术含量提供基础保障；同时可以借鉴湖南省袁隆平农业高科技股份有限公司成功上市的经验，利用向市场募集资金、科研机构企业化运作等方式来获得资金支持，提高科技开发能力。

第二，政府应大力推广农业科学技术，如推行科技下乡、技术工作人员下乡培训等方式，切实提高农民对科学技术的利用能力，使农民可以自觉采用科技成果来提高农产品质量，确保农业科学技术从农产品生产到投入市场的过程中能够得到有效应用（郭立宏、李志新等，2016）；同时，发展以政府为主导的、能够推动农业科技成果有效转化的、提供买卖双方相关市场信息的中介机构（蔡云生，2009）。

第三，通过广播、电视等媒体宣传对农户普及农业科技、市场观念与经营方法，加强农户的科技与信息意识。农户、科研机构与企业可以开展三方合作，企业购买科研机构的技术、承担部分市场风险，免费向合作农户普及，促使农户生产出技术含量高的优质农产品，改变过去农户因独自面对市场风险而不敢利用新技术的问题，提高农民运用新型农业技术的主动性、积极性，为农业品牌化营销提供坚实的产品质量保证。

第四，以市场需求为导向，优化调整农业科技创新方向。在农产品短缺时代终结的新形势下，随着城乡居民收入水平和消费水平的提高，其对农产品的消费已由追求数量向追求高品质转变，不仅要"吃饱"，还要"吃好"。市场变化导致科研方向必须由研究产量向研究质量转变，提升农产品品质，开发特色品种。当前中国农业科技背负着两个"重任"，一个是要面向国内外市场研发高科技含量的农产品，追赶国际先进的科学水平；另一个是要坚持创新，研发具有中国特色的优质农产品。

三 政府有关部门加强监管，完善农产品相关检验和认证体系

政府有关部门应加强监管和服务，从市场竞争环境上促进品牌农业有序发展。首先应充分发挥政府各部门市场监管、公共服务的职责，通过开展打假护农等工作规范市场秩序，严厉打击不正当竞争行为，努力营造一个有利于发展品牌化营销的市场环境；帮助企业实现农超对接，支持企业开拓国内外高端市场，并通过举办农产品展销订货会等方式，进一步扩大农业品牌影响力和市场辐射力，促进品牌农业的有序发展。

市场竞争遵循优胜劣汰的原则，只有中国农产品拥有独特的优势才能在残酷的竞争中长期处于不败之地。这就需要利用科学技术成果来生产出满足消费者的消费需求的高质量的农产品，扩大市场份额。而农产品检测与认证体系则是保证农产品质量的基本标准。有关部门必须根据中国基本国情与发展目标，完善现有的农产品相关检测与认证体系，切实保障农产品质量，提高农产品竞争力（郭立宏、李志新等，2016）。

四 大力培育农产品营销主体，探索品牌营销新模式

一直以来，虽然国家和各地政府高度重视农业品牌战略和建设工作，但对农产品营销主体的培育和支持力度明显不足，导致缺乏专业的农产品营销主体和品牌营销新模式。因此，为提高农产品市场竞争力、促进农业高质量发展，必须大力培育农产品营销主体，积极探索农业品牌化营销新模式。

首先，大力培育农产品营销主体，摒弃"酒香不怕巷子深"的老旧观念和传统的农业经营方式，鼓励龙头企业、农民专业合作社、购销大户和农民经纪人组建专业化农产品品牌营销队伍，积极参加国内外各类农业博览会、农产品展销会、农业招商会等。鼓励农产品营销主体充分挖掘、开发地域特色与民俗文化，拓展农产品的文化内涵，促进农业品牌建设与农业农村传统文化习俗的有机融合；加大营销推介力度，利用电视、广播、网络、报纸等媒介推介品牌，提升品牌农产品知名度；建立健全禽肉、蔬菜、水果等重点出口农产品的行业营销组织，以顺应农产品国际贸易的新形势。

其次，积极探索现代农业营销新模式，构建产销供应链新平台。建立品牌农业网站，健全农村电子商务、物流配送体系建设，积极开展品牌农产品网络展示与网络合作，发展品牌农产品网络营销。鼓励积极开展农产品品牌的国际化营销，不断扩大优势农产品出口渠道和规模。

五 明确农业品牌定位，建立和强化农产品品牌独特竞争优势

明确品牌定位是创建品牌的基础，只有清晰品牌定位后才能在宣传推广中准确地向消费者传递信息，才能进一步建立品牌发展规划，促进农业品牌长远持续发展。根据农产品市场特性，重点可以从产品特征、细分市场与消费者需求两个角度对农产品进行精准的品牌定位，建立、强化农产品品牌独特竞争优势。

一是寻找不同农产品之间的差异，以产品的独特之处进行品牌定位。具体来看，主要是鼓励、支持农业生产者着重从农产品良种引入、产地环境、产品质量、地方传统习俗、农产品历史发展和耕作文化等方面建立独特竞争优势，明确与其他农产品之间的差异性，并据此进行品牌定位。二是根据农产品所面对的细分市场进行品牌定位。当前及未来发展趋势表明，不同区域和不同群体消费者对农产品的个性化、差异性需求日益增长，农产品细分市场日益深化。对面向不同细分市场的农产品，应科学区分其品牌定位，以建构在不同细分市场上的竞争优势。

第 七 章

农业资本化运作:理论分析、基本现状与未来思路

第一节 农业资本化运作：观点梳理与内涵

一 关于农业资本化的几个观点

农业资本化既有坚实的理论基础，亦有各国不断创新的实践探索。小农天生具有落后性、保守性，无法与资本化大生产竞争，因此懒惰的小农终究会被农业资本家所取代，小农变为纯粹的农业雇佣工人，从而，农业走向资本经营[①]。魁奈（1979）进一步指出，小农耕作所使用的工具太过于原始，方法太过于落后和简单，导致农业生产效率极其低下，因而，应积极引入更多的资本要素进入农业，以替代传统小农经济，发展资本主义大农业。改造传统农业，农业资本化替代小农经济是必然趋势（翟文华、周志太，2014），其中的关键在于引进包括资本、技术在内的新的现代农业生产要素（舒尔茨，1987）。虽然资本经营是否必然会替代小农经济，是一个需要深入实证考察与研究的重要课题，但不可否认的是，农业资本化运作或者经营，是一种必然趋势。

在中国，当前的农业发展正处于"升级换代"，要素禀赋由劳动密集型向资本密集型转变的重要时期（何军、王越，2016），推进农业资本化是实现传统农业向现代农业根本转变的重要战略选择（郭晓鸣，2016）。

---

① 中共中央马克思恩格斯列宁斯大林著作编译局：《马克思恩格斯全集》（第26卷，第2册），人民出版社1973年版。

关于中国农业资本化发展，学术界存在两种不同的观点和主张。一种观点是：过去的20年里，中国农业发生了实质性的资本化，但这是"没有无产化的资本化"（黄宗智、高原等，2012）。因为，他们认为，在农业资本化过程中，农业雇工并没有大规模增加，农业雇工占比很低，占据农业主导地位的仍然是小规模家庭农场。

另一种观点是：随着土地流转与集中的日盛，农业经营主体日益分化为农业规模经营主体（大量涌现）和普通农户两个新群体，小农经济加速瓦解，使中国进入了农业资本主义化阶段，即"农民（半）无产化的资本化"（孙新华，2015；黄瑜，2015；陈航英，2015）。因为，他们认为，在农业资本化过程中，农业规模经营主体拥有充足资本，践行资本密集型生产，是资本化农业主导者；普通农户尤其是流出土地或者无地经营的普通农户，很多成为农业雇工，有些甚至陷入了"（半）无产者"的境地，即农业资本化的同时出现了农民的无产化。陈义媛（2016）的研究还发现：事实上，农业企业与普通农户之间还存在隐蔽的雇佣关系。显然，第一种观点表明，中国的农业资本化发展并没有出现替代小农经济的必然趋势，没有出现马克思、列宁和亚当·斯密所预想的图景；而第二种观点却表明，农业发展资本化转型导致小农经济瓦解，在一定程度上出现了马克思、列宁和亚当·斯密所预想的图景。

进一步的研究还表明，中国的农业政策自改革初期就有去小农化的倾向，农业资本化是自下而上与自上而下两种方式驱动的结果，自下而上是指农业经营主体分化产生的两类新群体，自上而下是指资本下乡（严海蓉、陈义媛，2015）；农业资本化是显性路径与隐性路径交织的结果，显性路径是指以土地流转为表征的农业转型，隐性路径是指农资市场化推动的农业转型（陈义媛，2018）。

二 农业资本化运作的内涵及其理解

（一）农业资本化运作的内涵

上述分析表明，当前，中国已进入农业资本化运作发展阶段。关于农业资本化，有学者认为是指单位土地面积上资本投入的不断增加（黄宗智、高原等，2012），进一步是指单位土地上资本投入相对于劳动投入的不断增加。从本质上看，农业资本化是指新的现代发展要素持续进入农业领域以全面提升农业发展水平的过程，是通过重构农业生产方式以实现对传统农业的根本改造，包括农业发展要素资本化、农业经营方式资本化和农业社会分工资本化等（郭晓鸣，2016）。

当前，中国农业已由高速增长阶段转向高质量发展阶段，必须以农业供给侧结构性改革为主线，不断转变农业发展方式、优化农业经济结构、培育农业发展新动能，加快推进农业发展质量变革、效率变革、动力变革，提高农业全要素生产率。加速这一转向的重要路径和推动力就是农业资本化运作。同时，改革开放以来，中国已基本确立并要求持续坚持农村集体所有制、"以家庭承包经营为基础、统分结合"的农村基本经营制度，且在乡村振兴战略实施中必须保障农民财产权益，努力实现小农户和现代农业发展有机衔接。

综上所述，我们认为，所谓农业资本化运作，是指通过"内培外引"的方式向农业持续输入资本要素和资本经营模式，以培育农业发展新动能、振兴小农经济、提高全要素生产率和实现农业高质量发展的行为和过程。

（二）农业资本化运作的理解要点

对于农业资本化运作的内涵，要把握以下三个理解要点。

一是农业资本化运作不是要发展资本主义农业，而是要振兴小农经济。过去、当前及未来，小农或者小规模经营仍然是中国农业的主体，小农长期并大量存在是中国基本国情，也是中国发展农业、繁荣农村、巩固执政基础的依靠力量（张红宇，2017）。现实中，小农经济均具有价值和功能两个层面上的合理性，并且具有顽强的生命力。目前中国不仅不能抛弃小农经济，而且还有必要重新审视小农经济对中国发展的历史作用（姚洋，2017）。中央和各地要尊重历史，着眼长远，统筹兼顾培育新型农业经营主体和扶持小农户，研究制定扶持小农生产、振兴小农经济的政策意见，采取有针对性的措施，把小农生产引入现代农业发展轨道。推进农业资本化运作绝不能出现"农民无产化"或者"半无产化"，绝不是要排斥小农、消灭小农，而是要组织小农、带动小农、提升小农、保护小农和富裕小农。

二是资本要素和资本经营模式输入要坚持"内培"和"外引"两条路径。小农户和专业大户、家庭农场等新型农业生产主体融资难,资金短缺、资本匮乏,一直都是各地农业发展的重要瓶颈和制约。因此,一方面,要充分挖掘和发挥农村"三资"(资金、资产、资源)和"三权"(土地经营权、宅基地使用权、集体收益分配权)的生产功能和要素属性,激活其资本潜能,加快推进农村集体产权制度改革和农村"三块地"改革,以"三资""三权"推动农业资本化运作,形成农业资本化运作的内生驱动力和支持力。另一方面,在重视开发农村内生资源资本潜能的同时,要积极和有选择地引入外部资本(包括城市工商资本和外国资本)以弥补农村内生资源的不足,形成农业资本化运作的外源驱动力和支撑力。

三是准确把握农业资本化运作的主要内容和推进路径。结合上述关于农业资本化运作的内涵界定和分析以及一直以来中国持续进行的农业资本化进程,农业资本化运作的主要内容和推进路径主要包括以下五个方面:(1)农业固定资产投资,包括财政投入、民间投入和利用外资的投入。(2)种子、农药、化肥、机械等资本要素相对于劳动投入的增加,其中较为主要的是农业机械化发展和作业水平的提高。(3)城市工商资本投资农业,为农业输入先进技术、资金、管理方法和新型农业经营模式等,促进多形式农业规模经营发展。(4)"三权分置"下土地经营权的加快放活和资本化改革的深入推进。(5)农业利用外资,即充分用好国际资源和市场。

鉴此,本章余下内容就重点分析改革开放以来中国在这五个农业资本化运作方面的基本现状,并提出进一步推进农业资本化运作的未来思路。

第二节 农业资本化运作的基本情况

一 农业固定资产投资持续快速增长

(一)投资规模持续增长

改革开放尤其是进入 21 世纪以来,国家持续加大支农强农惠农政策力度,农业固定资产投资持续快速增长,为农业领域资本积累和农业经济快速增长夯实了重要基础。表 7—1 显示,2017 年,农业全社会固定资产投资①为26707.99亿元，是2003年（1652.30亿元）的16.16倍，年均增长21.99%。其中，非农户农业固定资产投资24638.30亿元，是2003年的46.05倍，年均增长31.46%，其占比由2003年的32.38%上升到2017年的92.25%，年均上升3.99个百分点。农户投资2069.69亿元，仅为2003年的1.85倍，其占比由2003年的67.62%逐年下降到2017年的7.75%。这表明，非农户农业固定资产投资力度逐年增强并成为最主要的投资主体和力量，农户投资力度呈现下降趋势。

表7—1　　农业全社会固定资产投资变化趋势（2003—2017）

年份	全社会固定资产投资（亿元）	农业全社会固定资产投资（亿元）	其中，农业固定资产投资（非农户）投资额（亿元）	占比（%）	其中，农业固定资产投资（农户）投资额（亿元）	占比（%）
2003	55566.61	1652.30	534.98	32.38	1117.32	67.62
2004	70477.40	1890.70	645.12	34.12	1245.58	65.88
2005	88773.62	2323.66	842.79	36.27	1480.87	63.73
2006	109998.20	2749.94	1118.16	40.66	1631.78	59.34
2007	137323.94	3403.50	1460.05	42.90	1943.45	57.10
2008	172828.40	5064.45	2250.37	44.43	2814.08	55.57
2009	224598.77	6894.86	3356.39	48.68	3538.47	51.32
2010	251683.77	7923.09	3926.24	49.55	3996.85	50.45
2011	311485.13	8757.82	6819.19	77.86	1938.63	22.14
2012	374694.74	10996.44	8772.43	79.78	2224.01	20.22
2013	446294.09	13478.82	11401.24	84.59	2077.58	15.41
2014	512020.65	16573.81	14574.01	87.93	1999.80	12.07

---

① 农业全社会固定资产投资是指以货币形式表现的在一定时期内全社会建造和购置农业固定资产的工作量以及与此有关的费用的总称，是反映农业固定资产投资规模、结构和发展速度的综合性指标，包括非农户投资（统计范围为农村非农户计划总投资500万元及以上的建设项目投资）和农户投资（统计范围为全部农户）。本部分内容中的农业概指农业（即种植业）、林业、畜牧业、渔业和农业服务业。

续表

年份	全社会固定资产投资（亿元）	农业全社会固定资产投资（亿元）	其中，农业固定资产投资（非农户） 投资额（亿元）	其中，农业固定资产投资（非农户） 占比（%）	其中，农业固定资产投资（农户） 投资额（亿元）	其中，农业固定资产投资（农户） 占比（%）
2015	561999.83	21042.66	19062.32	90.59	1980.34	9.41
2016	606465.66	24853.13	22773.89	91.63	2079.24	8.37
2017	641238.39	26707.99	24638.30	92.25	2069.69	7.75

资料来源：《中国统计年鉴》（2004—2017）、《中国统计摘要》（2018）。

（二）投资增速下降，但投资率仍维持在较高水平

2004年，中国取消农业税，开始实施农业补贴，农业固定资产投资增速在"十一五"时期（2006—2010年）显著回升，年均增速达28.39%，比2004—2005年的年均增速（18.66%）高9.73个百分点。"十二五"时期（2011—2015年）农业固定资产投资增速明显下降，年均增速21.72%，比"十一五"时期下降了6.67个百分点。2016—2017年，农业固定资产投资增速进一步下降，年均增速为12.79%，比"十一五"时期下降了15.60个百分点，比"十二五"时期下降了8.93个百分点。2017年增速仅为7.46%。虽然农业固定资产投资增速显著下降，但由于农业经济增速同时降低，农业固定资产投资率[①]明显上升，且处于较高水平。农业固定资产年均投资率由"十一五"时期的15.50%上升到"十二五"时期的24.82%、2016—2017年的39.23%。

（三）投资密度持续增强

2003—2017年，单位农业就业人员农业固定资产投资额由456.44元/人逐年增长到12778.94元/人，年均增长27.28%；单位耕地面积种植业固定资产投资额由7.19元/亩逐年增长到584.65元/亩，年均增长39.49%（见图7—1）。这表明，近15年来，单位农业就业人员驱动和单位耕地面积负载的资本投入逐年增长，农业固定资产投资密度持续增强。

---

① 农业固定资产投资率=（农业固定资产投资额/农业增加值）×100%。

其中的原因可能有二：一是农业就业人员减少，由2003年的3.62亿人逐年减少到2017年的2.09亿人；二是随着土地流转与集中以及土地整理的推进，实际耕地面积增加，但增幅较小，由2003年的19.51亿亩小幅增加到2017年的20.24亿亩。

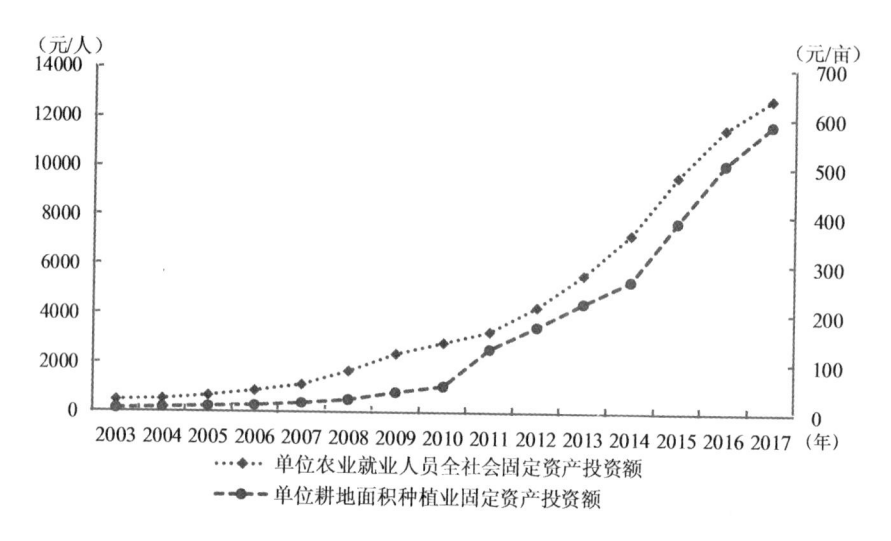

图7—1　农业固定资产投资密度变化趋势（2003—2017）

资料来源：根据《中国统计年鉴》(2004—2017)、《中国农村统计年鉴》(2004—2017)计算整理。

二　农业机械化水平持续提升

农业机械化是提高农业科技和装备水平的重要载体，是建设现代农业的重要物质基础。同时，农业机械化水平还是衡量农业资本深化程度的重要指标（郭剑雄、鲁永刚，2011；Ito and Ni, 2013；李谷成，2015）。改革开放以来，中国农业机械装备总量实现了跨越式发展，农机总动力呈快速持续逐年增长趋势，由1980年的1.47亿千瓦持续快速增长到2016年的9.73亿千瓦，增长5.62倍，年均增长15.19%。拖拉机、农用排灌柴油机等高性能农机保有量大幅度增长，农用机械装备结构日益优化。大中型拖拉机拥有量由1980年的74.49万台增长到2016年的645.35万台，年均增长20.71%。小型拖拉机拥有量由1980年的187.40万台增长到2016年的1671.61万台，年均增长21.41%。农用排灌柴油机拥有量由 1980 年的 289.90 万台增长到 2016 年的 940.77 万台，年均增长 6.08%。2016 年，拖拉机与农机具配套比达 1∶1.74。从拖拉机类型结构看，2001 年以后，农业机械化发展呈现出明显的大型化趋势；2014 年，大中型农用拖拉机总动力首次超过小型拖拉机总动力（方师乐、卫龙宝等，2017），成为最主要的农业机械。

同时，随着农机装备总量的快速增长，每公顷耕地拥有农机动力和每个农业劳动力拥有农机动力也呈快速上升趋势，分别由 1980 年的 1.48 千瓦和 0.49 千瓦快速上升到 2012 年的 8.43 千瓦和 3.79 千瓦，年均上升率分别达 14.23% 和 20.41%。这表明，改革开放以来，农业机械总动力和拥有量的持续增长极大地促进了农业资本存量的增加和农业资本深化；单位面积耕地和单位劳动力推动的农业资本规模不断扩大。1978—2008年，上海农业机械化和生物化程度的持续增强使得农村从业人员平均推动的固定资本由 331.15 元扩大到 39583.72 元（高帆，2010）。

从农业机械使用方面看，农业生产用机水平持续上升（见表 7—2），全国农作物耕种收综合机械化水平在 2016 年达到 64.67%，比 2001 年提高 32.49 个百分点，年均提高 2.03 个百分点。其中，机耕水平由 2001 年的 47.41% 提高到 2016 年的 81.40%，年均提高 2.12 个百分点；机播水平由 26.06% 提高到 52%，年均提高 1.62 个百分点；机收水平由 17.99% 提高到 55.04%，年均提高 2.32 个百分点。农业机械服务范围涵盖了农业生产、加工、流通等产前、产中、产后各个环节（江泽林，2018），作业领域由粮食作物延伸到经济作物，由大田农业延伸到设施农业，由种植业延伸到养殖业、农产品加工业和流通业。这表明，伴随着农业机械存量的增加，农业机械作业使用的范围日益扩大、程度日益增长，从而直接促进了农业资本化运作水平的提高。农业机械化发展带来的农业资本深化和资本有机构成得到了显著提高。

表 7—2　　　　主要农作物机械化水平（2001—2016）　　　　单位：%

年份	机耕水平	机播水平	机收水平	综合水平
2001	47.41	26.06	17.99	32.18

续表

年份	机耕水平（%）	机播水平（%）	机收水平（%）	综合水平（%）
2002	47.13	26.64	18.33	32.34
2003	46.84	26.71	19.02	32.46
2004	48.90	28.84	20.36	34.32
2005	50.15	30.26	22.63	35.93
2006	55.39	32.00	25.11	39.29
2007	58.89	34.43	28.62	42.47
2008	63.00	38.00	31.00	45.90
2009	65.19	40.59	33.30	48.24
2010	67.70	42.15	36.77	50.76
2011	71.34	43.69	40.11	53.68
2012	72.34	45.44	42.91	55.44
2013	73.98	46.99	46.33	57.59
2014	76.01	48.40	49.49	59.77
2015	78.86	51.04	51.91	62.43
2016	81.40	52.00	55.04	64.67

注：机耕水平是指机耕面积占实际总耕地面积（指总播种面积－免耕播种面积）比重，机播水平是指机播面积占总播种面积的比重，机收水平是指机收面积占总播种面积的比重，耕种收综合机械化水平为机耕、机播和机收的加权算术平均数，权重分别为0.4、0.3、0.3。

资料来源：《全国农机化统计年报》（2002—2016）。

三 工商资本投资农业的规模、领域不断扩大

20世纪90年代以来，中国工商资本投资农业大体经历了从禁止到有条件地限制（1991—2001年），到放宽（2002—2012年），再到鼓励、支持（2013年至今）的政策演进（曹俊杰，2018）。党的十八届三中全会提出，"鼓励和引导工商资本到农村发展适合企业化经营的现代种养业，向农业输入现代生产要素和经营模式"。2016年中央"一号文件"提出，"鼓励和引导金融资本、工商资本更多投向农业农村"。尤其是近年来，中央和地方政府积极推进土地流转，支持新型经营主体开展土地规模经营，为工商资本投资农业领域提供了契机。在中央政策的支持下，大量工商资本进入农业。从土地流转来看，2009年以来，流入企业的承包耕地面积及其占比呈现不断增长趋势，流入面积由2009年的1400万亩增长到2016年的4600万亩，

年均增长400万亩，年均增速达28.57%，占比由2009年的9.21%增长到2016年的9.60%，2013年的占比高达10.59%（见图7—2）。农业部关于河北、陕西、辽宁、浙江、四川、湖北和广西7省（自治区）的调研数据表明，总体来看，7省（自治区）流入企业的承包耕地面积占比由2015年的11.56%增长到2016年的12.78%，增长了1.22个百分点，分省（自治区）看，四川省流入企业的承包耕地面积占比及增长率远高于平均水平，由2015年的14.80%快速增长到2016年的25.43%，增长了10.63个百分点（郜亮亮，2018）。广东省工商资本投资农业的金额由2005年的20.69亿元快速增长到2015年的345.04亿元（"广东工商资本投资农业问题研究"课题组，2017），增长了15.68倍。可见，近年来，随着土地流转的快速发展，"资本下乡"已经成为普遍现象，工商资本投资农业发展迅速，投资规模不断扩大。

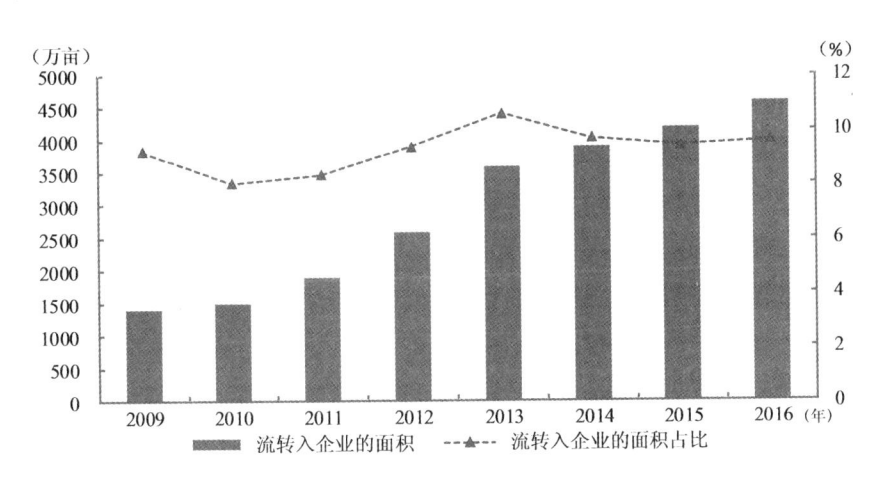

图7—2 流入企业的承包地面积及其占比变化趋势（2009—2016）

资料来源：农业部经管司《农村经营管理情况统计总报告》（2010—2016）。

从工商资本投资农业的组织方式看，主要有两种：一是以直接方式，从承包农户或者村集体经济组织手中租赁承包耕地，直接投资建设标准化基地，工商资本统一指挥和监督雇用农户组织农副产品的生产、加工。二是以间接方式，采取"龙头企业+农户""龙头企业+农民专业+农户""龙头企业+基地+农户""龙头企业+家庭农场""订单农业"等模式进入农业，开展规模化种养活动和农产品加工。在这两种组织方式下，工商资本投资农业的领域不断扩大，涵盖了农作物种业、规模化种养、农副产品加工、农业生产性服务业、农业休闲旅游观光与农事体验及科普教育、循环农业等行业领域。有些工商资本还投资发展农业全产业链经营、农村一二三产业融合和农业"新六产"等，将农业生产、加工、售后服务和农业多功能性开发等融为一体。

工商资本投资农业产前、产中、产后各个领域各个环节，在一定程度上解决了"钱从何处来"、农业规模经营的资金缺口等现实问题。更为重要的是，工商资本投资农业所带来的农业生产基础设施和市场设施的建设，直接增加了农业资本存量；加之工商资本对农业劳动力的替代性不断增强，极大地促进了农业资本深化。工商资本投资农业规模和领域的扩大，实现了资本与土地、人才、技术等要素的有机匹配和组合，促进了农业资本化运作水平的提高。

四 多形式农村土地资本化路径深入推进

（一）农地资本化定义

至今，什么是农村土地资本化（以下简称"农地资本化"），学术界仍未达到统一，存有很大分歧和多种争论。农地资本化，其实质是土地产权拥有者将农地资源转化为资本（温铁军，1998），将农地资源作为资本来经营并获取经济报酬的过程（胡亦琴，2006）；是将农地这种存量资产"盘活"，转化为活化资本的增值过程（曾福生、夏玉莲，2013）。进一步，农地资本化的实质是农地经营权的资本化（张海鹏、逄锦聚，2016），是指通过农地经营权的融通与流转将农地预期收益转化为现期收益的过程（赵翠萍、侯鹏等，2016），是农地特定产权通过市场交易实现土地资产增值的过程（全世文、胡历芳等，2018）和特殊产权制度安排（李怀，2015）。

2013年年底，中央提出了农村土地集体所有权、农户承包权、土地经营权"三权分置"的重大改革政策，并被确定为深化农村土地制度改革的基本方向。"三权分置"的创新要义，农户承包权与土地经营权的分离，核心要义在于放活土地经营权（肖卫东、梁春梅，2016），促进和实现农地资本化。沿用上述定义，结合各地实践和"三权分置"改革，我们认为，农地资本化是指在坚持农地集体所有制和稳定农户承包权的前提下，农地产权主体通过农地经营权的市场交易实现农地资产增值和农业生产效率提高的农地资本化经营行为及过程，是农业资本化运作的推进路径和重要内容。

（二）农地资本化推进路径

改革开放以来，尤其是全面深化改革以来，全国各地在实践中有围绕"放活土地经营权"，已经探索出了租赁、转让、股份合作、抵押、信托、证券化等多种形式农地资本化路径（胡亦琴，2006；岳意定、黎翠梅，2007；朱建华、冯叶，2016）。具体看，夏显力和王勒等（2013）比较分析了农村土地股份合作、农村土地经营权信托、农村"土地银行"、农村土地经营权证券化四种农地资本化推进路径。姜岩（2015）梳理比较了农村土地经营权信托、农村土地股份合作、农村土地经营权抵押三种农地资本化推进路径。进一步，根据赵翠萍和侯鹏等（2016）、韩立达和王艳西等（2017）的研究和各地实践，农地资本化具体可划分为四种类型、六种推进路径（见表7—3）。

表7—3　　　　　四种农地资本化类型、六种推进路径

类型	经营权属性	推进路径	典型实践
生息型农地资本化	租赁物	土地经营权出租	截至2016年年底，通过出租方式流转的土地面积1.68亿亩，占比35.07%
		土地经营权转包	截至2016年年底，通过转包方式流转的土地面积2.26亿亩，占比47.18%
		农村土地银行①	土地信用合作社（宁夏回族自治区平罗县），农业资源经营合作社（四川省彭州市），土地流转服务公司（陕西省杨凌示范区）等

---

① 农村土地银行是指政府发起设立的以土地"存储""取出""放贷"为核心业务的经营机构。其业务模式是农户把承包土地存入土地银行，领取存地费；然后，土地银行对存入土地进行统一规整，将土地经营权"放贷"给新型农业经营主体，收取贷地费。显然，农村土地银行实质是一种土地流转服务机构。

续表

类型	经营权属性	推进路径	典型实践
借贷型农地资本化	抵押品	土地经营权抵押、担保	2016年3月，国家部署232个县（市、区）土地经营权抵押贷款试点工作；截至2017年9月底，黑龙江省土地经营权抵押贷款余额达79.55亿元①
要素型农地资本化	产业要素	农地经营权入股型农业产业化模式	2015年年初，农业部部署7个县（市、区）土地经营权入股发展农业产业化经营试点工作；截至2017年6月底，已形成"农民+土地股份合作社""农民+公司""农民+土地股份合作社+公司""土地股份合作社+公司"等模式②；截至2016年年底，全国共有10.3万家土地股份合作社，入股土地面积2915.5万亩（张红宇，2017）
金融型农地资本化	金融产品	农地经营权信托③	中信信托（安徽省宿州市，2013年）；北京信托（江苏省无锡市，2013年）；兴业信托（河南省新乡市，2014年）；中建投信托（江苏省镇江市，2014年）

资料来源：根据相关研究文献统计数据以及各地实践案例整理。

五　农业利用外资规模不断扩大

20世纪90年代中期以前，中国农业利用外资主要间接投资，包括联合国粮农组织、世界粮食计划署、联合国开发及计划署等提供的小型无偿援助项目与世界银行、亚洲开发银行、国际农业发展基金等提供的贷款（郝利、类淑霞等，2006）。20世纪90年代中期及以后，中国农业利用外资以外商直接投资为主。从1997—2016年整体上看，中国农业实际

---

① 林远：《农地经营权抵押试点或将延期》，《经济参考报》2018年5月8日第1版。
② 农业部农业产业化办公室：《"土地经营权入股发展农业产业化经营"开启改革新征程》，《农民日报》2017年8月1日第8版。
③ 以安徽省宿州市为例，农村土地经营权信托的业务模式是，农户将土地经营权（即信托财产）通过宿州市埇桥区政府委托给中信信托有限责任公司（土地经营权管理者，不直接经营土地）。然后，中信信托有限责任公司再将土地经营权流转给安徽帝元现代农业公司进行经营；同时，两者达成融资协议，中信信托有限责任公司将土地经营权打造成金融理财产品，在证券市场上发行有价证券融取资金。

利用外商直接投资额、外商投资企业投资总额呈现增长趋势，外资利用规模不断扩大，分别由 1997 年的 6.28 亿美元、125 亿美元增长到 2016 年的 18.98 亿美元、814 亿美元，年均增长 10.11%、27.56%，累计实际利用外商直接投资额 242.78 亿美元、外商投资企业投资总额 5192 亿美元。利用外商直接投资的项目数呈现先增后减的变化趋势，2016 年项目数下降到最低，仅为 558 个；利用外商直接投资的年底注册企业数呈现"减少→增长→基本保持平稳"的变化趋势。这两个方面的变化趋势反映，中国农业外商直接投资的引进和利用日趋理性，由注重数量转向注重质量。在外商投资企业注册资本中，外方注册金额及其所占比重均呈现快速递增趋势，分别由 1997 年的 52 亿美元、59.09% 增长到 2016 年的 452 亿美元、86.10%（见表 7—4）。需要说明的是，虽然中国农业利用外商直接投资规模不断扩大，但在利用外商直接投资总额中的所占比重不高，2016 年农业实际利用外商直接投资额仅占 1.51%，总体规模偏小。

表 7—4　　　　中国农业利用外商直接投资情况（1997—2016）

年份	签订外商直接投资项目数（个）	实际利用外商直接投资额（亿美元）	外商投资企业数（户）	外商投资企业投资总额（亿美元）	外商投资企业注册资本（亿美元）	外方注册资本 金额（亿美元）	外方注册资本 占比（%）
1997	814	6.28	7289	125	88	52	59.09
1998	876	6.24	5538	92	65	46	70.77
1999	762	7.10	5259	91	63	47	74.60
2000	821	6.76	5066	92	63	47	74.60
2001	887	8.99	4752	91	62	48	77.42
2002	975	10.28	4640	104	69	52	75.36
2003	1116	10.01	4957	119	78	62	79.49
2004	1130	11.14	5310	135	99	81	81.82
2005	1058	7.18	5752	235	116	95	81.90
2006	951	5.99	5821	257	127	106	83.46
2007	1048	9.24	6005	232	148	118	79.73
2008	917	11.91	7399	251	163	136	83.44

续表

年份	签订外商直接投资项目数（个）	实际利用外商直接投资额（亿美元）	外商投资企业数（户）	外商投资企业投资总额（亿美元）	外商投资企业注册资本（亿美元）	外方注册资本 金额（亿美元）	外方注册资本 占比（%）
2009	896	14.29	7157	279	179	153	85.47
2010	929	19.12	7103	325	207	179	86.47
2011	865	20.09	6993	375	233	202	86.70
2012	882	20.62	—	—	—	—	—
2013	757	18.00	6661	444	279	245	87.81
2014	719	15.22	6784	522	314	270	85.99
2015	609	15.34	6937	609	363	300	82.64
2016	558	18.98	6866	814	525	452	86.10

注：本表中的农业概指农业、林业、牧业和渔业。

资料来源：《中国统计年鉴》（1998—2017）。

第三节 农业资本化运作存在的主要问题

一 农业固定资产投资占比低、结构不合理等问题突出

（一）投资占比低、投资总量不足

自2003年以来，农业固定资产投资占全国固定资产投资的比重呈现整体的上升趋势，由2003年的2.97%上升到2017年的4.17%，15年间仅上升了1.2个百分点。2013—2017年，在三大产业中，第一产业非农户固定资产投资虽然小幅上升，由2.1%上升到3.3%（见图7—3），但年均占比仅为2.76%，仅为第二产业占比（40.06%）的6.90%、第三产业占比（57.18%）的4.83%。这表明，尽管长期以来农业固定资产投资总量不断增长，但其投资比例远低于第二产业和第三产业，且投资增幅低于第三产业。相对于农业发展的基础性地位及其转型升级对资本投入的需求，农业固定资产投资占比长期处于一个较低的水平，投资总量仍显不足。这在一定程度上限制了农业经济的快速、健康和可持续发展，甚至成为一些地区农业转型升级和可持续发展的重要瓶颈。

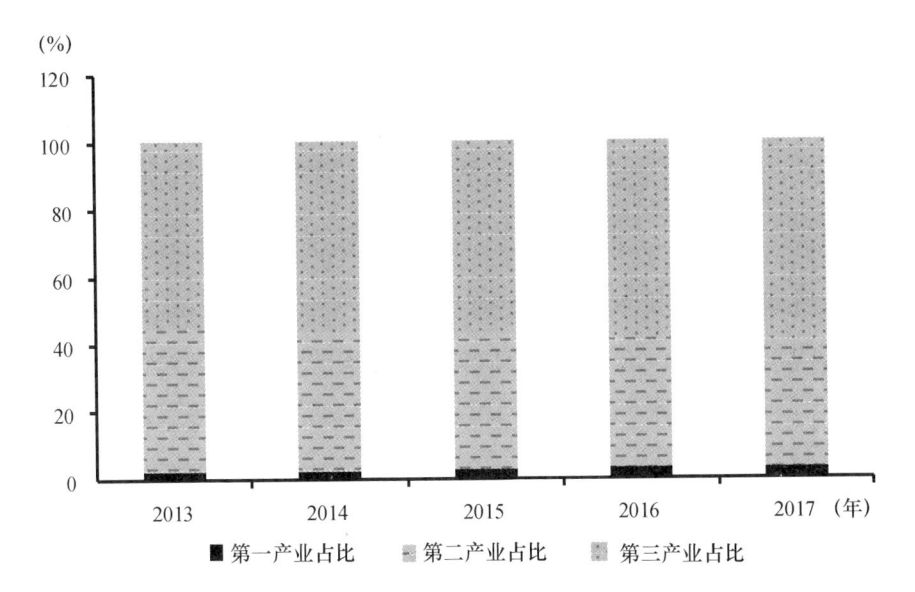

图7—3 三次产业中非农户投资占非农户固定资产投资占比（2013—2017）

资料来源：《中华人民共和国2017年国民经济和社会发展统计公报》。

（二）投资结构不合理

在农业内部，投资结构不均衡、部分失衡有所加剧问题明显。种植业投资占比最大，且呈现较为显著的上升趋势，由2003年的26.21%上升到2017年的48.03%，年均上升1.45个百分点，年均投资占比达31.26%。畜牧业投资占比位列第二，整体上呈现小幅上升趋势，由2003年的17.97%上升到2017年的22.86%，年均上升0.33个百分点，年均投资占比24.32%。服务业投资占比位列第三，但呈现明显的下降趋势，由2003年的23.95%下降到2017年的15.20%，年均下降0.58个百分点，年均投资占比23.25%；2007年，服务业投资占比曾高达30.88%。林业投资占比显著下降，由2003年的28.08%持续下降到2017年的9.02%，年均下降1.27个百分点，年均投资占比16.30%。渔业投资占比最小，虽然呈现上升趋势，由2003年的3.80%上升到2017年的4.89%，但上升幅度较小，且年均投资占比仅为4.88%（见表7—5）。

表7—5　分行业非农户固定资产投资占比变化趋势（2003—2017）　　单位:%

年份	种植业占比	林业占比	畜牧业占比	渔业占比	服务业占比
2003	26.21	28.08	17.97	3.80	23.95
2004	26.44	22.56	20.97	4.78	25.26
2005	25.87	21.37	20.80	5.44	26.51
2006	23.96	22.00	20.37	4.23	29.44
2007	22.41	20.38	21.63	4.69	30.88
2008	20.30	17.44	29.53	4.55	28.18
2009	22.14	17.41	28.79	3.87	27.79
2010	24.43	18.91	26.90	5.17	24.59
2011	34.23	13.05	25.67	5.44	21.60
2012	36.45	11.52	25.61	5.90	20.52
2013	35.33	11.90	26.89	5.78	20.10
2014	36.97	10.93	27.82	5.26	19.01
2015	41.18	10.32	25.47	4.67	18.36
2016	44.93	9.55	23.47	4.76	17.28
2017	48.03	9.02	22.86	4.89	15.20

资料来源：《中国统计年鉴》（2004—2017）、《中国统计摘要》（2018）。

（三）长期倚重外延型投资增长，内涵型投资增长乏力

从建设项目性质[①]看，非农户主要采取、倚重新建的外延型投资方式，改建和技术改造的内涵型投资增长乏力。2003—2016年，新建农业固定资产投资占比由59.03%上升到2016年的79.31%，年均上升1.35个百分点，年均投资占比65.37%；2016年新建投资占比达80%。而反映农业投资高级化水平的改建投资占比却呈现下降趋势，由11.29%下降到6.02%，年均投资占比仅为10.89%。2016年，改建投资占比仅为新建投资占比的7.59%（见图7—4）。

---

① 按建设项目性质分，非农户固定资产投资可分为新建、扩建、改建和技术改造、其他方式四类。其中，其他方式包括单纯建造生活设施、迁建、恢复、单纯购置。

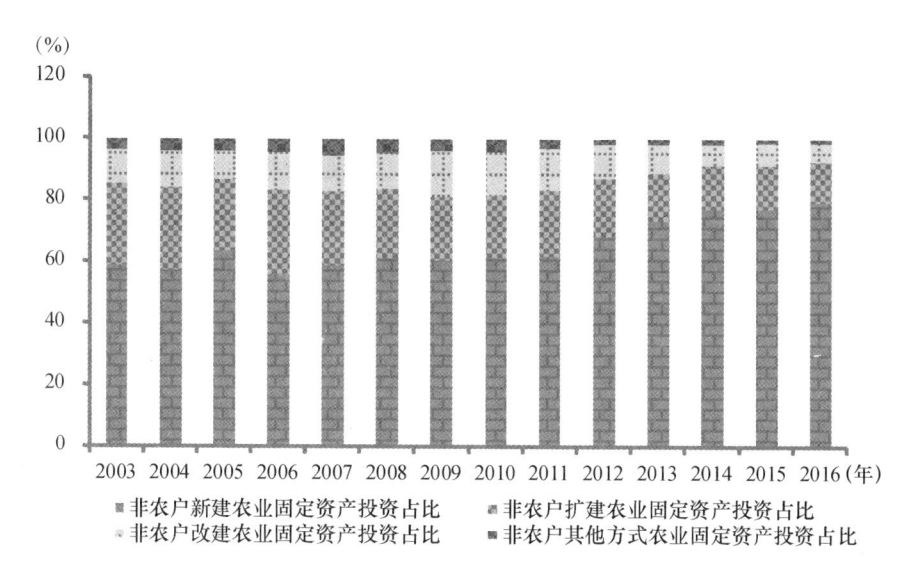

图 7—4 不同建设项目性质非农户固定资产投资占比（2003—2016）

资料来源：《中国统计年鉴》（2004—2017）。

二 农业机械化发展不平衡，发展结构亟待优化

（一）不同农作物发展不平衡

表 7—6 显示，2016 年，在 9 种农作物中，小麦的机械化水平最高，机耕水平达 100%，比主要农作物水平高 18.60 个百分点；综合水平、机收水平接近 100%，分别比主要农作物水平高 30.17 个百分点、38.67 个百分点；机播水平为 87.89%，比主要农作物水平高 35.89 个百分点。其次是玉米，综合水平为 85.29%，比主要农作物高 20.62 个百分点；机耕水平为 100%。除小麦、玉米外，综合水平高于主要农作物的有水稻（79.20%）、棉花（75.13%）和大豆（70.21%），其中，棉花的机耕水平达 100%。油菜、马铃薯、花生的农业机械化水平相对较低，其综合水平、机耕水平、机播水平、机收水平均低于主要农作物，是今后农业机械化发展的重要空间。其他作物的农业机械化水平最低，综合水平、机耕水平、机播水平、机收水平分别为 22.94%、31.62%、19.19% 和 15.09%，是今后农业机械化发展的主要空间和难点。

表7—6　　　　　　　　2016年分农作物机械化水平　　　　　单位:%

农作物	机耕水平	机播水平	机收水平	综合水平
主要农作物	81.40	52.00	55.04	64.67
小麦	100.00	87.89	93.74	94.84
水稻	99.31	44.45	87.11	79.20
玉米	100.00	83.85	66.68	85.29
大豆	71.64	71.75	66.76	70.21
油菜	74.15	25.20	34.74	47.64
马铃薯	59.84	25.98	24.70	39.14
花生	68.21	43.10	33.91	50.38
棉花	100.00	84.61	22.83	75.13
其他作物	31.62	19.19	15.09	22.94

资料来源:《全国农机化统计年报(2016)》。

(二) 区域发展不平衡

从区域来看,农业机械化水平的区域差异较大。表7—7显示,2016年,在七大区域[①]中,东北地区的农业机械化水平最高,综合水平、机耕水平、机播水平、机收水平分别比全国水平高出32.20个百分点、18.60个百分点、47.30个百分点、26.58个百分点,其中,东北地区的机耕水平达100%,机播水平接近100%(为99.30%)。新疆维吾尔自治区、华北平原和长江下游平原地区的农业机械化水平较高,机耕水平均接近90%,综合水平分布在73%—80%。在新疆维吾尔自治区和华北平原,机收水平相对较低,分别为46.43%、68.85%,但前者低于全国水平(低8.61个百分点),后者高于全国水平(高13.81个百分点);长江下游平原地区,机播水平相对较低,为59.01%,但仍高于全国水平(高

---

① 根据张宗毅和宋建武(2015)、张宗毅(2016)的研究,七大区域及其所包含的省(自治区、直辖市)分别为新疆维吾尔自治区、东北地区(黑龙江、吉林、辽宁、内蒙古自治区)、华北平原(北京、天津、河北、山东、河南)、长江下游平原地区(上海、江苏、安徽)、黄土高原及西北地区(陕西、山西、宁夏回族自治区、甘肃、青海、西藏自治区)、南方低缓丘陵区(浙江、湖北、湖南、江西、福建、广东、广西壮族自治区、海南)、西南丘陵山区(云南、贵州、四川、重庆)。

7.01个百分点)。黄土高原及西北地区、南方低缓丘陵区的农业机械化水平较低,综合水平分别比全国低7.83个百分点、15.78个百分点。相较而言,黄土高原及西北地区的农业机械化水平高于丘陵区。西南丘陵区的农业机械化水平最低,机耕水平、机播水平、机收水平分别只有50.17%、5.53%和14.21%,综合水平仅为25.99%。在丘陵区,南方低缓丘陵区的农业机械化水平明显高于西南丘陵山区。显然,地势条件较好的平原地区,农业机械化发展较快、水平较高;地势条件较差的丘陵山区,农业机械化发展较慢、水平较低。

表7—7　　　　　2016年分区域农业机械化水平　　　　单位:%

	机耕水平	机播水平	机收水平	综合水平
全国	81.40	52.00	55.04	64.67
新疆维吾尔自治区	85.97	83.01	46.43	73.22
东北地区	100.00	99.30	81.62	96.87
华北平原	89.70	75.14	68.85	79.08
长江下游平原地区	88.80	59.01	70.68	74.43
黄土高原及西北地区	72.32	52.44	40.61	56.84
南方低缓丘陵区	74.08	17.64	46.56	48.89
西南丘陵山区	50.17	5.53	14.21	25.99

资料来源:根据《全国农机化统计年报(2016)》计算整理。

(三) 装备结构不合理

虽然,近年来中国农业机械装备保有量呈现快速增长趋势,已成为世界第一大农机制造国,但大而不强,存在"无机可用""无好机用""有机难用"等结构性问题。美国制造的农机产品7000多种,且基本覆盖所有农业生产领域,而中国仅有3500多种,多数产品还是"便宜、能用、易坏"(李伟国,2017)。总体上看,中国农机新技术新装备有效供给不足,整体水平偏低,部分还存在饱和现象(张宗毅、宋建武,2015)。具体来看,主要表现为低端农机产品过剩,而高端农机产品明显不足;粮食作物机械过剩,养殖业机械明显不足;耕作类机械多,收获类机械明显不足；适合平原地区使用的机械过剩，适合丘陵山区使用的机械产品严重不足；高端农机产品和关键零部件进口多，国内生产少（李伟国，2017）。产中与产前产后各环节机械化配套协调程度低，农机农艺融合程度低；单项农机化技术比较多，技术集成配套和系统解决方案严重不足（李安宁，2017）。

三 工商资本投资农业面临多重现实困难

工商资本投资农业虽然近年来呈现出了强劲的发展势头，对农业发展尤其是农业规模经营产生了较强的推动作用，并取得了明显成效。但是，工商资本投资农业在总体上仍然处于成长阶段，面临多重现实困难。

(一) 部分工商资本投资农业具有一定的盲目性，面临多重风险

从目前投资农业的工商资本来看，身份广泛、复杂，包括从事电子商务行业、房地产和建筑行业、计算机制造和通信行业、交通运输和仓储行业、纺织行业、医药制造行业等的企业。这些行业中的大多数企业以前没有接触过农业，对农业没有太多了解甚至不了解，尤其是对农业的产业属性、农业投资的长期性和复杂性及风险性缺乏深入认识，导致部分工商资本投资农业盲目投资，动机不一。有的企业是想套取国家农业财政补贴，有的是想到农村"跑马圈地"、获得土地增值收益，有的是自认为做农业比其他产业容易，只有少部分是基于农业情怀。还有部分企业是跟风投资，看到别人投资农业获得了收益，自己也仓促盲目投资，对自身能力、投资项目及其风险等估计不足；还有些企业存在严重的投机心理，盲目投资一些生态农业、休闲农业等"高大上"的农业项目，个别企业甚至把下乡种地当成了一种时尚体验。这些盲目、跟风投资，导致部分企业的农业投资面临包括投资风险、土地流转风险、经营风险等风险。

(二) 工商资本投资农业的负面影响日益显现

近年来，工商资本投资农业的负面影响日益显现，一是工商资本流入的土地出现"非粮化""非农化"（涂圣伟，2013；朱俊峰、苗海民，2017），影响国家粮食安全。工商资本具有逐利本性，为片面追求经济利润，有的工商资本过于偏向种植高附加值的经济作物；有的工商资本以农业生产与开发为名开展非农建设、发展非农产业；甚至有的工商资本

以"乡村旅游开发""扶贫开发""农业休闲与乡村旅游观光""乡村振兴"为旗号大肆侵占基本农田，建设商品住宅，搞房地产开发。有关部门调查结果显示，有些地区工商资本租赁承包地种植粮食作物的占比只有6%（涂圣伟，2014）。二是对小农户产生挤出效应，农民利益受损，威胁农民生计与社会稳定（涂圣伟，2014；李家祥，2016；杨雪锋，2017）。尽管工商资本可以吸纳一部分农民为农业工人参加农业生产经营，但是不可能雇用所有转出土地的农民，特别是年龄过长、体弱多病、自身非农就业能力低的弱势农民，再加上有些地方土地流转的租金不高，势必会影响到那些维持可持续生计能力比较差的农民的生活状况。再者，许多地方实践中，一些农业项目一味追求利润、盲目而仓促上马，却因无法抵御风险造成"毁约弃耕""企业跑路"和涉农项目"烂尾"，导致农民利益受损。还有些工商资本不严格遵守相关法律法规，而是通过与当地村委干部等实权人物"勾肩搭背"获取土地，侵害农民正当合法权益。三是对农业生态环境产生损害（涂圣伟，2014；曹俊杰，2018）。有些工商资本到农村流转土地后"圈而不用"，导致承包耕地抛荒、闲置浪费。部分工商资本投资农业的主要目的是套取国家和地方政府农业补贴，而非真心发展农业，这会产生双重负面影响：一是损害国家支农强农惠农政策实施效果；二是承包耕地低效利用。甚至有些工商资本投资农业的出发点和落脚点是从农业农村中获取某种独特性要素和稀缺性资源，并对其进行短期性和掠夺性开发和经营，这会造成农业资源耗竭和环境损害的双重负面效应。

四 "三权分置"下农地资本化面临多重现实约束

（一）土地经营权制度亟待建立健全

"三权分置"下，土地经营权的权属界定和制度建设至关重要，这涉及土地经营权如何流转、如何抵押等农地资本化问题。当前，学术界关于土地经营权的权属界定存在很大争议，主要有两种观点（肖卫东、梁春梅，2016）：一种观点认为，土地经营权是土地流转情况下独立于农户承包权的一种债权。另一种观点认为，土地经营权是一种他物权，是经营权人对集体所有土地享有占有、使用、收益的权利，是典型的用益物权；进一步来说，是一种权利用益物权。除此之外，学术界在如何确定集体所有权、农户承包权和土地经营权的权利边界和权能结构以及如何平衡"三权"之间的权利关系方面至今未能形成统一结论。虽然中央政策和相关法律对土地经营权定义①进行了界定以及在全国232个土地经营权抵押贷款试点县（市、区）暂停执行《物权法》《担保法》中关于土地经营权不得抵押的相关法律条款，但是，中央政策和相关法律法规仍然未对土地经营权的权属进行明确界定，土地经营权抵押仍然没有得到法律的正式承认。政策、法律上的不足，导致土地经营权不明晰、不稳定问题突出。因此，中国土地经营权制度亟待建立健全，以期为农地资本化提供坚实的产权基础和制度保障。

（二）农地产权交易平台建设滞后

农地产权交易平台是重要的农地资本化基础设施。目前，各地大都建立了多种形式的农村产权流转交易市场和服务平台，但普遍存在平台建设滞后，供求服务、基准价格、评估机制、价格及收益增长机制、处置机制尚未真正建立，交易程序不规范等问题，增加了农村产权交易风险。而且，农地产权交易平台主要限于为农村产权供需双方提供转出、转入的市场信息发布，尚未分类建立包括农村产权市场供需双方信息的数据库，难以有效解决农村产权供需双方信息不对称的问题，即抵押物流转处置面临信息不对称的障碍。尤其是，当前土地经营权价值评估体系不健全，加之流转交易市场的价格发现作用未有效发挥，导致抵押物的流转处置价格难以在交易双方间达成共识，流转处置价格博弈在一定程度上阻碍抵押权的顺利实现。

（三）农村社会保障制度不健全

虽然，一方面，近年来中国农村养老保险等社会保体系不断健全，但土地依然是农民赖以生活的基础和农民社会保障的基本依靠，并且农村社会养老还存在保障额度小等问题。在一些地区，失地农民的后顾之

---

① 《关于完善农村土地所有权承包权经营权分置办法的意见》（中办发〔2016〕67号）指出，土地经营权是指土地经营权人对流转土地依法享有在一定期限内占有、耕作并取得相应收益的权利；《农村土地承包法修正案（草案）》（2017年11月发布）指出，土地经营权是指一定期限内占用承包地、自主组织生产耕作和处置产品，取得相应收益的权利。

忧还没有得到妥善解决。另一方面,近年来中国农业转移人口市民化进程加快推进,但进城农民在城市的就业存在较大不稳定性,尤其是大部分进城农民还不能同等享受城市社会服务和基本公共服务,承包地仍然是部分农民进城失败后的"就业防线"和"生活保障"。同时,目前,中国农村社会保障还存在制度碎片化、结构条块化、权责模糊化等突出问题(秦继伟,2018)。因此,农地资本化面临着农地社会保障功能的"窠臼"和农村社会保障制度不健全的约束。兼顾农地经济效用功能和社会保障功能的政策取向使农地资本化在推进过程中面临突出矛盾:如果重视、充分发挥农地的社会保障功能,对土地经营权流转、抵押等就需要在政策上作出严格限制;如果注重、充分发挥农地的经济效用功能,就需要在政策上进行有效激励,这会给农地资本化的实践操作造成很大困难。

五 外国资本全方位控制中国农业,农业产业安全形势严峻

2001 年 11 月,中国正式加入 WTO,农业领域逐步开放,以"AB-CD"四大国际粮商[①]为首的外国资本通过长期的政策扶持、科研投入和资本运作,已几乎全方位控制了中国农业领域的各个环节,致使农业产业安全形势严峻。外资进入给农业各个环节(包括种子、种植、收储、加工、销售、进出口等)、国内农业企业自主创新、民族农业品牌保护等带来不利影响和风险(杨光,2015)。

(一)外国资本大举布局、控制种业市场,威胁种业安全

目前,美国杜邦先锋、孟山都等全球 10 大跨国种业公司中,已有 8 家在中国设立分支机构,持证外资种业企业 49 家(刘定富,2016)。统计数据显示,目前,在中国的蔬菜种业市场上,国外蔬菜种子市场份额已占据中国蔬菜种业市场份额的 50% 以上,几乎涉及所有蔬菜品种;同时,国外种子还大举进入玉米、小麦、大豆、花卉等领域,占据这些农

---

① "ABCD"四大国际粮商是指美国的 ADM 公司(The Archer Daniels Midland Company)、邦吉公司(Bunge Limited)、嘉吉公司(Cargill Incorporated)和法国的路易·达孚公司(Louis Dreyfus Company)。

作物种业国内市场近 80% 的利润①。跨国种业公司杜邦先锋的玉米种子"先玉 335"已控制中国玉米种业 5% 的市场份额，并成为中国种植的第三大玉米品种，该品种在吉林、山西、黑龙江三省的种植面积占该品种全国种植面积的 73%（王娅、窦学诚，2015）。更重要的是，近年来，跨国种业企业紧锣密鼓地通过设立研发中心、合资企业和合作研究等方式在中国进行研发布局（陈健鹏，2013），通过知识产权部署和技术转移内部化对中国种业实施技术锁定策略（任静、刘丽军等，2012）。

（二）外国资本逐步渗透、控制粮油市场，威胁粮食安全

近年来，"ABCD"四大国际粮商等在中国粮油等重要农副食品生产、加工、收储和运输等领域的投资和并购大量增加，逐步渗透、控制中国粮食市场，威胁粮食安全，这在大豆产业中表现得尤为明显。2016 年，中国大豆进口 8391 万吨（均为转基因大豆），占国内大豆消费量的比重达 86.48%，即目前中国大豆自给率不足 15%；并且，从美国、巴西、阿根廷进口的大豆量占比高达 95.7%，来源国高度集中。尤其是，"ABCD"四大国际粮商掌控全球 70% 以上的大豆货源（徐宏源、刘武兵，2012），中国大豆进口贸易波动风险和长期供给安全潜在风险大。同时，2008 年统计数据显示，跨国粮商已参股、控股全国 97 家大型油脂企业中的 64 家，参股控股国内大型油脂企业占比达 65.98%，控制了全国大豆实际压榨能力的 85%（王跃，2017）；2010 年，外资企业实际大豆压榨量占比已达 37.24%，高于国有企业占比（30.34%）和民营企业占比（32.42%）（王绍光，2013）。

第四节 推进农业资本化运作的未来思路

一 大力推进农业固定资产投资增长

以农业供给侧结构性改革为主线，坚持农业农村优先发展，坚持问题导向，着力扩大有效投资，激发民间投资活力、拓展民间投资新空间，

---

① 王跃：《跨国公司谋求控制中国：洋种子正在中国大肆攻城略地》，http://www.cwzg.cn/politics/201709/38231.html。

进一步推广 PPP 模式,健全改建和技术改造长效机制,着力优化投资结构,促进农业固定资产投资稳步增长、提质增效。

(一)着力扩大两类投资,推动有效投资稳步增长

一是加强农业补短板投资。结合农业供给侧结构性改革,突出"无中生有""有中出新"等领域项目谋划,加快推进农业基础设施、农业生态环境保护等薄弱环节固定资产投资重大项目库建设,加大补短板投资力度,培育农业发展新动能。把粮食生产功能区和重要农产品生产保护区"两区"作为农业固定资产投资安排的重点领域。

二是进一步激发民间投资。2018 年 1—2 月,农业领域民间投资额达 919.30 亿元,占农业固定资产投资总额的 81.20%[①]。因此,民间资本是农业固定资产投资的重要来源,要加快推动落实促进民间资本投资农业固定资产的系列政策措施,放开领域,主动作为,变民间投资"准进来"为"请进来",探索开辟农业领域中民间投资新空间。

(二)积极推广 PPP 模式,大力推进政府和社会资本合作

一是各地结合实际和工作重点,分阶段、分类型、分步骤推进农业固定资产投资领域 PPP 工作。依托全国 PPP 综合信息平台推进农业固定资产投资 PPP 项目库建设,重点鼓励、引导各类市场主体通过公开竞争性方式参与农业绿色发展、高标准农田建设、现代农业产业园、田园综合体、农产品物流与交易平台、"互联网+"现代农业等领域中的农业固定资产投资 PPP 项目合作,破除社会资本进入农业固定资产投资领域的隐性壁垒,营造规范有序的市场投资环境。

二是加强对农业固定资产投资 PPP 项目的规范管理。强化 PPP 项目物有所值评价和财政承受能力论证,充分识别、合理分配 PPP 项目风险,建立 PPP 项目财政支出责任统计和超限预警体系、绩效考核监管体系和监督问责机制。严禁各类借 PPP 项目变相举债、项目公司债务向政府转移的行为。构建 PPP 项口合理回报机制,保障社会资本获得稳定合理收益。建立健全 PPP 项目中长期财政预算制度。

三是加大对农业固定资产投资领域推运用 PPP 模式的政策扶持力度。

---

① 高云才:《第一产业固定资产投资成亮点》,《人民日报》2018 年 4 月 24 日第 10 版。

优化财政资金投入方式，充分发挥国家 PPP 基金和各地政府 PPP 基金的引导作用，撬动金融机构、保险资金，加大对农业固定资产投资 PPP 项目的融资支持力度。鼓励各地设立农业固定资产投资 PPP 项目担保基金，开发相应保险产品，为 PPP 项目融资提供增信支持。

（三）鼓励、支持改建和技术改造投资

大力推进农业规模经营、清洁与绿色生产、农产品精深加工、高端农机装备制造、现代农业生产性服务等领域的固定资产改建和技术改造投资，建立完善农业固定资产改建和技术改造重点项目库，着力培育高端农业，改造提升传统农业，增强农业发展后劲。通过设备购置和基地建设补助、中长期贷款贴息等政策，加大政府奖励补助资金投入，引导、支持涉农企业围绕关键领域、薄弱环节、基础共性问题加大技术改造投资力度，促进农业发展新旧动能转换。推进落实涉农企业研发费用加计扣除、固定资产加速折旧等财税优惠政策。综合运用股权投资、产业基金设立等方式，引导金融资本、社会资本参与涉农企业技术改造。

二 把准农业机械化发展的重要方向和政策重点

以转变农业机械发展方式和推进农机供给侧结构性改革为主线，把准农业机械化发展的重要方向和政策重点，着力主动短板领域、环节和薄弱区域，持续推进农业机械化全程全面、高质高效发展。

（一）把准农业机械化发展的重要方向

一是全力推进农业生产全程、全面机械化。以《中国制造 2015》强国战略为契机，重点研发、制造粮、棉、油、糖等大宗粮食和战略性经济作物育、耕、种、管、收、运、贮等主要生产过程使用的先进农机装备。注重发展大型拖拉机及其复式作业机具、大型高效联合收割机等高端农业装备及关键核心零部件。大力加快推进林果业、渔业、畜禽养殖业和设施农业全程化机械装备的研发和制造，以及作业技术的研发和推广应用。

二是努力推进农业机械绿色化发展。紧紧围绕"一控两减三基本"目标，加快节水灌溉、精准施肥施药、深松深耕、秸秆还田离田等资源节约型、环境友好型农机装备的研发和制造，集成推广一批绿色生态农机化技术,促进农业机械装备和作业的绿色化发展。

三是着力推进"互联网+现代农机"。适应农业生产精准化、智能化的发展趋势,以现代信息化技术和"互联网+"为先导,持续加大对智能化、自动化农机装备和技术的研发力度,积极推进数字化、智能化技术与农业机械装备的深度融合,不断增强装备技术适应性能、拓展精准作业功能,创制具有信息获取、智能决策和精准作业能力,为不同主体、不同作物、不同规模、不同经营模式提供农业生产机械化整体解决方案。

(二)把准促进农业机械化发展的政策重点

一是创新农机购置补贴政策。聚焦主要农作物生产全程机械化发展和畜牧水产养殖机械的薄弱环节和市场需求,加大对水稻播种机械、棉花收获机械、马铃薯种植和收获机械、油菜和花生播种和收获机械、鱼骨式挤奶机械、TMR全混合日粮搅拌车、叶轮增氧机等的购置补贴力度,不断增强农业经营主体的农机购买能力,全面提高主要农作物尤其是棉花、油料和花生等经济作物生产以及畜牧水产养殖的全程机械化水平。瞄准农业绿色发展需求,对资源节约型、环境友好型农业机械的购置实行敞开补贴。适应农业机械自动化、信息化、精密化的发展趋势,加大对新型农业经营主体购置数字化、智能化农业机械的财政补贴力度,促进"互联网+"、物联网、云计算、大数据、遥感、人工智能等现代信息技术和地理信息系统(GIS)、卫星导航等软件在农业机械上的应用。进一步扩大农业机械新产品的购置补贴试点,加大对农产品产地贮藏、烘干、清选、净化、初加工和精深加工、分等分级、包装等农业机械和设施农业设备的购置补贴力度。

二是强化配套支持政策。总结农机深松耕地补贴试点主要做法和成功经验,在全国范围内探索实行农机作业补贴政策,扩大作业补贴范围,将作业补贴拓展到机械化秸秆还田、水稻机插秧、一体化微灌施肥等薄弱环节(路玉彬、孔祥智,2018),进一步加大对"用机"的政策支持力度。加大对机耕道、农田交通设施和农机库棚建设的支持力度,加强农机化基础设施建设,不断改善农机作业通行和停放条件。建立健全农机购置贷款贴息、保费贴息等政策,加大对购机主体的金融支持。

三 鼓励、引导工商资本扎根农业、安农富农

（一）客观、公正看待工商资本投资农业

一直以来，社会各界对工商资本投资农业有不同看法。在学术界，很多学者担心工商资本投资农业所带来的负面影响，对农业农村经济发展和社会稳定会造成很大损害。甚至有些研究认为工商资本投资农业并非遵循经济逻辑，而是遵循政治逻辑和治理逻辑，依靠资本下乡实现农业现代化的前景并不明朗[①]（王海娟，2015）。资本下乡并没有使"三农"发展步入良性运行轨道，而且，"三农"问题在遭遇资本下乡后愈加复杂（赵祥云、赵晓峰，2016）。在地方政府，则出现了两种截然不同的倾向：一种是为了政绩而竭力发展农业规模经营和推进农业现代化，对其积极鼓励、大力支持；另一种是担心"毁约弃耕""企业跑路""烂尾工程"，对其持有顾虑和担忧。诚然，上述不同看法有一定的依据和合理性。但是，硬币有正反面，工商资本投资农业亦如此，有利有弊，社会各界应客观公正看待工商资本投资农业。实践证明，发展多形式农业规模经营和现代农业，需要工商资本的积极参与。工商资本投资农业，具有必然性和合理性。对工商资本投资农业要有信心和耐心，不要用"有色眼镜"看待。学术界要加强对工商资本投资农业的理论分析、实证考察和政策研究。各级政府要提供足够的政策支持，优化配套服务工作。小农户、专业大户、家庭农场、农民专业合作社等要对接工商资本，积极推进融合发展。

（二）严防工商资本投资农业带来的负面影响

一是健全工商资本准入制度。严格审查工商资本投资农业所要求具备的资格条件，审核工商资本投资农业项目的生产经营能力、履约能力和风险承担能力，建立健全识别机制，引进真正具有农业情怀、愿意深耕当地、扎根农业、安农富农的工商资本，把好"准入关"。对工商资本租赁农户承包耕地，各地要进一步明确、严格执行上限控制，健全分级

[①] 王海娟（2015）认为，资本下乡并没有推动农业发展，其非生产性再分配活动反而进一步阻碍了农业现代化。

备案制度，架设"防火墙"。

二是完善动态监管制度，加强事中事后监管。全程对工商资本流入土地用途、资本注入情况、农地利用情况、相关合同履约情况等开展重点监督检查，及时制止可能出现的不良行为，查处、纠正浪费农地资源、改变农地用途等违法违规行为。建立健全工商资本退出制度，对工商资本率性退出设置应有"闸门"。建立健全租金预付、土地流转风险补助金等风险保障金制度，防止小农户权益受损。

三是加快研究制定鼓励、引导工商资本投资农业农村、参与乡村振兴的指导意见和具体政策措施。严禁工商资本通过政府、基层组织、村委干部，以下指标、定任务等方式强制性要求农户流转土地经营权。指导工商资本与农户签订规范、符合法律法规要求的土地经营权流转合同。落实、完善工商资本投资农业的融资贷款、配套设施建设补助、税费减免、用地等扶持政策，明确政策边界。

(三) 引导工商资本选择适宜领域、积极作为

一是引导工商资本加强对农业的认识和研究。工商资本要组织力量常态化开展关于农业理论、农业政策与规划、典型案例等的研究，以增强重视、加深认识、把握实际、防患于未然，避免投资盲目性和趋同性。

二是引导工商资本选择适宜领域。引导工商资本根据自身优势、农业行业特性、区域资源禀赋、政府农业政策等慎重考虑和选择经营行业、领域和环节。不鼓励工商资本长时间、大面积租赁承包地开展种植生产（马九杰，2013；杜志雄、王新志，2013）。鼓励、引导工商资本进入小农户、专业大户、家庭农场等干不了或者干不好的农业生产环节和农业产业发展的薄弱环节（张晓山，2015），其适宜选择的领域包括适合企业化经营和规模化经营的种养业，资金和技术门槛较高的农产品精深加工业、智慧农业、信息农业、电商农业等，农业多功能性开发产业，农业生产性服务业，农业基础设施建设和大宗农产品市场储备等。

三是鼓励工商资本积极作为。鼓励工商资本发挥专长，与农民建立稳定合作关系、稳妥利益共享机制、结成紧密利益共同体，促进"为农增利"，规避"与农争利"。鼓励工商资本因地制宜开发利用农村"四荒地"，创新新型农业组织方式和经营模式。鼓励工商资本积极牵头领办和

参与创办农民专业合作社，发展品牌农业，带动农村一二三产业融合发展。

四　完善制度建设，稳妥推进农地资本化

（一）建立健全土地经营权制度

清晰而稳定的土地经营权是农地资本化的前提。因此，创新、促进农地资本化，必须建立健全农村土地经营权制度。一是明晰土地经营权的物权属性和权能边界。土地经营权是从土地承包经营权中分离出来的能够进行市场交易、具有使用价值和交换价值的一种产权形态，是一种权利用益物权，其权利行使体现在农村土地的自主经营权、经营成果自主处置权、经营收益权、地上附着物和青苗补偿权、经营权抵押权等方面，核心是维护土地经营权人的经营收益权能，以优化农村土地配置效率，充分利用农村土地的使用价值和交换价值，实现"农地农业用，农地耕者用"。二是完善土地经营权或使用权证及交易鉴证制度。提倡通过流转合同鉴证、交易鉴证等多种方式对土地经营权予以确认，探索推行由县级政府对合法取得的土地经营权进行确权颁证的土地经营权证制度，促进土地经营权权能更好实现。三是规范土地经营权流转合同，明晰土地经营权抵押属性、促进形成合格抵押品。鼓励流转双方约定较长时期的土地经营权流转期限，鼓励流入方一次性买断一个较长时期的土地经营权，确保土地经营权流转法律关系稳定。

（二）加强农地产权交易平台建设

以农业部门为主导，以省（自治区、直辖市）为单位，着力构建以乡（镇）和村级基础农地产权交易服务平台为依托、以县市级交易平台为基础、以省级区域性交易和服务平台为龙头的"省—市—县—乡—村"统一联网的农地产权交易组织体系和市场体系。适时建立高层次、多功能、广覆盖的全国联网、统一运营的国家农地产权交易所。各级农地产权交易中心要尽快完善交易模式、交易规则和管理制度，重点明确开展农地产权交易的政策咨询、信息发布、合同签订、价值发现、资产评估、资源配置、抵押融资等服务。加快推进申请、竞价报名、网上挂牌、在线竞拍、中标公示等全流程在线交易，探索农地产权交易信息服务模式

及信息公开模式。

（三）完善农村社会保障制度

一是整合城乡社会保障制度，推动社会保障制度的一体化发展、创新。着力改变农村社会保障制度"碎片化"的发展格局，稳步推进制度整合，重点任务是整合城乡居民基本养老保险制度、基本医疗保险制度，实现城乡居民在制度上的公平和公共资源上的共享。建立土地经营权流转农户救助制度，划拨专项救济资金，为土地经营权流转的农民提供短期困难救助。二是逐步提高全体农民社会保障覆盖面和水平。建立农村社会保障资金动态增长机制。稳步提升农村居民最低生活保障、五保户和农民养老的待遇标准。对低保户、五保户等土地收益依赖性强的家庭，加大财政补贴力度，消除土地流转后顾之忧。三是加快推进农业转移人口市民化进程，逐步把符合条件的农业转移人口真正转为城镇居民，给予城市居民同等待遇。坚决维护进城落户农民合法土地权益。建立进城落户农民土地承包经营权自愿有偿退出机制。

五 坚持高水平"引进来"，促进农业转型升级和创新驱动发展

"引进来""走出去"是中国开放战略的"一体两翼"。党的十九大报告指出，要"坚持引进来和走出去并重"。因此，农业利用外资必须坚持高水平"引进来"。高水平"引进来"绝不仅仅是简单地引进资金、农机装备，而且要跟踪新一轮全球农业科技革命和产业变革，更加注重引进高端资本（包括人力资本、技术资本和知识资本等），促进创新创业型人才、先进农业技术、前沿农业知识向中国集聚、集中、集结。一是坚持引资与引技、引智并举，为国内农业转型升级和可持续发展提供必需的资金、技术及先进装备、管理理念及先进方法、商业模式和制度安排等，并最大限度地促使它们融入国内农业产业体系，加快培育发展新动能，改造传统产业体系，推动农业转型升级。在全球范围内招揽创新创业型人才，并不断增强他们扎根中国农业农村的意愿，融入乡村振兴热潮。

二是鼓励外商投资企业在华设立研发机构、开放式创新平台、申报设立博士后科研工作站；支持外资研发机构参与国内研发公共服务平台建设，通过引进消化、吸收、再创新推动原始创新和集成创新。根据对等原则，允许外商投资企业参与承担国家自然科学基金项目、国家科技重大专项、国家重点研发计划项目等国家科技计划项目。

三是创造公平、透明、更具吸引力的投资环境。投资环境就像空气，空气清新才能吸引更多外资[①]。因此，当前亟须改变政府制定优惠政策吸引外资的传统做法，逐步转向为外资创造更公平、透明和具有吸引力的投资和营商环境，即加强同全球农业贸易规则和投资规则的接轨，提高透明度，强化产权保护，推动内外资企业公平有序竞争，反对垄断。

四是完善、优化农业领域中的外商投资市场准入制度，扩大外商投资准入范围，在农业领域探索实施外商投资准入前"国民待遇+负面清单"管理制度和模式，加强对外资并购的审核、审批与监管，减轻外资进入对农业产业的冲击。加强对国际农产品市场的监测、研判和预警工作。建立基于农业产业安全尤其是重要领域农产品贸易、外资实际控制情况的信息统计与损害监测预警制度（崔卫杰，2015），探索建立损害补偿机制。

---

① 习近平：《开放共创繁荣 创新引领未来》，《人民日报》2018年4月11日第3版。

第八章

农产品加工业发展现状、主要问题与未来政策重点

农产品加工业是现代农业发展的重要标志，是国民经济体系中的重要支柱产业，是满足人民群众日益增长的对美好生活需要的重要民生产业。从产业属性视角看，农产品加工业属于工业范畴；从产业链视角看，农产品加工业是对优势、特色农产品原料进行工业化、增值化生产活动的统称，属于农业领域中的下游产业，具有高产业关联度、广涉及面、强就业吸纳能力、高附加值等特点。根据《国民经济行业分类与代码》（GB/T4754-2017），中国农产品加工业涵盖了12个行业，分别为农副食品加工业，食品制造业，酒、饮料和精制茶制造业，烟草制品业，纺织业，纺织服装、服饰业，皮革、毛皮、羽毛及其制品和制鞋业，木材加工和木、竹、藤、棕、草制品业，家具制造业，造纸和纸制品业，印刷和记录媒介复制业，橡胶和塑料制品业。

一直以来，中央和各地政府高度重视农产品加工业的发展，尤其是近年来，随着国家支农强农惠农支持政策力度的不断加大和支持政策体系的不断完善，农产品加工业快速发展。但是，也暴露出了加工企业规模小、精深加工水平低等突出问题，这迫切需要进一步加大资金投入力度，完善、优化、创新支持政策。

第一节 农产品加工业发展现状

一、产业规模持续扩大

从企业数量看，农产品加工企业由2001年的6.18万家增加至2014年的12.94万家，年均增长7.81%（何安华、秦光远，2016）。其中，规

模以上农产品加工企业由 2001 年的 5.65 万家增加至 2017 年的 8.1 万家，年均增长 8.96%（见图 8—1）。年销售收入 10 亿元以上的农产品加工企业 2726 家，100 亿元以上的企业 94 家，农产品加工企业向市场消费者提供了 2/3 以上的"菜篮子"产品①。从从业人员数量看，农产品加工业从业人员数由 2001 年的 1513 万人增至 2017 年的 1785 万人，增长 18.0%，年均增长 1.12%。农产品加工业吸纳了 2500 万农民就业，每亿元加工营业收入直接带动 78 人就业，间接带动 1 亿多小农户的生产，从而促进农民收入增长②。农产品加工企业从业人员数量在工业企业从业人员总数中的所占比重呈现出"先升后降"的趋势，该比重由 2001 年的 28.14% 上升至 2005 年的 32.38%，年均上升 0.85 个百分点；随后持续下降，到 2016 年，该比重降至 25.76%。显然，从整体视角看，农产品加工企业数量的增长速度略低于工业企业，但是，农产品加工业从业人员数量的增

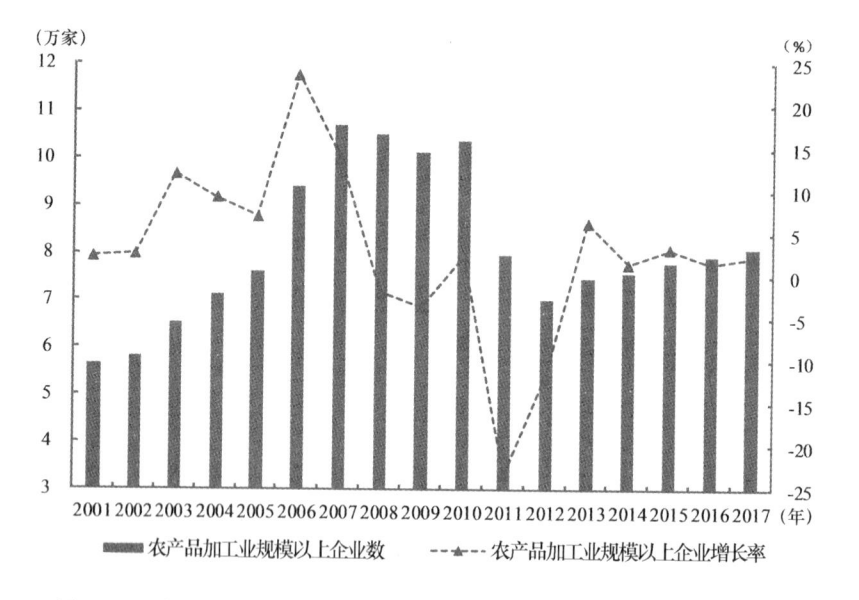

图 8—1 农产品加工业规模以上企业数及其增长变化趋势（2001—2017）

资料来源：笔者自制。

---

① 孟德才：《创新引领大发展 科技彰显新作为——全国农产品加工科技创新成果综述》，《农民日报》2017 年 11 月 21 日第 8 版。
② 同上。

长速度略高于工业企业。这在一定程度上说明,近年来,在边际就业吸纳能力方面,农产品加工企业稍高于工业企业。因此,农产品加工业充分发挥着促进就业扩张、缓解就业压力重要渠道的作用。

从经营状况看,农产品加工企业经营状况还处于良好状态,质量效益快速增长,不断改善。2017年,从全口径(含规模以下企业)看,农产品加工业实现主营业务收入22万多亿元,较2001年增长了862.8%,年平均增速16.84%,而同期工业主营业务收入和国内生产总值的年平均增速为15.5%和8.83%(见图8—2)。相较于2016年,规模以上农产品加工企业2017年实现利润总额1.3万亿元,同比增长率达7.4%;规模以上农产品加工企业2017年实现的主营业务收入利润率达6.7%,单位(每百元)主营业务收入成本率仅为83元,比全国工业平均水平(84.90元)低1.90元;规模以上农产品加工企业平均产值2.4亿元、人均主营业务收入127.90万元,分别比2016年增长0.2亿元、13.6万元;规模以上农产品加工企业产的亏损深度呈现明显下降趋势,由2016年的

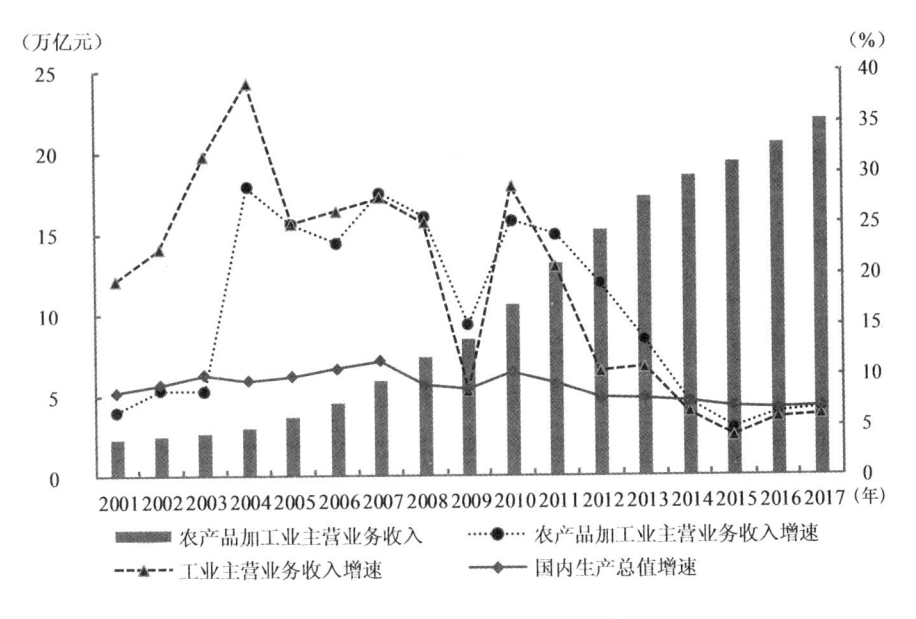

图8—2 农产品加工业主营业务收入变化趋势(2001—2017)

资料来源:笔者自制。

4.6%下降到2017年的4.1%,下降了0.5个百分点①。

二 创新能力显著增强

近年来,按照基础研究、应用研究、集成示范、转化推广"四位一体"的创新链整体布局,中国各级政府管理部门围绕农产品加工业发展遇到的科技问题和重大科技需求,持续加大农产品加工科技经费投入,健全研发体系建设,在农业科学研究、科研成果转化、农业技术推广与应用、人才培养与技能培训等方面取得了显著成效,基本形成了大联合、大开放、大协作的农产品加工创新格局。2017年,农业部启动国家农产品加工研发体系建设工作,到目前为止,已建设1个国家农产品加工研发中心、203个专业分中心、8个专业委员会,聚集了一批研发实力强、影响力大的高等院校、科研机构和农业产业化龙头企业,基本建立了涵盖大部分农产品和加工机械、装备等领域的技术研发体系。截至2017年11月,国家农产品加工研发体系承担的省部级、国家级科技研发和攻关项目近1500项,获得的省部级以上科技成果奖近350项,获得的有效授权专利近2100项,制定的农产品加工国家标准、行业标准和地方标准300多项②。21项公益性行业科研专项项目获得经费资助和研发人员保障,极大地推动了农产品加工技术、工艺和方法的创新、集成、示范与应用③。"十二五"期间,国家农产品加工研发体系积极开展行业关键、基础前沿、共性应用技术需求征集和成熟技术筛选工作,编制了《农产品加工行业重大关键共性技术推广手册》,并积极采用典型企业示范、媒体宣传、产学研合作、技术技能服务等方式推广重大关键共性技术,示范和引领效果良好。截至2017年11月底,国家农产品加工研发体系已累

---

① 农业农村部农产品加工局:《2017年全国农产品加工业发展持续稳中向好》,http://cs.hbagri.gov.cn/jgcs/tnycyhc/ywgz/200025936.htm。

② 孟德才:《创新引领大发展 科技彰显新作为——全国农产品加工科技创新成果综述》,《农民日报》2017年11月21日第8版。

③ 马洪涛:《在2016年全国农产品加工科技创新推广活动暨国家农产品加工技术研发体系工作会议上的讲话》,http://jiuban.moa.gov.cn/sjzz/qiyeju/dongtai/201612/t20161214_5406256.htm。

计面向农产品加工行业广泛、有效推广农产品加工技术1400余项，科研机构、高等院校与农产品加工企业合作累计签约金额50多亿元，培训农产品加工实用技术操作与应用人才120万人次[1]。

三　结构布局日益优化

近年来，中国农产品加工业的区域布局进一步优化，加工产量向优势区域进一步集中和产业集聚发展的趋势明显。2017年，小麦粉产量、大米产量和食用植物油产量的前五省集中度分别达82.60%、64.0%和46.4%，分别比2016年增长0.6个百分点、1.0个百分点和1.7个百分点[2]。相关研究表明，近10年来中国农产品加工业"东强西弱"的空间布局发生了显著变化（冯伟、蔡学斌等，2016），主要表现为以下两个方面。（1）2005—2013年，从四大区域农产品加工业主营业务收入占比（主要指各区域在全国中的所占比重）看，东部地区占比呈持续下降趋势，由2005年的70.30%下降到2010年的59.80%、2013年的50.80%，9年间下降了19.50个百分点；中部地区、西部地区和东北地区占比呈现上升趋势，中部地区由2005年的13.40%上升到2010年的18.90%、2013年的23.40%，上升了10个百分点；西部地区上升了4.1个百分点；东北地区上升了5.4个百分点。显然，中部地区占比上升较快，农产品加工业向中部地区集中的趋势明显。分行业看，在中西部地区，主要以茶叶、粮食、肉制品、蛋品、乳制品食用农产品加工为主，2013年的产值占比分别为62.6%、51.6%、45.0%、44.3%、40.9%；在东部地区，主要以橡胶制品、棉麻、水产品、皮毛羽丝、木竹藤棕草制品等非食用农产品加工为主，2013年的产值占比分别为74.8%、71.7%、69.4%、66.4%、58.6%。（2）从优势农产品区看，蔬菜、水果、肉制品、水产品等生鲜农产品加工，以及茶叶、乳制品、糖料等特色农产品加工，在优势农产品原料产区的地理集聚程度较高；油料（包括油菜、大豆、花

---

[1] 孟德才：《创新引领大发展　科技彰显新作为——全国农产品加工科技创新成果综述》，《农民日报》2017年11月21日第8版。
[2] 农业农村部农产品加工局：《2017年全国农产品加工业发展持续稳中向好》，http://cs.hbagri.gov.cn/jgcs/tnycyhc/ywgz/200025936.htm。

生、芝麻等)、粮食(包括水稻、小麦、玉米等)等大宗农产品加工,以及皮毛、羽丝、木材、棉麻等加工在优势农产品非原料产区的地理集聚程度较高。

从产业集聚程度看,虽然近年来的集中度有所下降,但农产品加工业的地理集聚特征仍然较为显著。2002—2008 年,中国农产品加工业的地理集聚程度相对较高;2008 年至今的地理集聚程度相对较低,东部地区的劳动密集型农产品加工业不断向西部地区转移,并且,转移比重呈现上升趋势,这导致东部地区与中部地区之间、东部地区与西部地区之间的农产品加工业专业化水平呈现下降趋势,分别由 2008 年的 0.591、0.779 下降到 2012 年的 0.452、0.597(马子红、谭文珍等,2015)。2003—2011 年,中国农产品加工业地理集聚总体呈现减弱趋势,并具有显著的拐点特征和明显的"先小幅上涨,后显著下降"的阶段性特征;并且,劳动密集型农产品加工业的地理集聚程度明显高于非劳动密集型农产品加工业,且劳动密集型农产品加工业的地理集聚程度呈现不断增强的发展趋势(邓宗兵、吴朝影等,2014)。从整体上看,中国农产品加工业的地理集聚程度较低,但是,糖料、茶叶、蛋品、水产品、棉麻、橡胶制品等农产品加工业的地理集聚程度较高,且呈现明显的增强态势(冯伟、蔡学斌等,2016)。

四 出口贸易恢复增长

国家统计局统计数据显示,2000 年以来,中国规模以上农产品加工出口交货值持续增长,2017 年出口交货值达 10980 亿元,是 2000 年(5035.76 亿元)的 2.18 倍,不考虑价格因素,规模以上农产品加工出口交货值年均增长 6.56 个百分点。其中,2016 年规模以上农产品加工出口交货值分别比 2015 年增长 2.2%,实现了转负为正、恢复性增长;2017 年增长 7.1%,增速较 2016 年上升 4.9 个百分点。海关统计数据显示,2016 年,主要食品加工业产品累计出口额 482 亿美元,比 2015 年增长 2.3%,扭转了 2015 年下降 2.5% 的状况;2017 年累计出口 518 亿美元,比 2016 年增长 5.4%;2017 年主要食品行业实现贸易顺差 9.2 亿美元;其中,冷冻饮品、谷物制品、淀粉、干制蔬菜、植物油等农产品加工产品出口额增长较快,分别比 2016 年增长 45.4%、37.7%、31.4%、23.0%①。2016 年,出口占比较大的果蔬加工业、水产品加工业分别增长 2.7%、3.1%,具有中国特色的精制茶加工业和中药制造业出口额分别增长 9.0%和 3.9%②。

第二节 农产品加工业发展存在的主要问题

一 农产品加工企业规模偏小、经营能力弱,发展方式比较粗放

(一)农产品加工企业规模偏小、经营能力弱

从企业规模结构看,规模以下、小型农产品加工企业占绝大多数,规模以上、大型企业偏少,且经营较为分散、能力弱,小规模、低水平重复建设、企业规模结构不合理等问题十分突出。目前,中国 85%的农产品加工企业是规模以下企业(农业部联合课题调研组,2015);在 2015 年的 7.8 万家规模以上农产品加工企业中,小型企业有 6.6 万家,占比为 84.6%。在三大规模以上的食品加工行业中,小型企业 3.3 万个,占比为 85.6%③。《中国食品产业发展报告》(2012—2017)研究数据显示,全国共有 1180 万家拥有生产经营许可证的食品加工企业,其中的绝大部分企业的员工人数在 10 人以下,小型企业、微型企业和小作坊仍然占全行业的 90%以上,"小、弱、散"格局没有得到根本改变;在方便食品制造业中,米面制品、速冻食品、方便面及其他方便食品三个小类的规模以上生产企业中,小型企业占比分别为 89.91%、80.9%和 66.83%,产品低水平重复生产、靠价格战进行同质化竞争的问题突出。正因为农产品加工企业规模普遍偏小、经营能力弱,虽然农产品加工业产值与农业产值之比呈上升趋势,但仍明显低于发达国家水平。2015 年,中国农产品

---

① 农业农林部农产品加工局:《2017 年全国农产品加工业发展持续稳中向好》,http://cs.hbagri.gov.cn/jgcs/tnycyhc/ywgz/200025936.htm。
② 农业农林部农产品加工局:《2016 年中国农产品加工业运行报告》,http://www.lwzb.cn/pub/gjtjlwzb/sjyfx/201705/t20170524_3739.html。
③ 农业农林部农产品加工局:《2015 年中国农产品加工行业发展基本情况》,http://chinaidr.com/tradenews/2016-03/93380.html。

加工业产值与农业产值之比为 2.2∶1，明显低于欧美日韩等发达国家的 3.4∶1（张桃林，2016）。

（二）清洁、绿色生产水平低，发展方式还比较粗放

当前，大多数农产品加工企业能耗、水耗和污染物排放仍然较高，清洁、绿色生产水平低，发展方式还比较粗放。当前，国家和各地政府正在大力推进（农业）生态文明建设和绿色农业、生态农业发展，对环境保护的监管政策也日趋严格，在这些新形势下，农产品加工业所面临的节能减排、保护生态环境的压力日益增大。《中国食品产业发展报告》（2012—2017）研究数据显示，中国单位（吨）干制食品耗电量是发达国家的 2—3 倍，单位（吨）甜菜糖耗水量是发达国家的 5—10 倍，单位（吨）罐头食品耗水量是日本的 3 倍；2015 年，农副食品加工业能源消费增长率为 2%，比工业能源消耗总量的增长率高出 1 倍[①]。中国农产品加工企业平均耗电量、耗水量分别是发达国家的 2 倍和 3 倍以上（农业部联合课题调研组，2015）。大部分中小微型农产品加工企业普遍缺乏配套完备的环境保护、排污设施设备，而且"煤改气""煤改电"等清洁生产方式成本较高，企业清洁、绿色生产能力亟待提升[②]。

二 资源综合利用、精深加工水平低，产业价值链处于低端水平

（一）资源综合利用率低，加工不足与过度加工并存

农产品加工过程十分复杂，多数农产品加工会产生多样副产物，如何合理、高效、综合利用原料及加工产品副产物，是衡量农产品加工业发展水平的重要指标。近年来，中国农产品加工的资源综合利用率有了大幅提高，但相较于美国等发达国家，资源综合利用率仍然偏低，加工损失大，且加工不足与过度加工并存、加工企业过度扩张与产能过剩并存。在中国，除畜禽水产加工和油料加工及其副产物综合利用

[①] 中国食品工业协会：《中国食品产业发展报告》（2012—2017），http：//www. sohu. com/a/213329434_99927860。

[②] 农业农产品加工局：《2017 年全国农产品加工业发展持续稳中向好》，http：//cs. hbagri. gov. cn/jgcs/tnycyhc/ywgz/200025936. htm。

率稍高[①]外，中国果蔬加工、粮食加工的综合利用率均处于低水平。统计调查数据显示，2013年，中国果蔬加工综合利用率不足5%，为农产品加工行业中的最低水平；粮食加工副产物中，稻壳的综合利用率不足5%，米糠不足10%，碎米为16%[②]。初步统计，近年来，中国秸秆年均产量8亿多吨，粮食、果蔬、畜禽、水产品加工副产物年均产量5.8亿多吨，其平均综合利用率不足40%，远低于美国等发达国家90%的综合利用率；超过60%的农产品加工副产物被作为废物随意堆放、丢弃，或者被用作生活燃料、肥料还田，未能得到综合利用（张桃林，2016）。在多数农产品及其加工副产物未能得到充分加工和利用的同时，部分农产品却存在过度加工、加工企业过度扩张与产能过剩的问题，过度加工损失惊人，突出表现在粮食、大豆加工中。2012年，中国稻谷加工企业的平均产能利用率仅为44.5%，玉米加工企业为45.3%，小麦加工企业为64.0%；稻谷主销区的开工率为30%，主产区为29%（李腾飞、苏毅清等，2016）。近年来玉米深加工产能扩张加快、产能过剩风险加大，玉米加工行业投资过热。相关调查结果显示，目前，全国范围内在建或者筹划建设的玉米深加工项目正在快速增加，仅在东北地区，在建或者筹划建设的玉米深加工项目产能就达近千万吨，导致很多地方的玉米深加工产能严重过剩；玉米酒精加工业的产能过剩趋势亦很明显（农业农村部农产品加工局，2018）。由于粮食产后加工不合理、过度加工，每年造成的损失高达75亿公斤（陈哲、邓义等，2017）。2008—2014年，中国大豆压榨企业的年开机率基本维持在50%左右（杨宏宇，2015）。黑龙江省大豆年加工产能1400万吨，但2016年仅加工了100万—150万吨大豆，开机率不到10%（曹智，2017）。"我的农产品网"调查数据显示，2014—2015年度、2015—2016年度，中国大豆压榨企业的开机率分别仅为

---

① 畜禽屠宰加工副产物主要有骨、血、内脏、羽毛、皮毛等；水产品加工副产物主要有头、皮、尾、骨、壳等。2013年，中国畜类加工综合利用率29.9%，禽类为59.4%，水产为50%以上；油料加工副产物综合利用率在20%以上。

② 引自：《农产品过度加工损失惊人 提高综合利用率迫在眉睫》，《农业工程技术（农产品加工业）》2014年第8期，第21—25页。

52.58%、55.40%①，大豆压榨产能严重过剩。

（二）产业链短、精深加工水平低，产业价值链低端

目前，中国农产业加工业的一个突出制约瓶颈是：产业向上下游的延伸过短，精深加工水平低。这使得农产品加工一般性产品多、传统产品多、资源性产品多，精深加工、高附加值的产品少，产品同质化严重、结构不合理，导致产业处于价值链低端。例如，粮油加工产品的同质化、低档化问题突出，高附加值、高科技含量的产品不多；产品细分程度较低，没有形成高中低端层次有序，覆盖婴、幼、孕、老年消费群体的食品结构。市场扩张以规模、价格型为主，适应消费结构升级、功能型粮油产品发展不足，导致粮油加工副产品资源综合利用率偏低，资源优势未能完全转化为加工优势。反观美国，其农产品精深加工大而专，副产物利用程度高。例如，米糠由专业公司深加工成米糠油；畜禽的骨、血、皮、毛等副产物还被普遍用于生物医药、食品添加剂、饲料等的加工；马铃薯的皮渣精深加工成饲料；水果副产物精深加工成可食用、可降解的包装材料（中国农机院赴美考察组，2015）。可见，中国农产品整体加工水平不高，与国际水平差距较大。目前，中国农产品加工率只有55%，低于发达国家的80%；果品加工率只有10%，低于世界30%的平均水平；肉类加工率只有17%，低于发达国家的60%（农业部联合课题调研组，2015）。

三 科技创新面临多重瓶颈因素，产业发展缺乏强力科技支撑

目前，中国农产品加工业技术装备水平不高，比发达国家落后15—20年②，导致企业和产业发展缺乏强力科技支撑。

（一）思想认识瓶颈

一是有些农产品加工企业对科技创新的作用、开展科技创新的必要性和重要性等认识不清、重视不够。二是有些农产品加工企业错误地认

---

① 秋山：《2015/2016年度中国大豆压榨产能及压榨量分析》，http://www.myagric.com/16/1213/08/6FBB3BF045C17541.html。

② 《全国农产品加工业与农村一二三产业融合发展规划（2016—2020年）》（农加发〔2016〕5号）。

为科技投入是一种消费性投入，短期内难以直接产生经济效益，导致这些企业不重视研发投入。而事实上，研发投入是一种特殊形态的生产性投入，是最能体现知识价值、技术价值和创新价值的投入，对企业收益、利润增加会产生乘数效应。三是有些农产品加工企业认识不到创新驱动的战略意义，导致很多企业没有把重视研发、投入研发、提升科技创新能力视为获得竞争优势的重要路径。因为，很多企业认为，可以通过模仿、引进，以减少前期研发投入，从而降低生产成本；地方型农产品加工企业借助地方保护主义的大伞，依然可以在本地市场竞争中获得优势。如此这样，越来越多的农产品加工企业不愿意投入时间和精力来抓科技创新工作，而更愿意将时间和精力用于争取政府相关部门的"优惠政策"，用于"资本运作"，盲目地追求"公司上市"，力图在尽可能短的时间内迅速发展成为亿元、十亿元、百亿元、千亿元企业，进入国家级或者省级农业产业化重点龙头企业、"全国500强"甚至"世界500强"的行列。以上这三方面的思想认识瓶颈，必然导致农产品加工企业更加注重发展速度和规模扩张，而忽视发展质量和内涵竞争；更加注重维持基于低要素价格的比较优势，而忽视培育基于科技创新能力提升的核心竞争优势，导致企业自主创新精神的缺失，难以将科技创新放在最优先位置。

（二）创新要素瓶颈

农产品加工企业缺乏资金和人才等创新要素，导致科技创新活动缺乏充实的创新要素支撑。一是研发投入不足。农产品加工企业在开展科技创新的诸多环节（例如，新产品研发、新工艺设计、新仪器试制、商业推广等）上需要大量的资金投入。然而，一方面，目前大部分农产品加工企业规模普遍较小、总体经济实力较低、经营稳定性差，日常生产经营占用了大量资金；另一方面，中小微型农产品加工企业向银行机构申请贷款时程序复杂、缺乏有效担保物、信用等级低、银企关系不密切等，使企业申请贷款的积极性受到抑制、信贷的可得性较低。这两方面因素导致企业研发投入不足，正常尤其是高层次的科技创新活动难以开展。

二是高端研发人才、关键技术人才严重缺乏。人才是农产品加工企业开展科技创新的关键要素，企业研发需要大量专业技术研发人员。但是，目前，大部分农产品加工企业科技人才严重不足的问题日益突出：一方面，企业急需大量科技人才，尤其是高端研发人才、前沿技术人才和关键技术人才；另一方面，科技人才流向、选择农产品加工企业就业的积极性不高、面临的梗阻也很多，反而，农产品加工企业优秀科技人才外流的现象较为突出。科技人才的流失使农产品加工企业自主培养科技人才的积极性低下。研发人才和各种高级技术人才的严重缺乏已成为阻碍农产品加工企业开展农业科技创新的重要因素。

（三）产学研合作瓶颈

加强科研院所、高等院校与农产品加工企业之间的产学研合作，是提高农产品加工企业科技创新能力、增强农产品加工业整体竞争力的有效途径。但中国农产品加工业领域的产学研合作还存在以下三个突出问题。

一是产学研合作的行政管理体制不健全，导致条块分割、利益分配机制不完善。在农业领域的产学研合作各方都有各自的政府主管部门，这些政府主管部门希望并出台政策措施推进产学研合作，但又希望保护各自管理单位的利益，这导致产学研合作中各利益相关主体的条块分割、各自为政，相互缺乏协调一致，从而使得产学研合作模式的建立和有效运转缺乏管理体制方面的保证，导致合作各方在利益分配上容易产生矛盾，影响产学研合作的深入发展。

二是产学研合作的层次不高、深度不够，导致长期稳固的合作关系难以形成。目前农产品加工领域已有的产学研合作中，一方面，主要采用合作研发、委托开发等合作方式，合作内容大都是技术、加工品种和产品的转让等，而高层次人才培养、共建研发机构和实验室以及技术创新联盟等合作方式还很少。另一方面，在现阶段的大多数产学研合作模式中，农产品加工企业一般出资金，科研院所一般出技术和研发人员，科企合作进行新产品、新品种、新工艺等短平快项目的研发，而对那些事关产业、行业发展的关键技术、共性技术的合作研发，则不感兴趣。

三是在产学研的合作中，农产品加工企业与科研院所、高等院校的利益诉求各不相同，导致科研与市场需求脱节现象严重。农产品加工企业的利益诉求是从市场需求出发，期望能从产学研合作中获得新技术、新产品、新工艺、新方法等，以及它们的商业化开发和产业化应用，从而期望获得市场竞争力；科研院所、高等院校的利益诉求是从科研成果评价体系出发，期望通过产学研合作将其科研成果参与商业化竞争以获得商业利益，并从市场、农产品加工企业中获得科研成果的应用评价，从而期望能获得更多的科研项目。合作各方利益诉求的非趋同，势必导致产学研合作中各方存在"分力"，科研院所、高等院校的科研成果与市场、涉农企业的真实需求严重脱节，大量科研成果无法直接转化为现实生产力。

四 原料基地、品牌和质量管理体系建设滞后，高质量产品供给不足

当前，中国农业发展正处于传统农业向现代农业转型升级、农产品加工业发展正处于快速增长向质量提升转变的重要时期，农产品产加销环节多、链条长，生产经营者绿色发展意识不强，原料基地、品牌建设滞后，加之农产品加工行业缺少高层次行业标准，导致质量管理体系不健全，农产品加工产品存在质量安全隐患，高质量产品供给不足。

（一）原料基地建设滞后，原料质量保障水平低

基地如基石，原料基地是农产品加工业"第一车间"，其建设水平决定农产品加工业发展水平和农产品加工品品质。随着消费者对安全食品需求、美好生活需求的与日俱增和农产品加工水平的不断提高，农产品加工企业对原料尤其是专用原料的质量提出了更高要求。这要求原料基地建设与原料生产必须紧跟、符合市场需求，然而，由于原料基地尤其是优质原料基地建设资金和人员等要素投入大、建设时间和周期长、见效慢、回报率低、面临的风险大等问题，专用化、专业化、标准化、特色化、集约化的原料基地建设和加工专用品种的选育滞后于农产品加工业的快速发展，部分农产品加工企业的加工原料大都来源于广大普通小农户的分散化、细碎化和非清洁化生产，这使得加工原料的数量供应和质量安全难以得到良好保障。一方面，某些农产品加工企业的加工能力增长过快，而原料尤其是优质、专用原料短缺、供给不足或者供给不及时问题却日益突出，如国产非转基因大豆供给严重不足。另一方面，小

农户在原料生产过程中可能会出现品种混杂、农药化肥农膜施用过量和不当、农药兽药残留超标、存储不当造成微生物污染等问题，小农户提供的加工原料在品种、品质、规格等方面难以适应农产品加工业要求，严重影响农产品加工产品档次和质量。因为原料品种混合种养、混合收购现象严重，导致农产品加工企业普遍面临原料品质一致性差、专用原料供应不足、混合加工等问题（宗锦耀，2014），高品质加工原料供应与市场需求之间尚未完全匹配，直接影响加工产品质量和效益。

（二）品牌建设滞后，竞争力弱

近年来，中国农产品加工业品牌建设取得了一定进展，但仍存在建设滞后、产品竞争力弱等问题。一是品牌建设意识不足、投入不足，缺少长远性。目前，中国农产品加工企业仍以中型、小型和微型企业为主，有些企业的短期盈利目的较为明显，注重短期的产品销售和利润，而缺乏品牌意识，忽视自身品牌的建立和发展。有些企业对品牌的认知仍然停留在较低阶段，未将品牌建设纳入企业长远发展战略和中长期经营策略。正因为品牌建设意识不足或者忽视品牌建设，大部分农产品加工企业尤其是中小企业不愿意投入时间和精力去做品牌建设。还有些农产品加工企业认为，品牌建设投资大、见效慢、风险多，投资于品牌建设可能会使企业伤筋动骨、经营风险加大。

二是品牌质量不高，竞争力弱。品牌是加工企业及其产品信誉、信用、信任的凝结，是农产品加工业及企业综合竞争力的显著标志，是现代化农产品加工经济体系的重要引领。中国好的农产品加工企业和加工产品不少，但和美国、荷兰等农业发达国家相比，中国农产品加工业品牌的质量水平不高，主要表现在：自主原创品牌不多，老品牌影响力衰退甚至消失；先进、前沿加工技术的研发和引进加工技术的消化、吸收、创新不够，导致加工企业简单仿制、以量代质的经营行为普遍，优质、长效品牌难以创建；加工企业生态自觉、绿色生产的意识不强，影响高质量的品牌创建。

三是品牌经营不够，影响力小。品牌建设的行为不仅包括创建、培育，还包括经营（管理、塑造、维护、传播等）。在农产品加工企业的品牌建设实践中，大部分企业往往只注重创建、培育，总是在品牌的形象设计、社会公关、包装宣传上过多投入、大做文章而忽视品牌经营，在品牌的专门组织设置、人才队伍建设、战略规划、价值挖掘、内涵表达、文化传承、社会责任、价值评估、统一认证、市场交易、产权保护等方面不甚关注、鲜下功夫。大部分农产品加工企业未能建立品牌建设的专业组织系统、服务体系、品牌经营不够，导致品牌影响力小。大多数农产品加工品牌影响力仅局限于本地区域或者局部地域范围，跨省域影响的品牌不多，区域公用品牌、国际知名品牌少。

（三）质量管理体系不健全，产品存在质量安全隐患

大多数农产品加工企业高度重视农产品质量管理体系的建立健全，有些已初步建立了 ISO 质量管理（ISO9001：2008 质量管理体系认证）、环境管理（ISO14001：2004 环境管理体系认证）、食品安全管理（ISO22000：2005 食品安全管理体系认证）、农产品质量追溯等农产品质量管理体系。完整的质量管理体系包括质量管理组织体系、质量业绩管理体系和质量改进活动体系三部分。目前，大多数农产品加工企业的质量管理组织体系建设已有一定基础，但质量业绩管理体系不完善、缺乏相应的系统性和细致性配套规定，从而导致质量管理的内驱力不足、已建立的质量管理组织体系未能真正发挥其应有的功能。质量改进活动体系不健全，加工企业内部现有的一些质量改进活动大多是零星的、随机的，质量改进活动还未内生为全员的自觉性和普遍性行为，还未形成企业内部持续追求卓越的内在精神，使得企业质量管理的提升作用不强，质量管理水平上限难以有实质性突破。质量管理与业务体系之间缺乏紧密融合，导致质量管理工作难以根植于实际业务开展过程，质量管理的根基不深。再者，一些农产品加工企业标准化、绿色化生产建设滞后，从原料生产、收购到加工、再到流通过程管理分散，尤其是从分散的小农户收购原料时因缺少必要的质量检测工序或者检测设备，难以在加工环节前及时、精准发现原料质量问题，为农产品加工产品生产、企业乃至整个行业发展埋下质量安全隐患。此外，中国尚未建立严格、统一的农产品加工环保、能耗、质量、安全、卫生等标准规范和指标体系以及全国联网运行的农产品加工质量监管和控制体系，这在很大程度上导致无法全面监控农产品的整个加工过程及其质量安全情况。

五 资源要素约束加剧、运营成本上升较快，外部环境制约突出

随着经济社会的快速发展与转型升级，资源要素的稀缺性程度日益增强，农产品加工企业在资金、土地、劳动力等资源要素上受到的约束亦日益加剧，企业税收负担加重，导致运营成本大幅、快速上升，外部环境制约突出。

（一）资金、土地约束加剧

一是资金约束严重，融资难问题突出。一方面，大多数农产品加工企业需要建设原料基地、物流设施、季节一次性收购原料、常年加工，而销售却分次分期回款，这导致企业固定资产投资资金、季节性收购资金和加工运营资金紧张、流动资金缺口问题突出。调查数据显示，2016年，78.40%的农产品加工企业流动资金严重不足，缺口较大（农业农村部农产品加工局，2017）。2015年，农产品加工企业长期资金的缺口率约为22.80%，流动资金的缺口率约为31.50%[1]。四川省名山县农产品加工业主管部门的调查数据显示，该县农产品加工企业的资金缺口率为30%—40%（赵海、张照新等，2012）。另一方面，农产品加工企业的贷款需求难以得到足额、及时、有效满足。抽样调查数据显示，目前，在农产品加工企业的贷款需求中，只有20%的贷款需求能够得到足额满足，50%的贷款需求能够得到半额满足，30%的贷款需求很难得到满足（农业部联合课题调研组，2015）。而且，农产品加工企业的融资成本[2]呈现上升趋势，2016年，42.70%的农产品加工企业的融资成本上涨，其中，融资成本大幅上涨、小幅上涨的企业占比分别为7.9%、34.80%（农业农村部农产品加工局，2017）。在融资成本中，贷款利率大都上浮30%—40%，实际利率达10%以上；资产评估费、担保费、公证费等在融资额中的所占比重达15%—18%（农业部联合课题调研组，2015）。

二是土地约束仍存在用地政策落实难问题。当前，农产品加工企业

---

[1] 农业农林部农产品加工局：《2015年中国农产品加工行业发展基本情况》，http://www.chinaidr.com/tradenews/2016-03/93380.html。

[2] 融资成本包括贷款利息、资产评估费、抵押物登记费、公证费、担保费等。

所需土地的用途一般包括扩建厂房车间、仓储用房等永久性设施。虽然《国务院办公厅关于进一步促进农产品加工业发展的意见》（国办发〔2016〕93号）明确了农产品加工企业的用地政策①，但由于地方执行滞后，与其他类别工业企业相比，农产品加工企业受经营规模小、产值和产品附加值低、利润微薄、税收贡献度低等因素影响，在争取经营用地方面一直处于明显的劣势地位，往往难以及时拿到用地指标。尤其是一些畜禽水产品养殖类和畜禽屠宰类加工企业，由于受环境保护和生态文明建设指标限制，往往难以在城市及其周围的加工园区获得经营用地。即使有些农产品加工企业费力地拿到了用地指标，但仍面临着用地审批进程慢、征地时间长、办理土地使用证难和时效性差等问题。在有些地区，农产品加工企业在专用原料基地建设和初加工设施用地等方面，还存在土地流转困难、流转费用高等问题。

（二）劳动力约束较大

一是劳动力总量供不应求，农产品加工企业普遍存在"招工难""用工缺口大"等问题，尤其是在农产品集中上市时期和生产旺季，以技术工人、营销人员缺工最为严重。同时，由于人口红利的日渐消失，以及新生代进城农民工对工作环境、社会保障、福利待遇和发展前景的较高期望，农产品加工企业在招工上逐渐失去主动权，以致工作环境差、劳动强度大的农产品加工企业严重缺乏青壮年劳动力。调查数据显示，2016年，约36.70%的农产品加工企业存在"用工缺口"，其中，中部地区农产品加工企业的用工缺口数量大于东部地区和西部地区。用工缺口最大的是果蔬茶加工企业，用工缺口企业占比②为42.20%；用工缺口最小的是粮食加工企业，用工缺口企业占比为31.50%（农业部农产品加工局，2017）。

二是员工流动性增大，部分农产品加工企业"留人难"。随着返乡创

---

① 该意见明确提出，将农产品加工用地列入土地利用总体规划和年度计划，认真落实农产品初加工用地政策，优先安排园区用地；支持农村集体经济组织以集体建设用地使用权入股、联营等形式与其他单位、个人共同兴办农产品加工企业；城乡建设用地增减挂钩节余的用地指标要重点支持农产品产地初加工发展。

② 用工缺口企业占比是指用工缺口企业占该类企业总数的比重。

业农民工的增加和劳动力市场的转型发展,熟练劳动力尤其是技术技能型熟练劳动力越来越成为各类农产品加工企业竞相争夺的稀缺资源,劳动力的就业选择余地增大,对工作环境、条件和薪酬待遇的要求随之升高。同时,农产品加工企业尤其是新开工企业为了招工,纷纷加码待遇薪酬、教育和培训等,以吸引其新晋劳动力和其他加工企业的在职员工。再者,随着国家《劳动合同法》和劳动用工制度的日益完善,接受了较好较高程度教育、具有一定法律法规知识和维权意识较强的在职员工,一旦农产品加工企业出现用工不规范①,他们就会也善于主动、积极拿起法律武器维护自己应得的合理合法权益,或者离开企业而另寻工作。以上原因削弱了农产品加工企业的凝聚力,加大了在职员工的流动性,导致企业"留人难"。

(三)各类负担加重、运营成本上升较快

一是农产品加工企业平均税负较重。调查数据显示,2015年,农产品加工企业所承担的平均税负约占销售收入的8%—10%,而利润占销售收入的比重仅为3%—5%,前者比重比后者高出5个百分点(农业部联合课题调研组,2015)。增值税销项税税率下调、进项税税率调整为再销售时货物的适用税率的税收优惠政策仅在液体乳及乳制品、酒及酒精、植物油加工行业先行试点,目前还未普惠到所有农产品加工企业;农产品深加工还未列为企业所得税免征范围;农产品加工制品出口退税偏低等,这些都在一定程度上加重了农产品加工企业的税收负担。

二是原料价格上涨、劳动力工资水平提高等因素影响,企业负担加重、运营成本上升较快、利润空间被压缩,运营压力增大。农产品加工业龙头企业监测数据显示,2010年以来,国家重点农产品加工龙头企业原料价格平均上涨16.20%(赵海、张照新等,2012)。相比于2005年,2015年农产品加工原料价格上涨了66%—108%,能源、动力价格上涨了74%(农业部联合课题调研组,2015)。因消费品物价上涨、城乡居民生活成本上升和劳动力结构性短缺,近年来劳动力工资水平上升较快,相比于2005年,2015年劳动力工资水平上涨了近2倍(农业部联合课题调

---

① 例如,拖欠员工工资、不按国家规定为其员工购买社会保险、欠缴社会保险费等。

研组，2015）。尤其是在果蔬茶加工业、水产品加工业中，2016年劳动力工资水平上升的企业占比达60%，比粮食加工业、肉类加工业的企业占比高出10多个百分点（农业农村部农产品加工局，2017）。

第三节 加快发展农产品加工业的未来政策重点

一 优化农产品"加工链"布局，促进产业高层次、高质量发展

优化农产品"加工链"布局，就是要推动原料基地建设与农产品初加工、精深加工、主食加工、综合利用加工协调发展，在"加工链"上实现形态更高级、结构更优化、布局更合理，促进农产品加工业的高层次、高质量发展，建立现代化农产品加工经济体系。

（一）加强原料基地建设

重点开展与市场需求相适应、与资源禀赋相匹配的加工专用品种原料基地和农产品生产标准化建设。开展农产品加工特性研究，推进农产品良种研发攻关，培育、推广适合精深加工的农产品加工专用新品种。鼓励、支持农产品加工企业与小农户、专业大户、家庭农场等农业生产主体多形式合作，引导原料基地设施条件改善和农产品标准化生产，发展无公害农产品、绿色食品、有机农产品和农产品地理标志产品，为农产品加工提供质量安全的原料来源。

（二）大力发展农产品产地初加工

完善、优化农产品产地初加工补助政策，支持专业大户、家庭农场、农民专业合作社等新型农业经营主体自主或者联合投资建设仓储、保鲜、烘干、清选优选、分等分级、包装等设施设备，提高农产品产地商品化处理水平，减少产后价值损失和质量安全隐患。大力推广"一库（房）多用、外用"，推动农产品产地初加工设施设备的综合、高效利用，支持有条件的地方高标准建设粮食烘储中心和加工基地、果蔬茶综合加工中心等，提升农产品产地初加工全链条水平。

（三）全面发展农产品精深加工和主食加工

按照"吃干榨净"思路，围绕精深加工和主食加工，促进农产品加工产业链纵向延伸、横向拓展，形成"一种原料、多种产品、综合效益"

的产品结构多元化格局，实现农产品多重转化提档增值，增强农产品加工产业链竞争力。研制生产一批传统大米、挂面、方便面、马铃薯及薯类、杂粮杂豆、预制菜肴等多元化主食产品，引导城乡居民拓展玉米及其加工制品的食用消费。拓宽主食产品供应渠道和提高质量水平，加快培育示范型、引领型和科技型主食产品加工企业，积极打造原料来源可靠、标准化程度高、产品质量过硬的主食品牌，发展"餐桌"经济。加强与健康、养生、养老、旅游等产业的融合对接，适应市场和消费升级需求，积极开发功能性食品及特殊人群膳食产品。加大定制产品研发力度，满足不同消费群体消费需求。

(四) 积极推动农产品及加工副产物综合利用

支持、鼓励中小型农产品加工企业建立农产品加工副产物的清洁化收集、仓储、运输和处理的绿色通道，着力实现加工副产物的绿色、生态供应。重点加快推进农作物秸秆、粮油薯加工副产物（稻壳、麸皮胚芽、油料饼粕、薯渣薯液等）、果蔬加工副产物（果皮、果叶、果茎、果渣、花根等）、畜禽加工副产物（血液、皮张、皮毛、碎肉、碎骨、内脏等）、水产品加工副产物（头、皮、鳞、骨、鳍、内脏等）的梯次循环利用、全值增值利用，努力开发新能源、新材料（原料）、新产品等，不断挖掘农产品精深加工和综合利用潜力，提升加工产品档次和价值增值空间。

二 优化企业结构与区域布局，推进农产品加工业向优势区域集聚发展

优化企业结构与区域布局，就是要促进大型农产品加工企业与中型、小型、微型农产品加工企业协同协调发展，优化农产品加工业空间分布和区域布局，推动农产品加工业向优势产区集聚发展，逐步形成大企业主导、大中小微企业合理分工、有机联系、协调发展的集聚格局，不断提高专业化分工经济、协作经济、规模经济与集聚经济。

(一) 优化农产品加工企业结构，大力发展专业化分工协作经济和规模经济

一是以培育农产品加工业领军企业、骨干企业为重点，发展壮大一

批农产品加工业大型龙头企业。按照"扶优、扶大、扶强"的原则,培育壮大一批起点高、规模大、市场竞争力强、辐射带动面广的农产品加工龙头企业,引导科技型龙头企业、成长型龙头企业通过兼并重组、联合研发、参股控股等方式整合资源要素,发展成为行业领军企业和骨干企业。

二是推动中小微企业向"专精特新"方向发展,发展壮大一批专业化"小巨人"企业。根据中小微企业发展实际,引导中小微企业专注于核心业务和关键领域,着力提高专业化生产、集约化服务和功能性协作配套的能力,推动主营业务突出、竞争力强、成长性好、专注于细分市场的中小微企业走"专精特新"发展之路,发展一批专业化"小巨人"企业,不断增加其数量和在中小微企业总数中的所占比重。激发中小微企业创业创新动力、活力和效率,不断提高自身整体素质和发展水平,增强自身核心和独特竞争力。

三是着力培育一批新型农产品加工产业组织,即"瞪羚"企业[①]、"独角兽"企业[②]和"单项冠军"企业。鼓励、支持新型农产品加工企业实施"拉长板"战略。新型农产品加工企业不仅要善于发现自身长板,在产业集群中发挥长板作用,更要学会在业务选择、商业模式中拉伸自

---

① 瞪羚企业是指跨过了"创业死亡谷"、以科技创新或者商业模式创新为支撑、已进入快速成长阶段的中小企业。这类企业具有与"瞪羚"相似的特征:个头不大,但跑得快、跳得高。因而,瞪羚企业具有四大特点:一是凭借长板优势实现井喷式、裂变式、超常规增长,成长速度快;二是研发原创性技术,采用全新的商业模式,创新活跃、创新能力强;三是把握细分产业领域,集中一点攻克,从价值链高端切入获取立身之地和竞争优势;四是掌握战略制高点的小巨人或者隐形冠军,发展潜力大。

② 独角兽企业是指具有法人资格、成立时间不超过10年、获得过私募投资但尚未上市、发展速度快、市场估值超过10亿美元、投资者竞相投资的创业企业。其中,市场估值超过100亿美元的创业企业,为超级独角兽企业。独角兽企业是瞪羚企业中能被资本市场看好的优秀"瞪羚"。2018年3月,科技部火炬中心、中关村管委会、长城战略咨询、中关村银行联合发布的《2017中关村独角兽企业发展报告》显示,2017年中国独角兽企业共164家,其中,新晋62家,超级独角兽企业10家;总估值6284亿美元。此榜单中认定的中国独角兽企业标准是:(1)在中国境内注册的,具有法人资格的企业;(2)成立时间不超过10年(2007年及之后成立);(3)获得过私募投资,且尚未上市;(4)符合上述三个条件,且企业估值超过(含)10亿美元的称为独角兽;(5)符合上述三个条件,且企业估值超过(含)100亿美元的称为超级独角兽(估值以2017年12月31日前最新一轮融资为依据)。

身长板,构建核心优势。一个地区农产品新加工经济发展水平如何,就取决于其创业企业、"瞪羚"企业、"单项冠军"企业的多寡,有没有"独角兽"企业,尤其是"超级独角兽"企业。

四是推动大中小微型企业协调发展。引导、鼓励、支持中小微企业利用自身特色和独特优势,为大企业、大项目、大工程和农产品加工产业链提供过硬配套产品和优质配套服务,促进大企业与中小微企业通过专业化横向分工和纵向一体化联合、服务外包、订单生产、资金投入等多种方式,建立协同创新、协同加工、优势互补、互惠互利的紧密型协作关系。鼓励大企业为中小微企业提供创业支持,建立中小微企业的跨区域交流合作机制,推进城乡中小微企业协调发展。

(二)优化区域布局,大力发展集聚经济

一是以农民持续增收、农业大幅增效、优势和特色农产品加工转化率和增值率提升为目标,引导"三区"(粮食生产功能区、重要农产品生产保护区、特色农产品优势区)着力建设优质专用原料基地,推动农产品加工业向"三区"布局,促进加工与产地结合。二是以满足城乡居民日益增长的美好生活需要为目标,推动主要从事主食、方便食品、休闲食品、功能性食品、净菜等加工的加工企业,尤其是农产品精深加工企业向大中城市郊区及其消费中心周边区域布局,促进农产品加工与加工制品销地有机对接。三是以促进农村一二三产业融合发展、城乡融合发展和实现乡村振兴为目标,推动特色农产品、优势农产品加工业围绕县域经济和主导产业、"一村(镇)一品"、特色小镇建设、美丽乡村建设建设合理布局,着力发展县域加工经济。支持贫困地区尤其是连片贫困地区、革命老区、民族地区和边疆地区因地制宜发展农产品加工业,大力开展就业扶贫和产业扶贫,实现贫困人员就地就近就业和精准脱贫,促进加工与扶贫结合。四是以发展园区经济、集聚经济为目标,引导农产品加工产能向"三园"(现代农业产业园、农业科技园区、返乡创业园)集中布局,坚持集聚集群发展和要素融合、产业融合互动,打造集科技研发、专用品种、原料基地、加工转化、仓储物流、便捷营销于一体的农产品加工产业园区,要素集聚、前后联动、上下衔接、机制完善的农产品加工产业集群。五是以对接长江经济带发展战略、京杭大运河经济带和"一带一路"倡议等为目标,推动农产品加工原料基地、贮藏、保鲜、分销、冷链等相关产业沿重要通道和物流节点布局。

三 强化创新驱动,促进全面转型升级、提高全要素生产率

把创新作为引领、支撑农产品加工业快速、可持续发展的第一动力,着力实施农产品加工业创新驱动战略,引导农产品加工业由规模驱动向质量效益驱动转变,由要素驱动向创新驱动转变,推动农产品加工业动力变革和全面转型升级,提高全要素生产率。

(一)支持企业建设高水平研发机构,构建科技创新网络

一是支持农产品加工企业建设高水平研发机构。优化配置现有的各级各类科技创新基金、科技创新项目,支持农产品加工企业自主建立高水平研发机构,实施大型农产品加工企业研发机构全覆盖行动。更多地在企业中建立国家、地方重点实验室、工程(技术)研究中心,鼓励企业建设或者参与建设国家级、地方各级现代农业产业技术试验站、农作物育种创新基地。支持符合条件的企业建立涉农院士专家工作站、博士后科研流动(工作)站等。

二是构建科技创新网络,以加快形成以企业为核心,产学研紧密结合的协同创新体系。重点是探索多形式的基于科技创新链的产学研合作模式:(1)以共同承担国家科技重大专项的模式进行战略性农产品(良种)研发,农产品加工基础研究、共性技术和关键技术研究。(2)以共建联合实验室、研究院、研发中心和协同创新基地的模式开展应用性农产品加工技术研究,并推进农产品加工知识和技术的产业化应用。(3)以科研院所、高等院校自建企业或者与企业合作建立企业的模式进行新产品、新工艺、新技术的研发,并将研发成果内化于企业。(4)以建立大学科技园、农业科技园区、专业孵化器等载体的模式推进农产品加工技术转移与商业化应用。(5)以建立产业联盟或者产业技术联盟的模式推进产学研合作的组织创新。(6)推进农产品加工产学研合作的国际化。

(二)引导创新要素向农产品加工企业集聚

一是引导资金要素向企业聚集。中央、地方财政科技计划(专项、

基金等）适当向企业倾向，并逐步建立"企业提出研究课题与企业提供研究资金有机统一、企业使用研究成果与企业提供研究资金有机统一"的新机制，鼓励企业增加研发资金投入，使企业真正成为农业科研项目的立项主体、资金投入主体、项目实施主体、成果应用主体、风险承担主体和利益共享主体。

二是引导科技人才要素向企业集聚。帮助、支持企业加强科技人才队伍建设，构筑企业科技人才高地。改革人事管理、收入分配、社会保障与福利政策等，引导科研院所、高等院校中的高层次科技人才流向企业和双向兼职。建立企业与科研院所、高等院校合作培养企业科技人才、硕士和博士研究生的机制，共同培养企业所需要的各类科技人才尤其是高端科技人才，加大对领军型、创新拔尖型高端专业人才的培养和引进力度。

三是推动科技资源开放共享，引导公共服务要素向企业聚集。建立科研院所、高等院校的科研设施、仪器设备等对企业的开放共享机制，强化科研院所、高等院校对企业科技创新的源头支持。建立国家级、省部级农产品加工重点实验室等对企业的开放共享制度。建设、发展面向农产品加工企业的科技创新公共服务平台。

四 坚持绿色发展，提升产品质量水平和市场竞争力

牢固树立和积极践行绿色发展、"绿水青山就是金山银山"的理念，把绿色加工放到生态文明建设全局的突出位置，深入实施农产品加工业质量品牌提升行动，全面建立以绿色生态、有机共生为导向的农产品加工制度体系和现代化经济体系，基本形成与资源环境承载力相匹配、与农业生产体系和经营体系相匹配、与生态文明建设相协调的农产品加工业发展格局，不断提升农产品及其加工产品质量水平、品牌影响力和市场竞争力，增强农产品加工业可持续发展能力。

（一）大力发展绿色加工

支持农产品加工企业节约集约、良性循环、高效综合利用农产品原料及其加工副产物，引导建立低碳环保、低耗高值、有机循环的农产品绿色加工体系，推进农产品加工企业清洁生产、节能减排，形成"资

源—加工—产品—资源"的有机生态循环发展模式，推介一批农产品绿色加工先行区（先导区）典型模式。构建支撑农产品绿色加工的科技创新体系，鼓励、支持农产品加工企业开展以绿色加工为重点的科技创新产学研合作和联合攻关，在农药化肥减量使用和零增长、水肥一体化与节约用水、有害生物绿色统防统控、农作物秸秆和农用地膜以及畜禽粪便资源化利用、农产品及加工副产物高效综合利用、产地生态保护与环境修复、农产品绿色加工贮藏等领域尽快取得一批突破性科研成果。支持农产品加工园区推进循环化、清洁化改造，引导农产品加工企业建立绿色工厂，鼓励农产品加工企业应用节水节能节粮的提取、分离、制备等先进加工方法、流程、技术和装备，集中建立农产品加工副产物收集、运输、处理渠道及综合利用技术体系。加快淘汰污染严重、能耗水耗超标的落后加工产能。健全无公害农产品认证制度，加快建立统一的绿色农产品生产标准和市场准入标准，不断提升"三品一标"认证的公信力和权威性。

（二）强化质量安全意识、创新质量管理体系建设，提升产品质量水平

一是全面强化质量安全意识，树立正确的发展观。农产品加工企业要始终把"质量安全"作为企业生存发展的第一要务和"一把手"工程常抓不懈，建立责任追究机制，将"质量安全"理念贯穿于企业所有业务板块以及从研发到种植、从加工到销售的每一个环节。二是建立科学的质量管理体系，全面提高企业员工行为质量、加工过程质量与产品质量。紧跟国际质量管理体系标准的发展步伐，及时导入最新的质量管理体系标准。积极申请各项质量管理体系认证和产品质量认证。大力改善生产卫生环境和设施，严格按照有关法律法规和工艺质量标准组织生产，加大现场卫生、工艺技术参数和关键点的监管力度。无盲点做好质量追溯工作，运用物联网技术对追溯系统进行升级、优化，建立健全覆盖全程的产品质量控制体系。规范种植、加工、流通各环节的可追溯信息标准，加强可追溯信息规范化建设，耦合食品安全认证和追溯体系，提高食品安全可追溯信息质量和传递有效性。积极参与相关国际标准的制定与修订，推进农产品及加工产品认证结果互认。建立健全产品主动召回

退市制度。

(三) 加强品牌建设与管理，提升产品市场竞争力

一是加快推进"三品一标"发展。支持农产品加工企业创建"三品一标"生产基地、申请"三品一标"认证，加快发展无公害农产品，积极发展绿色食品，因地因需制宜地发展有机农产品，鼓励、支持发展地理标志农产品，打造一批农产品加工领域的知名区域公共品牌、企业品牌、产品品牌，以品牌化引领农产品标准化加工。建立农产品产地标识体系，建设一批原产地保护基地，鼓励地方特色农产品注册为国家地理标志品牌，提升知名度和附加值，促进品质升级。二是发挥企业主体作用，支持地方、优势企业引入现代要素改造提升传统名优品牌；鼓励、支持农产品加工企业实施品牌提升工程，促进由做产品向做品牌转变，实行统一原料、统一品牌、统一质量、统一包装、统一经营、统一宣传，打造强势品牌，形成产品系列，提高产品档次，改善供给，适应需求，提高商标知名度，提升品牌市场占有率。支持企业加大品牌建设投入，建立品牌管理体系，提高品牌培育能力。

五 坚持开放合作、拓展空间，构建高水平农产品加工开放型经济

坚持把开放合作作为农产品加工业发展的必由之路，着力推动农产品加工领域的"引进来""走出去"，充分利用好国内国外两种资源、两个市场，积极嵌入全球农产品加工产业链、利益链、价值链、信息链、供应链、物流链和创新链，推动国际产能合作，构建高水平农产品加工开放型经济。

(一) 高水平"引进来"

一是坚持引资与引技、引智并举，为中国农产品加工业转型升级和可持续发展提供必需的资金、技术及先进装备、管理理念及先进方法、商业模式和制度安排等，并最大限度地促使它们融入国内农产品加工产业体系，加快培育发展新动能，改造传统加工体系，推动全面转型升级。二是鼓励外商投资企业在华设立面向农产品加工业发展的研发机构、开放式创新平台；支持外资研发机构参与国内研发公共服务平台建设，通过引进消化、吸收、再创新推动原始创新和集成创新。三是完善、优化

农产品加工领域中的外商投资市场准入制度，创造公平、透明、更具吸引力的投资环境，扩大外商投资准入范围，积极探索实施外商投资准入前"国民待遇+负面清单"管理制度和模式。

（二）大规模"走出去"

一是鼓励、支持农产品加工企业采取直接建厂、投资并购等方式主动谋划、合理布局重点国家、农作物品种和加工领域；培育一批具有较强全球资源配置能力、产业链整合能力和控制能力的跨国农产品加工企业，服务国内农产品加工业结构调整。二是积极布局探索境外农业合作示范区和农业对外开放合作试验区"两区"建设，为"走出去"的农产品加工企业搭建境外、境内两类平台，形成农产品加工业对外合作的战略支点。三是鼓励农产品加工企业制定中长期国际化发展战略，支持"走出去"。企业创新性运用绿地投资、并购投资、技术合作、技术援助、订单加工新型对外投资模式及其组合。引导"走出去"农产品企业改变单一的投资建厂投资模式，支持采取设立或者收购海外研发中心、建立现代农产品加工示范园区、产业综合体、科技园区、嵌入全球农产品加工价值链和创新网络等方式加大对外投资力度、拓展投资范围。

（三）加快推进"一带一路"倡议，创建农产品加工国际合作新格局

一是推动优势特色农产品加工业与农业特色资源丰富的国家和地区开展规模化、精细化的种植合作和精深加工合作。二是优化区域战略布局。加强与亚洲各国的农产品加工产能合作。推动实施中国与非洲国家在农作物种植与农产品加工领域的合作计划。加快推进中欧投资协定谈判，加强中欧在农产品加工科技创新、农产品及食品质量安全、农产品精深加工技术与装备等领域的紧密合作，推动农产品加工产能产品进入欧洲市场。三是充分发挥农产品加工企业的主体作用，培育和提高它们在更大领域配置农业资源的能力，支持它们在"一带一路"框架下重构农产品和食品供应链和价值链并占据主导地位。鼓励农产品加工企业参与沿线国家农业发展进程，在沿线重点国家优先布局一批以加工技术合作为核心的境外农业合作示范区。鼓励中粮集团等国内大型粮油企业在中亚、东南亚、远东等地区对农作物种子研发及种植、农产品加工、仓储物流、码头等农业产业链关键环节进行战略布局，培育跨国大粮商。

第九章

农业生产性服务业的发展现状、主要模式及未来政策选择

农业生产性服务业是指贯穿于农业生产产前、产中和产后环节，为农业生产、农业生产者和其他经济组织提供中间投入服务的产业。以中间投入品为主，涉及知识和资本的交换、提供定制化的服务是农业生产性服务业的主要特征（程大中，2006）。当前，发展面向农业的生产性服务业是农业、农村经济新的增长点，是现代农业发展的重要支撑，也是农业发展的根本出路（姜长云，2016、2018），是中国农业现代化历史上的第三次动能①（冀名峰，2018）。一方面，提高生产性服务投入在农业生产中的比重能加快农业的发展，从而提高农业生产效率、提升农业比较利益和完善农业产业链（郝爱民，2015）；另一方面，农业生产性服务业是现代服务业与农业产业耦合的产物，既能拓展现代服务业所涉及的产业领域，也能够有效地通过产业路径实现传统农业向现代农业的蜕变，越来越成为以工促农的产业路径（潘锦云、李晏墅，2009）和建立新型工农关系、城乡关系的重要桥梁和纽带（姜长云，2011）。更为重要的是，农业生产性服务业是一种新型农业生产要素，它能通过深化人力资本、拓展专业化分工、降低交易成本等机制促进农业全要素生产率的提高（秦天，彭珏等，2017）。在乡村振兴背景下，发展农业生产性服务业还是推进多种形式规模经营、实现小农户与现代农业发展有机衔接的重要路径（孔祥智、穆娜娜，2018）。鉴此，本章对中国农业生产性服务业

---

① 前两次动能分别为农业产业化和农民合作社。

发展的基本现状、主要模式及其经济效应、所面临的瓶颈约束进行分析，并提出未来的相应政策选择。

第一节 农业生产性服务业发展现状

一 农业生产性服务业有了较大发展，但整体水平相对较低

近年来，中国农林牧渔服务业增加值呈现稳定的快速增加态势（见表9—1），由2003年的434.54亿元稳步快速增加到2016年的2308.88亿元，14年间增加了1874.34亿元，年均增长率高达14.47%。虽然农业生产性服务业有了较大发展，但农林牧渔服务业增加值在农林牧渔业增加值中的所占比重不高。虽然所占比重虽然有所上升，但升幅较小，由2003年的2.50%上升到2016年的3.50%，14年间仅上升了1个百分点。2012年，该比例在美国为12.70%（郝爱民，2015），比同年中国比例高出10个百分点。显然，与美国相比，中国农业生产性服务业发展的整体水平相对较低。

表9—1　　　　中国农业生产性服务业发展情况（2003—2016）

年份	农林牧渔业增加值（亿元）	农林牧渔服务业 增加值（亿元）	增加值所占比重（%）
2003	17381.70	434.54	2.50
2004	21412.70	456.80	2.13
2005	22420.00	502.30	2.24
2006	24040.00	558.60	2.32
2007	28627.00	844.00	2.95
2008	33702.20	935.00	2.77
2009	35225.90	1071.80	3.04
2010	40533.60	1216.01	3.00
2011	47486.10	1329.61	2.80
2012	52373.60	1414.09	2.70

续表

年份	农林牧渔业增加值（亿元）	农林牧渔服务业 增加值（亿元）	农林牧渔服务业 增加值所占比重（%）
2013	56966.00	1595.05	2.80
2014	60158.10	1864.90	3.10
2015	62904.10	2075.84	3.30
2016	65967.90	2308.88	3.50

注：本表按当年价格计算。
资料来源：《中国农村统计年鉴》（2004—2017）。

二 农业生产性服务已由产中环节逐步向产前、产后环节延伸

在农业生产性服务体系培育当中，产中服务一直比较受重视。例如，生产过程中先进实用技术和生产管理技术的推广和应用，科技入户和万名科技人员进万村行动，大力推广应用农机化新技术、新机具，推动农业机械化水平和农机社会化服务水平全面提高等。随着市场规模的扩大和国家以及政府政策的支持，农业生产的产前、产后服务业也逐渐发展起来。近年来，河南、安徽、山东等省份的气象部门已基本形成集业务、服务、科研一体化的"省、市、县"三级农业气象业务体系和"省、市、县、乡、村"五级现代农业气象服务体系和灾害防御体系，探索出"科技支撑、由点到面、内涵发展"的现代农业气象服务模式。在金融方面，已经形成了包括商业银行、政策性银行、农村信用合作社、中国邮政储蓄银行、村镇银行、小额贷款公司、资金互助社等多层次的农村金融服务体系，创新发展了多户联保、公职人员担保、龙头公司担保、担保公司担保、农地经营权和农民住房财产权抵押等多种形式的贷款担保模式。四川省结合国家"优质粮食工程"建设，围绕乡村振兴战略和农业农村现代化发展，以构建现代农业社会化服务体系为导向，以粮食产后服务中心为载体，在全国率先实施"粮食产后服务工程"，为小农户、专业大户、家庭农场等农业经营主体提供烘干、清理、仓储、加工、销售等产后服务，创新推进"全域覆盖、全优服务、全链延伸、全面提质"的粮食产后服务体系建设。截至2017年年底，四川省级财政已向"川粮产后

服务工程"523个项目2000多（台）套设备的购置提供资金投入3.7亿元，累计帮助各类农业经营主体烘干、清理粮食300多万吨，挽回晾晒、虫霉等粮食损失10多亿元；同时还组建了省粮食产后服务体系建设专家组（目前已聘请10位知名专家）①。

三 农业服务化程度明显提高

从农林牧渔生产性服务支出来看，农业生产性服务业发展迅速（见表9—2），2003—2016年，农林牧渔生产服务支出由1414.90亿元快速增加到7247亿元，14年间增加了5832.10亿元，年均增长率达13.57%。相应地，农林牧渔生产服务支出在中间消耗中的所占比重也呈现稳步提高态势，由2003年的11.46%稳步提高到2016年的15.71%，14年间提高了4.25个百分点。这表明，中国农业产业链中正融入越来越多的生产性服务要素，农业服务化程度明显提高，农业与农业生产性服务业呈现融合发展趋势。

表9—2　中国农林牧渔生产性服务支出（2003—2016）

年份	农林牧渔业中间消耗（亿元）	农林牧渔业生产服务支出 支出额（亿元）	支出额所占比重（%）
2003	12350.20	1414.90	11.46
2004	15014.10	1665.70	11.09
2005	16380.40	1682.30	10.27
2006	17687.00	1918.40	10.85
2007	20266.00	2178.00	10.75
2008	24300.00	2562.00	10.54
2009	25135.10	3180.60	12.65
2010	28786.20	3910.50	13.58
2011	33817.80	4627.70	13.68
2012	37079.40	5195.00	14.01

---

① 四川省粮食局：《构筑粮食产后服务新体系　推进四川粮食产业经济高质量发展》，http://www.chinagrain.gov.cn/n316987/n1173458/n1173515/c1175519/content.html。

续表

年份	农林牧渔业中间消耗（亿元）	农林牧渔业生产服务支出	
		支出额（亿元）	支出额所占比重（%）
2013	40029.30	5750.40	14.37
2014	42068.10	6216.30	14.78
2015	44152.30	6820.50	15.45
2016	46123.40	7247.00	15.71

注：本表中的农林牧渔生产服务支出按当年价格计算。

资料来源：《中国农村统计年鉴》（2004—2017）。

四 农业生产性服务业对农业高质量发展的引领支撑作用不断增强

突出表现在农业多功能开发与农业生产性服务业交互影响、相互渗透，农村电商、休闲农业和乡村旅游业等农村新产业新业态蓬勃涌动、迅猛发展，正为农业增效、农民增收、农村繁荣发展注入前所未有的新动能。截至 2016 年年底，全国共有 1311 个淘宝村，各类农产品电商园区 200 家，农村网店 832 万家，占全国网店总数的 25.80%[1]。2012—2016 年，阿里巴巴农产品电商由 26.02 万家快速增长到近 100 万家，年均增长 56.86%；农产品线上交易额由 200 亿元快速增长到 1000 多亿元，年均增长 80%[2]。据农业部农村社会事业发展中心的不完全统计，2016 年，全国休闲农业和乡村旅游的规模化经营主体达 30.57 万个，比 2015 年增长 15%；接待游客近 21 亿人次，营业收入超过 5700 亿元，比 2015 年增长 30%。截至 2016 年年底，共认定 536 个全国休闲农业与乡村旅游示范点；截至 2017 年年底，共认定 289 个全国休闲农业与乡村旅游示范县。2016 年和 2017 年，共推介 300 个中国美丽休闲乡村[3]。

---

[1] 中国国际电子商务中心研究院：《中国农村电子商务发展报告》（2015—2016，2016—2017），http://ciecc.ec.com.cn/。

[2] 阿里研究院：《阿里农产品电子商务白皮书（2012—2016 年）》，http://www.aliresearch.com/blog.html。

[3] 2016 年农业部只认定 74 个全国休闲农业与乡村旅游示范县；从 2016 年开始，国家将全国休闲农业和乡村旅游示范点创建、中国最美休闲乡村推介、中国美丽乡村试点创建整合为中国美丽休闲乡村推介活动。

四川省粮食产后服务体系助推、支撑粮食产业经济高质量发展的效果较为显著①。一是粮食产后服务中心向农户提供粮食"五代"服务（代清理、代干燥、代储存、代加工、代销售）在很大程度上有效解决了农户"晒粮难""清理难""储粮难"和粮油副食加工企业"优质粮源获得难""产品质量不稳定"等问题，极大地促进了粮食提质进档，推动了节粮减损，增强了农民市场议价能力。二是促进农村一二三产业融合发展。崇州市、什邡市等地充分利用当地建设的粮食产后服务体系，加快建设了具有粮食生产、农业休闲旅游、传统农耕文化传承与体验、现代有机生态等多功能的特色粮食产业园区。西部平原地区结合粮食产后服务体系建设情况，不断加强油菜基地建设，规模化种植、标准化生产和产业化经营取得了明显成效。三是增创粮食产业经济发展新优势。全面推广应用绿色、清洁、低温、低耗储粮技术和服务，探索多方式、多途径粮油加工副产物的良性循环、梯次增值利用，加快构建绿色、生态粮食产业体系。全面、深入推进"互联网+粮食""物联网+粮食"行动，鼓励、引导、支持"川粮网"等电商平台组织实施"川米优化工程""放心川粮工程"等，推广"网上粮店""7天新鲜到家"等新型粮食零售业态，多方式、多模式、多层次促进粮食产业经济提质增效。

第二节 农业生产性服务业发展的主要模式及其经济效应

近年来，全国各地面向推进农业产业化、发展现代农业和转变农业发展方式的需求，积极发展为农林牧渔业发展的生产性服务业，基本上培育形成了以政府公共服务机构为依托、以农村合作经济组织为基础、以农业产业化龙头企业为骨干、以农产品市场为重要平台、以其他社会力量为补充、以民营服务企业为有生力量的多层次、多类型的农业生产性服务业发展模式。

---

① 四川省粮食局：《构筑粮食产后服务新体系 推进四川粮食产业经济高质量发展》，http://www.chinagrain.gov.cn/n316987/n1173458/n1173515/c1175519/content.html。

一 政府主导的公共农业生产性服务模式及其经济效应

公益性农业生产性服务,按其供给主体及是否使用了公共权力和公共资源,可分为公共服务和一般公益型服务。涉农政府机构和部门的多功能性、农业技术推广等服务的公共产品属性和外部性,以及农产品的社会属性等决定了涉农政府部门和站所在农业生产性服务中具有无法取代的重要地位。因此,公共农业生产性服务通常是由政府主导,具有服务多样、专业性强的特点。从全国各地实践看,政府主导型公共农业生产性服务模式主要有以下三种。

(一)依托政府部门和涉农站所,积极开展面向农业产业链的公共服务

全国各级地方政府中的涉农政府部门和涉农站所是农业技术推广体系中最主要的组成部分,也是目前规模最大、覆盖面最广的由府支持建设的科技服务体系,尤其是涉农站所是利用公共财政为农业生产提供公共服务的重要组织。各级农技推广中心、种子站、林业站、林科所、农科所、森防站、植保站、土肥站、植检站、农机站、畜牧兽医站等都属于这一系统。植保站按照"绿色植保、公共植保"的方针,为农业生产提供农业病虫害预测预报、植物检疫、病虫害鼠害防治技术指导和服务、良好农业操作规范等配套生产性服务。依托种子站为农户提供农产品重点品种选育服务、农作物新品种示范推广服务,引导企业加强大田良种繁育基地建设。依托土肥站,可以为农业生产提供测土配方施肥及相关信息服务。依托农产品质量检测站,形成对农产品、畜产品和水产品生产、储运、销售及产地环境等从田间到餐桌的全面监控体系。

(二)结合实施惠农政策和实施财政支农项目,加强和创新公共农业生产性服务体系建设

近年来,各地积极探索建立了"县农技推广中心—乡(镇)农技综合服务站—村农技服务组或者科技示范户"的基层农技推广组织体系和"专家组+农技人员+科技示范户+辐射带动户"的农技服务模式。组织实施农村致富带头人培训工作、农业科技特派员包村工作和农民科技书屋建设;积极开展灵活多样的适用技术培训,引导广大科技人员深入基层,为农民提供及时、便捷、高效的农技服务。已经基本形成了"市有中心、县有平台、乡有信息站、村有信息员"较为完善的公共农业信息服务体系。农村公共气象服务体系和农村气象灾害防御体系日益健全，农业气象信息服务模式也不断创新。

(三) 积极打造各类农业生产性服务公共服务平台

通过建立农业科技示范园和示范推广基地，形成农业科技发展方式的示范平台，积极打造各类农业生产性服务公共服务平台，探索促进技术、资源集聚和共享的有效方式。通过示范平台和公共服务平台为农户提供农业生产性服务，具有多重功效：一是促进农业生产性服务业的聚集发展、规模发展，增强农业生产性服务业的系统性功能；二是凝聚、引导和激发农户对农业生产性服务的需求，促进农户对农业生产性服务的隐蔽需求向显性需求、潜在需求向实际需求的转化和有效需求的满足；三是更好地满足农户对农业生产性服务的差异化、多样化和高端化需求；四是提高农户对农业生产性服务的资源和信息共享水平，降低农户享受农业生产性服务的成本。

二 家庭农场、农民专业合作社引领的内在扩张模式及其经济效应

(一) 家庭农场引领的内在扩张模式及其经济效应

我们的相关研究表明，家庭农场作为当前和未来中国农业生产中主要的新型农业经营主体，其在充分发挥生产功能、强化生产主体地位的同时，在一定程度上也在发挥着服务功能，日益成为重要的新型农业服务主体 (杜志雄、刘文霞, 2017)。

第一，家庭农场既是服务需求主体，也是服务供给主体，必将极大促进农业生产性服务业发展。首先，作为生产主体的家庭农场将是未来一段时间内中国农业生产服务主体的主要服务对象，其对于农业生产性服务的巨大需求对于农业生产服务业的发展具有促进作用。其次，家庭农场这种从生产过程中内生出来的服务主体，其服务功能的发挥有助于解决当前中国农业生产性服务业中面临的主要问题，有助于提升农业生产性服务效率。这主要是由于：①家庭农场与周围农户具有相同的地理环境、土地禀赋以及文化背景，这增强了家庭农场其与农户及其他主体之间合作的信任感，提升了彼此之间信息的透明度，从而能够更好地解

决当前农业生产性服务市场中需求和供给主体不一致所导致的服务脱节和服务水平不高、服务需求意愿不强的问题。②家庭农场作为与服务对象处于同一生产区域的服务主体，其服务内容的提供更加具有针对性。③由于农业生产的季节性加剧农业生产的时间紧迫性，家庭农场对外提供生产服务具有时间和地理半径上的相对优势。因此，随着家庭农场这种新型服务主体的不断兴起和发展，一方面，其生产功能的发挥将诱使中国现有的农业生产性服务主体进一步完善自身服务质量；另一方面，其服务功能的发挥将引发中国农业生产性服务体系多元主体的新型格局，从而促使中国农业生产性服务业竞争更加充分，服务模式更加多样，服务效率也更高。

第二，家庭农场作为兼生产和服务一体的新型经营主体，在未来一段时间的发展过程中，其服务功能可能还会不断地凸显和呈现。首先，家庭农场作为现阶段中国多元化的新型农业经营主体之一，其发展不仅有助于发挥规模经营优势，还有助于解决当前中国农业兼业化、弱质化的问题。家庭农场的出现不仅顺应了中国农业生产的新变革，还适应了中国农业发展阶段的新要求。它在坚持家庭经营传统优势的基础上，有效地破解了中国未来农业经营主体稳定性和持续性难题。家庭农场体现着改造传统农业的历史规律性，代表着中国农业的先进生产力，它是当前中国农业基本经营制度中最适宜、最值得提倡的形式（杜志雄、王新志，2013）。只要家庭农场存在资产生产能力的剩余，其服务功能就不会消失。家庭农场的持续发展和壮大将为家庭农场持续稳定地充当新型农业服务主体提供基本保障。其次，家庭农场的服务主体地位将有助于完善农业生产服务业态，对农业生产服务市场发挥补充作用，这与新兴古典经济学理论也并不矛盾。根据以杨小凯等为代表的新兴古典经济学理论，经济将随着交易效率和专业化组织程度的改进而从自给自足演进为完全分工。而分工演进的根本动力就在于分工所引起的网络正效应超过分工引起的交易成本（杨小凯，2003）。但是，农业具有特殊性，农业内部的分工可能具有新的、不同于其他产业分工的演进逻辑。家庭农场这种新型服务主体对外提供服务所形成的服务模式对于农业分工更具有适用性和适应性，也更有助于服务效率的提升。家庭农场作为服务分工体系中的一环,增加了服务供给,有利于服务价格发现,同时也实现了服务市场的竞争,从而降低服务费用。这对于促使外部农业生产性服务市场焕发出新的活力,引发整个农业经营体系的分工和专业化的演进都具有重要作用。

第三,家庭农场作为农业生产经营主体,在生产基础上衍生出来的服务主体功能,对农业社会化服务体系建设具有重要意义。它直接为新型农业生产性服务体系注入了新的活力,将引领中国农业生产性服务业进入新的发展阶段。家庭农场服务主体功能的形成及对农业生产性服务业变革的促进作用可能表现为:①家庭农场通过向周围散户提供服务,从而形成"家庭农场+农户"的生产发展模式,这对于增加普通小规模农户的收入以及实现对农户的帮扶具有重要作用。②家庭农场通过与附近其他农场相互提供借机服务,实现农场互助联合,从而形成"农场+农场"的生产发展模式,这有利于农业资产设备的充分利用,对未来新型合作组织的形成具有重要的促进作用。③家庭农场充当企业家带领农户与其他服务组织主体合作,形成"家庭农场+农户+生产性服务组织"的生产发展模式,这有利于发挥家庭农场的示范带动作用,能够促使生产性服务组织体系的专业化分工,促进专业化的服务主体提高服务质量、降低服务费用成本,还有利于实现农业产业链的延伸和农产品价值链的提升。

(二)农民专业合作社引领的内在扩张模式及其经济效应

农民专业合作社涉及的生产经营范围不断拓宽,为入社农户提供的服务层次逐步提高。农民合作经济组织的加快和规范发展,整合和聚集了有限的农村生产性服务资源,改善和优化了面向农业产业链的生产性服务体系,逐步形成农业生产性服务业的内在扩张能力,日益成为促进农业生产性服务业发展的内在力量和有效组织模式。

一是面向农业产业链不断创新生产性服务内容和服务模式,积极构建服务农户的新型生产性服务体系。近年来,为适应市场和农户生产经营需要以及自身发展的需求,各地农民专业合作社的服务内容已经涵盖农业产业链的多数环节,已经由最初的以生产、技术服务为主,逐步向在农资供应、良种引进和培育、市场供求与经营信息服务、病虫害鼠害防疫防治技术指导和服务、农产品加工、质量标准、品牌包装、基地认证、市场拓展和建立稳定的购销关系等环节延伸，涉及农业产前、产中、产后的各个环节。养殖业专业合作社在农资供应、技术、信息、培训、防疫、产品销售等方面向社员开展统一服务。种植业专业合作社已基本建立集基地布局、优质种苗供应、种植技术和信息、代储代藏、加工和销售等于一体的为农服务体系，积极引导农户转变种植方式和产业化模式。农机专业合作社积极创新服务模式，在开展农机跨区作业、订单作业的基础上，广泛探索土地承包、土地托管、农业生产全程机械化承包，大力发展以农机专业合作社为经营主体的现代化农场。

二是扶持和引导农民专业合作社加强自身建设，完善运行机制，增强农民专业合作社自我发展和提供公益性农业生产性服务的能力。各地政府积极加强对农民合作经济组织的财政和金融、税收优惠等政策支持；引导农民合作经济组织在民主管理机制、利益联结机制和自律机制等方面加强规范建设；按照试点示范、典型引路的原则，引导农民专业合作社加强自身建设；积极组织农民专业合作社参加农产品展示交易会，或与大型连锁超市合作。在政府的扶持和引导下，有些农民专业合作社专门成立了技术服务部、化验室等，并配套相关服务设施，为社员提供无偿技术服务和信息服务等生产性服务；有些农民专业合作社专门聘请职业总经理和高层次技术人员，帮助和指导社员科学决策和种植经营。还有很多农民专业合作社聘请科研院所的专家和相关职能部门的工作人员定期为入社成员讲解生产技术、法律法规和党的方针政策，逐步提高入社成员的综合素质。

三是在农民专业合作社的发展中，不同利益相关者合力提供农业生产性服务的格局日趋鲜明。近年来，各地成立的农民专业合作社联盟以及尝试推行的"农业科研院所或者高等院校—农民专业合作社—农户"的服务模式，就是一种各地市农民专业合作社合力、农业科研院所或者高等院校与农民专业合作社合力为农户提供农技推广等生产性服务的有效服务格局。这种服务模式强调在各地市的农民专业合作社之间、农民专业合作社与农业科研院所或者高等院校之间建立密切合作关系，在科研人员、农民专业合作社和农户之间建立伙伴关系，探索科研、教育培训和推广相结合的服务创新机制。这种合力提供农业生产性服务的模式，一方面，能有效降低农技推广等生产性服务的成本，提高服务效率，增强服务效果；另一方面，能增强基本农民专业合作社抵御各种市场风险的能力，拓展了农业增效、农民种粮增收的空间。

可见，从农民专业合作社的发展和为农服务实践来看，以其为载体开展农业生产性服务具有农业公共服务部门和市场化部门所没有的独特优势，可以有效弥补农业公共服务体系和市场化服务体系的不足，形成农业职能部门公共服务、涉农企业市场化服务和农民专业合作社自我服务相互补充、相辅相成的较为完善的农业生产社会化服务体系，这将促进现代农业较好较快发展。

三 农业产业化龙头企业的外部拉动模式及其经济效应

近年来，随着农业产业化经营的深入推进，农业产业化龙头企业服务农户的联结模式不断创新，逐步形成市场牵龙头、龙头带基地（农民合作经济组织）、基地带农户的农业组织形式和经营机制。当前，农业产业化龙头企业对农业生产性服务业发展的外部拉动和植入效应日益显现，已成为新型农业生产性服务体系中的骨干力量。

（一）"企业+基地+农户"的生产性服务提供模式

龙头企业通过农产品基地建设为农户提供生产性服务，与农户结成利益互惠的共同体。龙头企业利用其雄厚的资本、技术和研发能力，为基地农户提供优质生产资料、信息和资金技术等服务，农户按照公司的生产计划和技术规范进行生产，农产品由公司按照合同价格收购销售。

（二）"企业+农民合作经济组织+基地+农户"的生产性服务提供模式

在各地实践中主要有两种方式：一是由农民合作经济组织与龙头企业达成一致，来为基地农户提供生产性服务；二是农户分工生产农产品，龙头企业分工加工和销售农产品，农民合作经济组织充当中介，为农户提供产前和产中的农资采购、技术培训等服务，为龙头企业提供收购、粗加工和运输等服务。这两种方式均有利于在龙头企业、农民合作经济组织和农户三者之间形成有效的纵向产业协作关系，它们在协作中也能彼此受益：①通过农民合作经济组织，龙头企业可降低生产性服务的成本，从而提高对农户的服务效率。②通过农民合作经济组织，龙头企业可以形成覆盖范围更广的层次化的生产性服务网络。③依靠农民合作经济组织，可有效实现农户农业生产性服务需求与龙头企业服务供给的对接，使农户和龙头企业拥有的要素优势互补，有利于平衡农户与企业利益。④通过农民合作经济组织的信任机制，可降低农户和龙头企业的交易成本、经营风险。

（三）"企业＋农业园区（食品工业园）＋农户"的生产性服务提供模式

由龙头企业兴建的农业园区（食品工业园）是一种带动地方经济发展的集研究、示范、生产、推广、加工、销售等于一体的新型农业组织形式。通过农业园区，龙头企业为农户提供产前、产中、产后的全过程综合配套服务，把千家万户联结起来，纳入专业化生产和规模经营的生产模式；推进知识、技术、信息等先进生产要素在农业产业链上的有效应用，并适时向研发创新、品牌建设、商业模式等关键服务环节延展，推动农业产业链向"微笑曲线"的两端攀升。依托农业园区，龙头企业还能有效整合各方服务资源，聚集和瞄准农户生产性服务需求，构建区域农业生产性服务体系，产生服务业的聚集效应：一是促进农业生产性服务业的聚集发展和结构升级；二是更好地发挥农业生产性服务，尤其是高端服务对区域农业产业结构升级和农业发展方式转变的示范、带动作用；三是更好地增强龙头企业的产业关联性和本地根植性；四是搭建农业生产与全球农业产业链、农产品价值链升级深度融合的通道。

四 农产品市场与新型农业服务组织模式及其经济效应

（一）积极加强和推进农产品市场建设，为发展农业生产性服务业提供重要平台

这种模式主要是以农产品专业批发市场为纽带，带动地方主导产业，并通过合同契约与农户、农民大户及农民合作经济组织构筑稳定的经济关系，为农户提供产销一条龙经营的服务模式。农产品专业批发市场因具有强大的市场凝聚力，可以发挥市场在价格形成、信息交换、产业带动、物流集中等方面的服务功能，并能获得服务的规模经济效应。

（二）农超对接日益成为大型连锁超市为农户提供生产性服务的典型模式

自2007年年底国家开展农超对接试点工作以来，各大超市不断创新与农户的联结方式，利用自身在市场信息、管理等方面的优势参与农业生产、加工、流通的全过程，为农户提供技术、信息咨询、物流配送、产品销售等一整套生产性服务。目前，随着商务部、农业部及地方各级政府的积极扶持和大力推进，在实践中农超对接模式主要有两种：一是家乐福超市的"超市+农民专业合作社+农户"模式；二是麦德龙超市和沃尔玛超市的"超市+超市自有或者第三方农业公司+基地农民（或者农民+农民合作经济组织）"模式。

（三）新型农业服务公司通过市场化运作为农业生产提供专业化的生产经营服务

这是一种在不改变家庭承包制的前提下，将目前的"家庭经营"转变为"企业化经营"，通过企业的市场化运作，实现农业生产的规模化、标准化、规范化，以创新农业生产经营方式和农业生产性服务供给的模式。典型案例为河南省项城市汾河湾农民专业合作社创造的"陶湾模式"，该合作社大力发展农业委托代理经营服务公司，采取"农户+农业经营服务公司+龙头企业"的农业产业化模式，为农户提供统一良种、统一施肥、统一浇水、统一除病虫害、统一深耕细作等农业生产服务。这种新型农业经营服务公司搭建了农户与龙头企业有效对接的平台和桥梁，具有四方面的服务功能：①为农户提供农资、农田设施、农技服务。②根据农民自愿，集中收购农户粮食，以企业的身份参与市场竞争，为农产品加工企业提供原料。③批量采购种子、农药、肥料等农业生产资料，给农户提供质优价廉的农业生产资料。④以农作物秸秆为原料，发展农村新能源。这种新的模式重塑了农户与龙头企业之间的利益连接机制和关系。

五 传统服务组织的创新发展模式及其经济效应

近年来，各地都积极鼓励传统服务组织资源（国有粮食企业、邮政部门、供销社等）面向服务需求，增加农业生产性服务供给，创新服务提供方式，同新兴、市场化的农业生产性服务组织对接，延伸服务能力，形成不同类型农业生产性服务业合力推进现代农业发展的格局。国有粮食企业中国储备粮管理总公司作为一种重要的传统服务组织资源，日益成为各地发展农业生产性服务业的重要力量。例如，中储粮在河南辖区已建立"中储粮河南分公司'三农'服务总社—直属库'三农'服务中心社—乡村'三农'服务社"三级为农服务组织架构和服务网络体系。直属库"三农"服务中心社以网点布设、经营管理、服务指导、商品配送为重点；乡村"三农"务社则以粮食收购、农资供应和配送为重点，并逐步向土地流转和托管、代农储量和农产品加工、农技和农业机械服务、信息服务、订单农业、通过自身的种植试验推广优良品种等延伸，不断拓展服务范围，完善服务功能。山东省供销合作社通过发挥组织体系、流通网络和人才队伍等优势积极推进农村现代流通服务网络建设和探索了以土地托管为核心内容的农业规模化服务体系建设。

通过挖掘传统服务组织的创新服务潜力，是发展农业生产性服务业的重要途径。传统服务组织资源在参与区域农业生产性服务业综合体系建设中，具有三重优势：（1）村网点多、覆盖面广和比较完善的网络布局优势、渠道优势和规模优势，具有一网多用、双向流通、连接城乡的特点，借此可以更好地贴近农户的生产性服务需求，为农户提供全方位、多层次的综合服务。（2）品牌及其影响力优势、声誉优势，借此，一方面可以充分发挥传统组织的品牌功能和价值；另一方面，还容易赢得农民和农业专业大户、农民专业合作社、农业企业等新型农业经营主体的信任，增强相互之间的合作和密切联系，建立"利益共享，风险共担"的稳固关系。（3）相关部门之间的合作优势和相关产业之间的相互支撑优势，借此容易获得其他相关部门的支持，并通过"三农"服务社之类的平台为农产品加工企业提供"保姆式"服务，提高产业间的相互依存度，形成产业协调发展的良性互动。凭借这些优势，通过促进传统服务组织的转型发展和改造来发展农业生产性服务业，可以收到"一举多得"之效：一是消除传统服务组织的运行惰性，并激发其创新服务潜力；二是促进服务供求更好对接，增强农户对农业生产性服务的可得性；三是利用原有渠道和网络，可以降低重新开辟渠道和网络的成本和风险；四是传统服务组织通过实施品牌化运作、网络化管理和规模化物流配送，可以更有效地推进城市生产性服务业和公共服务向农村地区延伸，形成一体化的城乡服务链，让广大农民享受到更多的公共服务均等化的成果。

综上所述，当前农业生产性服务业的五种主要模式虽然在服务内容上存在一定的同质性，但他们在提供服务的方式、服务功能发挥的完整性程度、农业生产服务提供者与接受者的利益联结以及服务内容本身等诸多方面的差异性也很显著；同时其服务功能互补性特征也正在显现。在农业生产性服务业"现实急需、发展不足"的大背景下，鼓励各种模式的农业生产性服务业的探索和发展，通过政策激励积极引导各种服务向功能互补方向延伸，将有助于更加充分地发挥生产服务业对粮食生产和农产品稳定供给的保障作用。

第三节 农业生产性服务业发展的瓶颈约束

一 体制和制度环境瓶颈

一是随着农业和农村的改革和发展，农村地区的服务资源已经有了一定积累，但这些资源分散在不同部门、不同地区和不同机构，这会在相当程度上影响服务资源使用的安全、有效和规范。例如，各省财政每年都拨付一定数量的农业服务业引导资金，但这些资金分散在各个管理部门，而各部门对资金管理和使用有着不同的具体要求和规定，再加上资金下达到基层部门的环节过多，以致资金的管理成本较高，也难以形成有效和规范的管理监督机制，这将直接影响引导资金的使用效果。

二是因为农业生产性服务业涉及的门类较多，横跨的领域较广，并且新型服务业和产业融合现象不断出现，这容易导致政府多头管理、交叉管理，管理体制混乱问题突出，从而难以对农业生产性服务业发展进行统筹规划和综合协调，严重影响了农业生产性服务业的发展活力。例如，各省农业科技服务体系是以政府领导、农业行政部门主管、由政府来组建各级科技服务机构，包括农业科研机构、农业教育机构和农业推广机构，但是这些部门是分设的，各自独立，而且相互之间缺乏直接和有效的联系。那些相对独立的涉农部门，例如，种业部门、植保部门、农机部门等，都有各自的推广计划，相互之间也缺乏沟通和有效协调。这将导致农业生产性服务业发展缺乏良好的体制和制度环境，影响政府政策支持整体合力的形成。

三是对农业生产性服务业发展的统筹规划和综合协调不够，还会导致其发展过程中分散布局、重复投资、盲目建设、粗放经营、无序竞争等发展方式问题。甚至在有些地区还存在地方垄断和服务部门垄断经营现象，使当地的农业生产性服务业发展缺乏良好的市场竞争环境，难以形成公平、公正、公开的市场竞争秩序，还会在客观上阻碍社会资本和资源的进入，造成农业生产性服务业处于无序发展状态。另外，一些公共基础服务需要政府部门的公益性投入，但是，由于缺乏完善的制度保障，政府投入明显不足。

二　政策瓶颈

近年来，支持农业生产性服务业发展的政策措施陆续出台，政策取向和指向日趋明显，政策含金量不断提高，这对于加快农业生产性服务业发展产生了积极影响。但是，也存在一些政策瓶颈：一是多数政策的支持力度过小，导致对涉农服务部门和涉农站所的服务能力建设投入不足和设施设备更新缓慢，严重制约其服务能力的提高。农业技术推广经费投入严重不足，而且被截留或挪用的情况普遍存在，导致多数县市的乡镇农技推广机构除了人员工资以及有限的人头经费外，基本再无其他工作经费，有的专业人员下乡指导农业生产连路费都报销不了。这在很大程度上妨碍了乡镇农技推广机构公益性生产服务供给的增加和服务效率的改善。

二是政策落实难或者落实效率不高，这主要表现为政府支持服务组织发展和为农服务供给的增加，在某些方面已有明确的政策规定，但缺乏落实或者落实效果亟待提高。不少支持政策从国家和省级政府下达到各服务组织获得，经过的中间层次和环节过多，导致政策落实中的寻租现象严重，政策实施成本较高，具有明显的时滞性，政策落实效率较低。

三是各项支持政策之间缺乏整合性和衔接性，政策创新滞后，导致各种服务组织和涉农政府机构高效、规范的为农服务长效机制仍未形成。

例如，2010年以来，各级气象部门不断加大强农惠农气象服务力度，积极推进人才和资金向农村倾斜、气象基础设施向农村延伸、公共气象服务向农村覆盖，但是，与农业生产对气象服务的需求相比，基层气象部门的业务科技支撑能力、队伍数量和素质与"农村公共气象服务体系和农村气象灾害防御体系"的要求不相适应的问题仍很突出，机构建设、基层队伍建设、经费投入、政策保障等长效机制滞后于为农服务工作的推进速度，气象为农服务尚未真正融入社会公共服务体系。部分地方政府财力不足，难以确保对气象为农服务工作的持续支持，农民气象信息员缺乏有效管理机制和相应的奖励激励机制。

三　金融瓶颈

一是农村地区正规金融服务机构网点的匮乏，新型农村金融机构（村镇银行、小额贷款公司、农村资金互助合作社）的缓慢发展和不规范运营，导致基层农业生产性服务组织获得的金融服务严重不足，尤其是信贷资金的可获得性较低。例如，在河南省周口市农村地区，平均每个乡镇只有2—3个金融机构网点，农村支农金融机构以农村信用合作社为主，信贷供给主体较为单一。

二是农村地区金融机构的商业化营运和担保机制、服务体系的缺失，极大地降低了农业生产性服务组织的融资效率。在农村地区的生产性服务业中，以中小企业居多，甚至在许多新型生产性服务业中，小型企业、微型企业的比例更大，其中又有很多企业处于创业阶段，自有资产极少，缺少可用来作为抵押或质押的财产。再加上农村地区担保机制和服务体系的缺失，致使许多农业生产性服务组织容易出现融资难的问题，从商业银行贷出大额款项的难度更大。

三是农村地区金融市场上金融工具和金融服务产品单一，满足不了为农服务组织尤其是新型农业生产性服务组织多样化、多层次的金融需求。目前，农村地区金融市场上主要提供储蓄、抵押类贷款及农村小额信贷等金融品种，抵押、担保、承兑、贴现、承诺、咨询服务等中间业务还很少，这导致农村金融服务供给与农业生产性服务组织的实际金融需求之间的矛盾日益彰显。

四 人才瓶颈

在农业生产性服务业的发展过程中，公共农业服务机构和社会化服务组织服务人员的专业素质低下、高层次专业人才的短缺，已然成为制约农业生产性服务业升级发展的突出问题。主要表现在：一是基层公共农业服务机构普遍存在人员队伍不稳、专业结构不合理、人员和知识老化现象严重的问题，导致服务人员的专业技能和综合素质难以满足实际工作的需要。这些现象在县乡（镇）两级农技推广机构尤为普遍。现有农技推广人员年龄老化、学历低，总体素质偏低。由于受编制限制，许多农技推广机构无法吸收农业院校的毕业生，基层农技队伍大多已多年未得到补充和更新，知识出现断层。农技推广人员知识结构不合理的问题也十分突出，具有产中服务专业知识的技术人员很多，而具有产前、产后服务专业知识的人很少；服务于传统产业（粮棉油种植、畜牧、农机等）的专业人员较多，而服务于新兴产业（高附加值的有机农产品和绿色农产品生产，物流服务业、信息服务业和市场咨询等）的专业人员较少。

二是社会化服务组织高端专业人才，特别是领军型、经营管理型、复合型高端人才严重短缺，这成为制约其向更高层次发展、服务水平和效率提高的重要因素。这种现象在农民专业合作社的发展中尤为明显。例如，农机专业合作社随着服务领域的不断拓展，对人才的需求也越来越迫切，不仅需要农机驾驶、维修等技术型人才，更需要懂经营、善管理的高端人才；蔬菜、瓜果等种植专业合作社随着竞争程度和市场不确定性的增强，迫切需要既熟悉市场经济规则，对市场变化趋势较为敏感，又有一定营销策划能力的人才，而大多数农民专业合作社又缺乏吸引各类人才的先天禀赋，以致有些农民专业合作社甚至发出了"人才告急"的呼声。这导致大多数农民专业合作社的产品在品种开发、新市场的开拓、包装策划等方面缺少新意，产品附加值难以提高和令消费者满意。

五 思想认识和农业发展方式瓶颈

除了上述主要瓶颈外，还存在思想认识瓶颈和农业发展方式瓶颈等。

在农业发展观上,仍然不同程度地存在重生产、轻服务的思想。再加之人们对农业生产性服务业的产业特性、发展规律以及三大产业之间的演变规律缺乏系统和深入了解,认识不到农业生产性发展的巨大潜力和经济效益。农民思想上的保守,会导致他们对农业生产性服务需求的不足,而政府管理部门思想上的保守会导致农业生产性服务供给的不足。

当前,中国农业发展的粗放经营仍然存在,农业产业层次不高。2016年,全国农林牧渔业增加值为65967.90亿元,其中农业增加值为38152.40亿元,占比为57.80%;林业、牧业、渔业占比分别仅为4.60%、23.50%、10.60%。在主要农作物的总播种面积中,粮食作物占比为67.83%,蔬菜类和瓜果类等农作物仅占32.17%。显然,中国农业发展"大而不优",突出表现在种植业占比过高、粮食占种植业的比重高,农产品加工链条短、传统资源依赖度高、产品附加值低。但是,农业生产性服务业尤其现代服务业的发展,有赖于信息服务、教育培训服务、金融保险服务等生产性服务需求的拉动,它们又在很大程度上取决于农业产业链头上良种繁育、规模生产、精深加工、市场营销、现代物流等环节的分工和专业化。而农业粗放的发展方式,使现代农业生产性服务业发展缺乏加快发展的土壤。

第四节 加快农业生产性服务业发展的未来政策选择

为消除制约农业生产性服务业发展的各项瓶颈,要求从贯彻落实新发展理念和乡村振兴战略的高度,以服务农业农民为根本,以推进农业供给侧结构性改革为主线,在整合、集成以往工作和成绩的基础上,更加重视和推进农业生产生产性服务业的创新发展和加快发展;要求把发展面向农业的生产性服务业,置于培育现代农业产业体系生产体系经营体系、推进农业结构战略性调整和优化升级的突出位置,作为建设国家重要粮食生产、现代农业基地的重要内容,作为走具有中国特色新型农业现代化道路、推进农业生产性服务业与农林牧渔业融合发展以及城乡融合发展的重要纽带,作为促进传统农业改造、促进小农户与现代农业发展有机衔接的战略重点。

一 改革与完善有利于农业生产性服务业发展的体制与制度环境

从整体角度看，农业生产性服务业除了以服务活动和服好产业为核心外，还包含一整套适应其运行与发展的管理体制和制度环境，需要更为严谨、高效的交易制度安排，更加规范、严格的服务规范和标准，以及更加有效、公正的法治环境。因此，促进和加快农业生产性服务业的发展，就要改革和完善有利于其发展的体制与制度环境，以健全对农业生产性服务业发展的统筹规划和综合协调。

（一）加强对农业生产性服务业发展的统筹规划，确定发展方向和支持重点

只有有了科学的统筹规划，才能做到在国家农业和服务业产业政策引导下，在立足中国发展现状，着眼未来的战略谋划引领下，实现农业生产性服务业科学、有序、健康、可持续和高效发展。为此，全国各地要根据《关于加快发展农业生产性服务业的指导意见》（农业部、国家发展与改革委员会、财政部 2017 年 8 月印发）和 2018 年中央"一号文件"，编制农业生产性服务业综合规划和专项规划，以此统筹农业生产性服务业发展与改革，明确发展目标和任务，科学谋划重点发展领域，做到一盘棋发展。在编制规划时，要把建立需求主导、功能导向、重点突出、层次有序、结构优化和良性互动的农业生产生产性服务业体系，促进农业生产性服务业产业链、产业网和产业体系的形成，作为农业生产性服务业的发展方向。同时，还要考虑既有发展基础、技术进步、制度变革、区域和国际竞争等因素，根据不同地区、不同时期农业发展及其对生产性服务的需求，制定农业生产性服务业产业指导目录，明确政府重点支持的关键领域、重点行业和重点项目、薄弱环节和新型服务业业态。

（二）加强对农业生产性服务业发展的组织领导和组织支持，不断完善工作机制

鉴于农业生产性服务业工作横跨部门多、综合协调难度大的特点，建议各地成立农业生产性服务业发展领导小组，以加强对农业生产性服务业发展的组织领导、统筹规划、政策制定和重大问题协调。鉴于农业

生产性服务领域专业性强、新型服务产业和业态以及服务主体不断涌现的特点，建议把加强农业生产性服务业发展的部门合作作为对服务业发展加强组织领导和综合协调的重点，并逐步建立政府领导、部门合作、分工合理、权责明确的农业生产性服务业工作机制。

二 构建促进农业生产性服务业发展的财政和税收政策体系

发展农业生产性服务业，市场机制的基础性作用固然重要，但是构建完善和有效的政策体系，营造良好的政策环境更为关键。因此，要高度重视政府政策对农业生产性服务业发展的引导和促进作用，在加强政策调研的基础上，努力构建促进农业生产性服务业发展的政策体系，让市场和政府政策（尤其是财政和税收政策）成为促进农业生产性服务业又好又快发展的"双引擎"，以完善和优化农业生产性服务业的发展环境。

（一）建立财政支持农业生产性服务业投入增长的长效机制，健全财政支持体系

首先，扩大服务业引导资金的规模，尽力争取更多的国家服务业引导资金。要充分发挥服务业引导资金的积极作用，坚持财政支持农业生产性服务业的"两个确保"，一是确保服务业引导资金的规模，随着财政经常性收入的增长保持更高比例的增长；二是确保服务业引导资金和专项资金中，用于支持农业生产性服务业的比例，适当高于农业生产性服务业占服务业 GDP 的比重。合理使用和用好服务业引导资金要正确界定和区别市场化农业生产性服务和公共农业生产性服务，以合理确定服务业引导资金投入的行业。因为服务业引导资金属于财政资金，其作用在于弥补服务业领域的"市场失灵"。因此，服务业引导资金对农业生产性服务业发展的支持，并不是财政资金大规模地进入所有的服务领域和地区，而是在一些"市场失灵"的服务领域（往往是公共农业生产性服务领域）起示范和引导作用，以期吸引更多的民间资本和社会资本投入服务领域，从而拓宽这些领域的融资渠道，促进其快速发展。

其次，创新财政支持农业生产性服务业发展的方式，加强对农业生产性服务业财政扶持资金的整合，以提高其使用效果。一是不断完善各

项服务补贴制度；二是探索适合农业生产性服务业发展特点的专项基金支持。例如，设立服务业产业投资基金、服务业创业投资引导基金、农业科技园区和示范区建设专项基金等；三是整合服务领域的财政扶持资金，通过服务业引导资金和专项资金，综合运用财政贴息、财政补助、以奖代补、启动资金支持和奖励等多种方式支持农业生产性服务业发展。

（二）完善支持农业生产性服务业发展的税收优惠政策

认真落实新的企业所得税法及其实施条例有关规定、优化增值税征税项目和完善增值税进项税抵扣政策，继续实施并不断强化农业生产性服务业的减免税、降低税率等优惠政策，重点解决农业生产性服务业发展过程中所面临的重复征税和税费歧视问题。具体来说，一是改革企业所得税。对企业从事农林牧渔服务业项目的所得免征、减征企业所得税；对科研单位和大专院校开展农业生产技术服务取得的收入，以及提供农业产前、产中、产后相关服务的企业，暂免征收企业所得税或者实行企业所得税收优惠政策；对农产品连锁经营试点实行企业所得税优惠政策；对于吸收就业多、资源消耗低的农业生产性服务业企业，按照其吸收就业人员数量给予补贴或企业所得税优惠。

二是优化增值税。可从调整增值税征税方式、税率设计上和扩大税收优惠范围入手。例如，对于农业生产性服务业发展中的服务外包，在确定营业税税基时，允许服务外包企业将支付给承包方的营业额从计税依据中扣除，仅对实际取得的营业额征税。在税率设计上，鼓励发展农村金融业等生产性服务业。农民专业合作社从事农业机耕、排灌、病虫害防治、植物保护、农牧保险以及相关技术培训业务所取得的收入，从事家禽、牲畜、水产动物的配种和疾病防治的业务收入，免征增值税。

三是实施印花税、土地使用税等税种的税收优惠政策，落实农机服务税费优惠、有关设施农业用地政策，加快解决农机专业合作社的农机库棚、维修间、烘干间"用地难"问题。

三 加快农村金融发展，以增强对农业生产性服务业的金融支持

尽管近几年来财政支持农业生产性服务业的力度不断加大，但金融支持的力度仍然不是很大，农村金融服务不充分问题仍然较为突出。为

此，要促进和加快农村地区金融业的发展，以增强对农业生产性服务业的金融支持。

(一) 健全农村金融组织体系，增加农业生产性服务业发展的资金供给

引导各类金融机构增加农村金融服务网点，疏通渠道，多引资金"活水"。激活国有商业银行的县域信贷业务，或者由上级机构按县域机构的存款比例增加贷款，尽快改变只存不贷的局面。鼓励、引导股份制银行机构要到农村开设网点，或者建立金融服务进农村的业务运营机制，增加农村信贷业务。中国农业发展银行、中国农业银行、农村信用社的农村金融机构要适应农村经济发展的新要求，提高适应能力。新型农村金融机构要加快发展和规范发展，并认真发挥作用。同时，鼓励、支持农村保险、直接融资等金融机构到农村增设机构网点，开展业务。

(二) 完善农业生产性服务业信贷支持体系，有效缓解农业服务组织融资难问题

各类农村金融机构要研究市场定位，不断开发新的金融产品、新的金融工具，丰富产品供给，充实服务内容，使服务方式能够更加贴近农业生产性服务组织对金融服务的需求。一是推进农村金融服务产品创新，实现农村金融服务品种多样化。金融机构应针对农业生产性服务业发展的特点，设计针对性金融工具和品种，以满足不同地域、不同领域、不同专业、不同行业农业生产性服务组织的金融需求。借助于商品交易所，积极开发具有当地特色的农产品期货新品种。二是建立主体多元化的农村信用担保体系，成立由政府引导、市场化运作的行业担保机构，扩大农民专业合作社等服务组织的有效担保物范围。例如，对资金需求量大、信誉度高的农民专业合作社，可以运用政府风险金担保、农业产业化龙头企业担保等抵押担保方式，最大限度地给予资金支持；鼓励农民专业合作社借助担保公司、农业产业化龙头企业等相关农村市场主体，扩大成员融资的担保范围和融资渠道，提高融资效率。三是积极推进农业生产性服务组织信用体系建设。加强诚信建设，建立符合农村地区实际的征信体系，尽快建立农业生产性服务组织信用档案和信用数据库。通过实施贷款利率优惠、扩大贷款额度等激励措施，促进农业生产性服务组

织提高信用意识。

四 加强农业生产性服务业人才队伍建设

大力推进农业生产性服务业发展，人才是关键和生命线。因此，要加强农业生产性服务业人才队伍建设，以期为农业生产性服务业发展提供坚实的人力资源和人力资本支撑。一是牢固树立人才资源是第一服务资源、人力资本是第一服务资本的观念，并以此观念为统领不断扩大服务人才总量，优化服务人才队伍结构。二是通过规划引导、政策扶持、资金投入等方式，推动各高校加快农业生产性服务业人才培育，加快建立多层次的农业生产性服务业人才培训体系，加强职业培训，提高整个行业人才队伍的专业水平和整体素质。三是开展乡土人才培训和健全农民培训体系，坚持职业教育和日常培训相结合，落实好"绿色证书"制度，着力提高和普及农民的农业科技水平和市场营销能力，形成一大批有文化、懂技术、善管理、会经营的高素质新型农民和职业农民队伍。四是大力加强农业科技创新人才队伍建设，培养和造就一批世界一流的农业科学家和科技创新领军人才，建设一支结构合理、业务素质高、爱岗敬业的农业科技创新队伍；大力稳定壮大农业科技创新推广队伍。五是加大对高端专业人才，尤其是领军型、经营管理型、复合型、拔尖型高端人才的培养和引进力度；积极选录高校毕业生充实到各地市、各行业的农民专业合作社等农业生产性服务组织中去，政府对此应给予财政补助；建立和完善大学毕业生从事现代农业尤其是现代农业生产性服务业的机制。

五 培育主体、整合资源，以形成多元化发展新格局和网络结点

国外农业生产性服务业改革与发展的重要经验之一，就是通过努力培育多元化新兴服务业组织，着力推进公共农业服务机构改革，加强农村服务资源整理和提高服务资源利用效率。因此，推进农业生产性服务体系建设的一项重要任务就是培育和壮大多元化的服务主体，实现服务资源的合力、高效配置，以形成多元化的农业生产性服务业发展新格局和网络结点。

（一）科学界定农业公共服务机构的职能定位，以农业公共服务机构为依托完善和优化公益性农业生产性服务的供给方式

公益性农业生产性服务具有不同程度的公共产品属性。根据公共产品理论，公益性农业生产性服务包括公共产品属性较强的农业生产性服务（例如，面向区域农业主导产业的共性技术、关键技术研发和推广应用，动植物疫病统防统治等），具有准公共产品属性的农业生产性服务（例如，只对特定区域、特定产业的农户具有公益性的农业生产性服务）。公共产品属性较强的农业生产性服务应该由公共部门来提供，即由公共农业服务机构来提供。例如，区域性农业技术推广、动植物疫病防疫防控、农产品质量监管等公共服务机构。为此，要明确界定这些公共农业服务机构的公益性定位，理顺和创新其管理体制、运行机制和服务机制，使公共服务机构的服务能力与其履行的依托职能相匹配。加大对公益性农业科研机构和农业院校的支持，加强基础能力建设，深入实施重大科技专项，力争在关键和共性技术方面取得突破，加快农业科技成果转化，健全乡镇或区域性农业公共服务机构，提高人员素质，充实工作手段，充分发挥基层农业技术推广体系的作用。具有准公共产品属性的农业生产性服务则可以由传统农业服务组织（例如，供销社、邮政部门等）和新型农业服务组织（例如，农民专业合作社、农业产业化龙头企业、农业公共服务平台等）来提供；可以通过培育各种类型的示范基地、示范龙头企业、示范农户和示范农民专业合作社等来提供；还可以通过政府采购公共服务的方式，加强公共农业服务机构对各类农业服务组织提供公益性农业生产性服务的引导作用。

（二）引导社会力量参与、培育多元化市场主体提供农业生产性服务，以更好地满足农户多样化、多层次的服务需求

一是在扶持、引导和培育新型农业服务主体过程中，高度重视家庭农场拥有的双重主体功能，要鼓励和支持家庭农场等新型农业经营主体生产性服务功能的发挥，将家庭农场同时作为服务主体来培育，让家庭农场充分享受多元化农业生产性服务体系培育的优惠政策。通过对家庭农场双主体的培育，完善农业生产服务市场，从而更好地实现农业供给侧结构性改革、农业发展方式转变和农业现代化。

二是进一步加强农民专业合作社等合作组织在农业生产性服务中的基础地位。农民专业合作社是农户自愿联合、民主管理的互助性合作经济组织，其最重要的功能就是为农户和农业生产提供产前、产中和产后服务。同时，农民专业合作社具有对内互惠性、对外盈利性的组织优势，可以把满足成员需求和参与市场竞争很好地结合起来。因此，要努力提高农民专业合作社的规范化建设水平和内部运行机制，不断增强服务能力、拓展服务领域、提升服务质量。

三是进一步加强农业产业化龙头企业在农业生产性服务中的骨干作用。努力培育依托地区资源优势、生产高端产品和具有国际市场竞争力的领军型龙头企业，通过这些领军型龙头企业提升面向本行业、本地区的为农服务功能。不断完善龙头企业和农户的利益联结机制，建立企业与农户的责、权、利相一致的共同体。通过龙头企业的带动和农业产业化经营，开展统一供应良种、统一生产技术标准、统一病虫害防治、统一销售农产品等服务，共同分享农业产业化经营和社会化服务所带来的利益。

四是发挥好农村中各类中介组织、供销社、专业服务群体和专业服务机构的生产力作用。例如，引导农村专业大户、经纪人等农村能人开展项目推介、生产组织、市场营销等多种形式的中介服务，促进生产要素优化配置，激活农产品市场。大力推进供销社的经营创新、组织创新和服务创新，以构建运转高效、服务功能完备、城乡并举、工贸并重的农村现代经营服务新体系。

五是积极打造各类公共服务平台和农业科技示范（园）区，探索促进服务资源集聚和共享的有效方式。通过构建各类农业公共服务平台，例如人才服务网络平台、科技资讯平台、信息服务平台、现代农业示范区、农业科技园区等，可以有效地集成服务资源，提高服务资源的使用效率。大力支持社会资本、非营利机构、农业高等院校和科研院所积极参与农业公共服务平台建设和兴办农业公共服务平台；引导和支持公共服务平台完善运行机制，增强服务功能。注意引导各类公共服务平台形成分工协作、优势互补关系。

第十章

农村一二三产业融合的现状、案例考察与未来思路

2014年12月召开的中央农村工作会议提出,"把产业链、价值链等现代产业组织方式引入农业,促进一二三产业融合互动"。此后,2015—2018年连续四年中央"一号文件"和《关于推进农村一二三产业融合发展的指导意见》(国办发〔2015〕93号)对农村一二三产业融合(以下简称"三产融合")发展进行了整体战略部署。实现农业农村现代化,一个不可逾越的重要路径就是"三产融合"发展,这也是农业发展的必然趋势和西方发达国家的实践经验。近年来,全国各地各有关部门积极深入贯彻落实党中央、国务院决策部署,切实把"三产融合"发展作为推进农业供给侧结构性改革和培育农业农村发展新动能的重要手段,不断创新体制机制和完善政策支持,持续加大工作力度,"三产融合"发展取得了显著成效。鉴此,本章重点阐释"三产融合"的内涵,总结分析近年来"三产融合"的发展现状和国内外典型案例,并提出构建"三产融合"发展体系的未来思路。

第一节 农村一二三产业融合:内涵界定及其理解

一 文献梳理与内涵界定

"三产融合"的本质是产业融合。产业融合是产业增长过程中产业边界的收缩或者消失(Greenstein S. and Khanna T.,1997),是基于技术创

新或者制度创新形成的产业边界模糊化和产业发展一体化（姜长云，2015a），包括技术融合、产业融合、服务与市场融合三个层次（European Commission，1997）。

自2015年中央"一号文件"正式提出"三产融合"以来，相关文献从不同角度对其概念进行了研究和界定。陈晓华（2015）、王乐君和寇广增（2017）认为，"三产融合"是指依托农业并通过产业联动、要素集聚、技术渗透和体制机制等手段，以实现农业产业链延伸、价值链跃升、功能拓展、多主体共赢和农民分享二三产业增值收益的过程。姜长云（2015 a，2016）认为，"三产融合"是指以农业基础，以产业链延伸、产业范围拓展、产业功能转型为表征，通过农村一二三产业之间的融合渗透和交叉重组形成新技术、新业态、新商业模式，以实现要素跨界流动、资源集约配置、产业跨界融合和布局优化调整的过程。宗锦耀（2015）从狭义和广义两个层面界定了"三产融合"。从狭义上看，"三产融合"是指某一农业经营主体在某一区域同时从事某一农产品的生产、加工、流通和休闲旅游的经营方式；从广义上看，"三产融合"是指以农业为基本依托，通过产业间相互渗透、交叉重组、前后联动、要素聚集、机制完善和跨界配置等一体化推进农村一二三产业发展，以实现产业链条、供应链条、价值链条延伸、产业范围和规模扩大、产业功能拓展和农民就业增收渠道拓宽的经营方式。马晓河（2016）认为，"三产融合"是指以农业为依托，通过产业联动、产业集聚、技术渗透、体制创新等方式有机整合农产品生产、加工、销售等环节和农业休闲、其他服务业等，以实现农业产业链延伸、产业范围和产业规模扩展、农民收入增加的过程。王兴国（2016）认为，"三产融合"是指农业生产经营者以农业生产和农业多功能性为依托，统筹利用农村自然、生态和文化等资源综合发展农产品加工、销售、餐饮、休闲、观光等产业形态，分享农业全产业链增值的过程。

李治和王东阳（2017）基于交易成本视角的分析认为，"三产融合"是指利用技术进步、制度创新，通过纵向层面的农业产业链深化、横向层面的农业功能拓展等形式，实现农业内部各部门内部之间及其与第二第三产业各部门之间以及农村一二三产业产业之间交易成本内部化、不断产生农业新业态新模式的过程。汤洪俊和朱宗友（2017）认为，"三产融合"主要是指在农业生产的基础上发展农产品加工业、农村电子商务、休闲农业与乡村旅游业等产业形态，以实现农村一二三产业之间融合互促的动态过程。"三产融合"是在农业生产基础上，通过资源要素融合、"三链"（产业链、价值链和供应链）延伸和对接、农业多功能开发与拓展等发展农业新产业新业态新模式的过程（梁瑞华，2018）。

综上所述，我们可以发现，不同文献对"三产融合"内涵的分析视角、侧重点不同，有不同理解或者阐释。党的十九大报告提出，"建设现代化经济体系是跨越关口的迫切要求和中国发展的战略目标"。"实施乡村振兴战略，按照产业兴旺、生态宜居、乡风文明、治理有效、生活富裕的总要求，建立健全城乡融合发展体制机制和政策体系，加快推进农业农村现代化。""促进农村一二三产业融合发展，支持和鼓励农民就业创业，拓宽增收渠道。"

"三产融合"就是要构建农业与农村第二、第三产业交叉融合的现代产业体系，使农业生产（包括种植和养殖）与农产品加工业、农村第三产业形成一体（李国祥，2016）。因此，结合相关文献研究和党的十九大报告精神，我们认为，"三产融合"是指农业内部各部门之间、农业与农村第二、第三产业之间通过融合渗透、交叉重组等方式形成农业新产业新业态新模式的新型农业组织方式。

二 理解要点

对于"三产融合"的内涵，要系统、深刻理解和把握以下三个要点。

1. 准确理解和把握"三产融合"的根基、路径、产出

有人将"三产融合"发展形象地比喻为农村"六次产业"的发展，农村"六次产业"，具有发展路径不同以及做加法还是做乘法之别。简单地在农村发展"六次产业"，只是简单地做加法，不注重产业间内在联系的建立，并不能真正解决农村资源未能得到充分合理利用的问题，更无法解决农村一二三产业之间利润的合理分享以及增加农民收入的问题。"三产融合"的关键和核心是"融合"，即以市场需求为导向，通过三次产业之间形成联动和融合，多做乘法，从而更好地发挥地域资源优势，

发展特色种植业、养殖业、农产品加工业、农业服务业，激发农村产业活力，壮大地域经济，带动农民就业和致富。

因此，在"三产融合"这种新型农业组织方式中，首先，根基和依托是农业，即任何形式、任何层次、任何区域中的"三产融合"必须在农业基础上进行和推进。其次，路径和手段是现代先进要素引入与集聚、农业多功能挖掘与开发、产业融合渗透与交叉重组、体制机制和制度完善与创新，推进质量变革、效率变革和动力变革。最后，产出是培育农业新产业新业态新模式和农业农村发展新动能；建立产业链相加、价值链相乘、供应链相通①的现代农业产业体系、生产体系、经营体系和现代化农业经济体系；形成利益共同体和命运共同体。

2. 科学理解与把握"三产融合"的根本目的

"三产融合"的根本目的是促进农业高质量发展、农民福祉持续增进，实现农业农村现代化和乡村振兴。在理论上，根据党的十九大报告精神，农业高质量发展是不断满足人民日益增长的美好生活需要的发展，是体现新发展理念的发展。其中，创新是农业高质量发展的第一动力，协调是内生特点，绿色是普遍心态，开放是必由之路，共享是根本目标。农业高质量发展是通过农业发展方式转变、经济结构优化、增长动力转换而实现生产要素投入低、资源配置效率高、资源环境成本低、经济社会效益好的质量型发展。在实践上，农业高质量发展是通过农业质量变革、效率变革、动力变革来实现土地产出率、资源利用率、劳动生产率和全要素生产率提升的发展。农业高质量发展要求着力建设农业科技创新、现代农村金融、农村人力资源协同发展的现代化农业产业体系和农业经济体系，不断增强农业创新力和竞争力。农业高质量具体体现为农产品供给保障、农业产业体系、农业资源配置、农业可持续发展和农业

---

① 产业链相加，即第一产业+第二产业+第三产业=六次产业，促进农业产业化升级。具体看，通过第一产业接二连三，向后延伸农业产业链；通过第二产业接一连三，双向延伸农业产业链；第三产业接二连一，向前延伸农业产业链。价值链相乘，即第一产业的一份收入，通过与第二产业的融合增值为两份收入，再与第三产业的融合形成三倍效益，从而促进农业提质增效增收。供应链相通，其着力点是降成本、增活力、可持续，即产销直接对接，减少流通环节，节约流通成本（中央农村工作领导小组办公室调研组，2016）。

竞争力五个方面的高质量（程国强，2018）。农民福祉持续增进包括就业创业机会和渠道拓宽、收入持续增长、社会保障与福利水平持续提升、基本公共服务均等化享有等。

3. "三产融合"是农业产业化的高级形态和"升级版"

1995年12月11日，《人民日报》发表了《论农业产业化》的社论，系统介绍和总结了山东省潍坊市发展农业产业化的经验，并对农业产业化的定义进行了界定：农业产业化是以国内外市场需求为导向，以提高经济效益为中心，对当地农业支柱产业和主导产品，实行区域化布局、专业化生产、一体化经营、社会化服务、企业化管理，把产供销、贸工农、经科教紧密结合起来，形成"一条龙"的经营体制[①]。农业产业化是把农产品生产、加工、销售等环节连成一体所形成的组织形式和经营机制（尹成杰，2002），是通过合约形式将生产者、加工者、销售者、消费者联结起来，从而实现农业产业链延伸、市场自组织化和农业现代化的过程（王小映，2014）。显然，农业产业化是个较为综合和包容性的概念，是"三产融合"的重要内容和发展源头（姜长云，2016）。

根据上述梳理与定义，"三产融合"是要打破农村一二三产业的边界，不断拓展农业生产、生活、生态功能，实现"1+1+1>3"的产业融合效果，实现经济效益、社会效益、生态效益的最大化和统一。农业产业化是联动发展，"三产融合"是有机融合发展。因此，从这个角度看，"三产融合"是农业产业化的高级形态和升级版（中央农村工作领导小组办公室调研组，2016；尹成杰，2016；姜长云，2016）。虽然，农业产业化与"三产融合"有相通的地方，例如，两者都以市场需求为导向，都注重农业产业链延伸、价值链拓展，都以完善利益联结机制为关键，以促进农民增收为目标。但是，相较于农业产业化，"三产融合"的内涵更为丰富，突出体现在以下五个方面。

一是产业边界更加模糊。"三产融合"是农村一二三产业的"打碎、搅匀"，形成"你中有我、我中有他"的有机交融，原有产业边界越来越

---

① 农业产业化包括六个基本构成要素，分别为面向国内外大市场、立足于当地优势、实行专业化分工、形成经济规模、组织贸工农和产供销一体化、实行企业经营。

模糊。

二是农业经营主体更加多元化。参与"三产融合"的农业经营主体包括小农户、专业大户、家庭农场、农民专业合作社、农业企业、经营性农业服务组织、"新农人"等，主体类型多元，相互之间的关系千丝万缕。部分城市居民通过社区支持农业和乡村休闲旅游等方式，也日益成为"三产融合"的重要参与者。

三是农业功能和业态创新更加丰富。"三产融合"更加注重农业经济和产品功能、环境与生态保护功能、文化传承与发展、休闲旅游与研学等多元化功能的综合挖掘与开发，努力推动农业与加工、流通、旅游、文化、康养等产业深度融合，不断催生休闲与乡村旅游农业、循环农业、生态农业、文化农业、创意农业、智慧农业、精致农业、研学农业、康养农业、电商农业等农业产业新业态。

四是利益联结机制更加完善、多样化。"三产融合"更多地采用股份合作、订单合同、技术服务等紧密型利益联结机制，鼓励、引导小农户参与"三产融合"，将小农户纳入现代农业发展轨道。

五是更加注重城乡双向互动与共生以及空间拓展。"三产融合"带动城市资源要素（尤其是资本、先进技术、新发展理念、商业模式、人才等）源源不断地流入农业农村，引导二三产业向县城、重点乡镇和产业园区集中，着力培育农产品加工、休闲旅游、商贸物流、创意农业等特色小镇、田园综合体，努力实现农业产业发展与人口集聚、"三产融合"与新型城镇化之间的相互促进和协调发展。

第二节 农村一二三产业融合发展的基本现状

近年来，中国"三产融合"蓬勃发展、持续推进，农业产业链不断加粗拉长，农业多功能不断挖掘和拓展，农业新产业新业态新模式不断涌现，日益成为中国农业转型升级和高质量发展的重要特征。

一 "三产融合"主体多元化、日益发展壮大

根据上述关于"三产融合"定义的梳理和界定，"三产融合"的一个

关键和前提是融合主体的多元化和发展壮大。近年来，随着农业农村经济的快速发展和农村改革的不断深化，全国各地各部门都把培育融合主体作为推进"三产融合"发展的重要工作任务，培育发展壮大了一批功能定位明确、引领示范作用大、服务能力强、利益联结紧密的专业大户、家庭农场、农民专业合作社、龙头企业、经营性社会化服务组织等融合主体。

（一）专业大户、家庭农场蓬勃发展

专业大户是指在农业生产经营过程中，在分工的基础上，从传统农户中分离出来具有一定经营规模、围绕某一种农产品从事专业化农场种植和养殖的农户。家庭农场是指以家庭成员为主要劳动力，从事农业规模化、专业化、集约化、商品化、特色化生产经营，并以农业收入（主要指经营性收入）为家庭主要收入来源的新型农业经营主体。家庭农场是专业大户的升级版（杜志雄、王新志，2013）。专业大户、家庭农场是粮食等重要农产品生产的基本主体和主力军，实行家庭经营，在农业生产经营活动中发挥着基础性作用，其蓬勃发展确保了粮食等重要农产品生产的总量供给和产能基础。统计数据显示，截至2013年年底，经营面积在50亩以上的专业大户287万户。其中，种粮大户68.2万户，经营耕地面积1.34亿亩，占全国耕地面积的7.3%。截至2016年年底，全国各类家庭农场87.7万家。其中，纳入农业部门名录管理的家庭农场44.50万户，比2013年的13.9万户增长2.2倍，平均每个种植业家庭农场经营耕地170多亩，相当于农户平均种植面积的22.9倍。在工商部门登记注册的家庭农场42.50万户，比2013年的10.6万户增长3.01倍。家庭农场经营耕地面积达1.76亿亩，占承包地耕地总面积的13.4%。

（二）农民专业合作社驶入规范化发展快车道

农民专业合作社融普通农户与新型经营主体于一体、集生产主体与服务主体于一身，实行合作经营，具有联系农民、组织农民、服务农民的独特优势和功能。2007年7月1日，《农民专业合作社法》正式施行，通过法律规范农民专业合作社发展。2007年，中国农民专业合作社仅为2.64万家，入社成员35万户。2017年12月，《农民专业合作社法》修订通过，进一步健全和完善农民专业合作社的法律法规，以顺应农民专业合作社发展新情况新趋势，进一步规范农民专业合作社发展，促进农民专业合作社驶入规范化发展快车道。截至2016年年底，依法在工商部门登记注册的农民专业合作社190.80万家，是2007年的72.27倍；实有入社农户1.15亿户，占农户总数的46.60%。其中，国家级示范农民专业合作社8000家，县级及以上各级示范农民专业合作社13.5万家，农民专业合作社联社7200多家。农民专业合作社流转9737万亩耕地，吸引农户1560万亩耕地入股，统一经营面积1.1亿多亩，占承包地耕地面积的8.4%。为入社成员提供产加销一体化服务的农民专业合作社占比52.90%。2007—2017年是中国农民专业合作社快速起步和发展壮大的"黄金十年"，农民专业合作社数量持续增长，服务领域不断拓宽，融合农村"三产"各业态，发展质量不断提高，日益成为"实现小农户与现代农业发展有机衔接"的重要路径和组织载体。

（三）龙头企业不断发展壮大

农业龙头企业具有产权关系明晰、治理结构完善、经营效率较高的显著优势，实行企业经营，在高端农产品生产、农产品精深加工、农业品牌打造与营销渠道建设、农业商业模式创新方面具有显著的引导示范效应和辐射带动效应。同时，龙头企业更具有市场适应和灵活反应能力，具有治理农业产业链、供应链和价值链的潜能，在推进农业绿色发展和"三农融合"发展更具引领能力（姜长云，2018）。农业部统计数据显示[①]，截至2016年年底，全国农业产业化龙头企业13.03万家，年销售收入9.73万亿元，固定资产约为4.23万亿元，提供了1/3的农产品及加工制品、2/3以上的城市"菜篮子"产品；超过70%的龙头企业通过了HACCP、ISO9000等质量体系认证，超过50%的龙头企业通过了"三品一标"认证，注册了省级以上名牌、著名（驰名）商标；省级以上农业产业化龙头企业销售收入与主要农产品原料市场采购总额的比值达2.58:1，农产品转化增值能力稳步提升。共有涉农上市公司121家，且

---

① 如无特殊说明，本部分内容中的数据均来自《2018年中国新型农业经营主体发展分析报告》，《吉林农业》2018年第8期。

70.49%的涉农上市公司的经营范围主要集中在农业产业链中游（种植业、养殖业和林业）和下游（食品加工业）。

（四）农业社会化服务组织迅速崛起

近年来，随着土地经营规模的快速推进、土地经营权的细分放活和农业分工分业的深化演进，农业服务规模经营快速发展，农业社会化服务组织大量出现、迅速崛起。农业社会化服务组织是指在农业生产全过程中利用专业技术人员、专用装备和设施等为农业经营主体提供各类农业生产性服务的组织。截至2016年年底，全国从事生产托管的服务组织22.70万家，服务农户3656万户，土地托管服务面积2.32亿亩（张红宇，2018）。目前，农业社会化服务组织的迅速崛起和发展，展现出了明显的发展活力和引领支撑能力，一方面，在很大程度上满足了农业经营主体的生产性服务需求；另一方面，也拓展了农业规模经营的内涵，为农业规模经营提供了新的发展方向和基本路径。

二 探索成型多种"三产融合"发展模式

概括起来，全国各地探索成型的"三产融合"发展模式主要有以下四种。

（一）农业内部交叉融合模式

主要以农业优势资源为基础，调整优化农业内部产业结构，构建粮食、经济作物、饲草料协调发展的三元种植结构和新型种养模式。立足农业废弃物的资源化利用，发展生态农业、绿色农业、循环农业，构建生态保护与经济效益并举、可持续发展的农业产业新体系。例如，北京市怀柔区鱼菜混搭大棚的"鱼菜共生"、云南省洱源县一田多效的"鱼稻共生"、湖南省南县"一田多用、一水多用、一季多收"的"虾稻共生"、广东省阳西县的"稻鸭共生"等新型种养模式，通过种植业和养殖业的直接良性循环，不仅改变传统种养方式，拓展了生态循环农业发展空间，还实现了经济效益和生态效益的双赢。云南龙云大有实业公司，依托2个蔬菜种植基地，建成年出栏优质肥猪3000头的标准化生猪养殖场，实现了菜叶养猪、养羊，猪粪及农家肥还田的有机循环，促进了农业内部的产业整合和价值增值[①]。山东省莱芜市赢泰有机农业科技发展有限公司，主要种植有机大樱桃和草莓，配套发展畜禽养殖，以沼气为纽带构建"种植—养殖—沼气"生态循环模式，现有种植温室 7 个、防雨棚种植区 10 个及 80 亩的露天樱桃区，养殖肉羊等畜禽 2000 多头（只）[②]。

（二）农业产业链延伸融合模式

主要以农产品终端消费需求为导向，加快推动农业"接二连三"，大力发展农产品"产加销、贸工农"一体化，构建农产品从田间到餐桌、从初级产品到终端消费无缝对接的农业产业延伸融合模式和农业产业新体系，促进立体化、复合式农业全产业链发展。具体可分为以下两种情况：一是前向延伸融合。以农产品加工、流通和销售为基础，向农产品种植环节延伸，强化农产品原料数量和质量供给及时性、稳定性，培育农产品自有品牌。多表现为农产品加工企业、流通企业、超市和大型零售商向前延伸建设规模化、标准化农产品原料基地。二是后向延伸融合。以农业生产为基础，向农业产后加工、流通、餐饮等环节延伸，带动农业后向产业链、价值链升级和农产品梯度增值。多表现为专业大户、家庭农场、农民专业合作社和种植型龙头企业等新型农业经营主体发展农产品本地化加工、流通和餐饮等。例如，国内许多食品加工企业向前延伸发展规模化、标准化原料基地，向后发展农产品初加工、精深加工和主食加工，促进农产品加工业提档升级。仓储物流企业发展农产品订单式种养殖基地及配套的产后加工、仓储物流，完善冷链物流体系，打造区域性先进冷链物流中心。部分超市和大型零售商联合专业大户、家庭农场和农民专业合作社建设粮食、蔬菜、瓜果等优质、标准化种植基地，着力发展农超对接，更好地发现、凝聚、引导甚至激发消费需求，推动农业发展由生产导向向消费导向转变，更好地满足人民日益增长的对绿色、生态、质优农产品和美好生活的需求。

---

① 引自国家发展改革委宏观院和农经司课题组：《推进我国农村一二三产业融合发展问题研究》，《经济研究参考》2016 年第 4 期。

② 引自莱芜市农业局《发展农业"新六产" 深入推进供给侧结构性改革》，《农村经济》（山东省农业厅内部刊物）2017 年第 4 期。

(三) 农业功能拓展融合模式

主要立足农业多种功能的挖掘与拓展，顺应人民群众精神消费需求日益增长的需要，依托农村绿色生态资源，推进农业与旅游、教育、文化、创意、康养、运动等产业深度融合，大力发展休闲农业、乡村旅游、农耕体验、科普教育、康体运动、素质拓展、文化农业、创意农业等，构建集生产、生活、生态功能于一体的农业产业新体系。具体来看，以蔬菜瓜果种植农民专业合作社和龙头企业为核心，促进农业生产与旅游观光、农耕体验、节庆采摘、科普教育深度融合。依托农村温泉、传统历史文化资源等，促进农业生产与美丽乡村和特色小镇建设、颐养居住深度融合，大力发展"吃、住、游、购"一体化的特色村寨民宿旅游休闲业、体验农业、康养农业等。依托农村特色农业资源和产品以及历史文化、传统农耕文化和农产品加工文化，引入创意元素，发展参与式、体验式、娱乐式、定制式创意农业。还有些地方利用油菜、桃树种植等，大力发展油菜花、桃花等"花海"经济。例如，莱芜市香山田园生态农业有限公司，建有生态农业示范观光园，园区占地面积100余亩；建有农耕文化主题广场、生态餐厅、水果大棚以及绿色精品果树采摘园、绿色瓜菜示范园、养殖小区等。目前，园区已打造成集创新高效、文化传承、生态观光、休闲度假、绿色美食于一体的生态农业示范园[①]。

(四) 先进要素渗透融合模式

主要立足科技进步和模式创新，将"互联网+"、物联网、云计算、大数据等新一代信息技术和传感器、地理信息系统（GSI）、卫星导航等设备和软件渗透融合于农业生产、加工、营销和服务等领域和环节，大力发展农村电商、智慧农业等新产业新业态，以及农商直供、产地直销、食物短链、社区支农、会员配送、个性化定制等新型经营模式。具体来看，专业大户、家庭农场等新型农业经营主体对接天猫、京东、我买网、淘宝等电商平台，开设农产品及加工制品特色馆，开拓电商销售渠道。许多地方大力推进供销社基层网点、村邮站、乡村农家店等改造为农村

---

① 引自莱芜市农业局《发展农业"新六产" 深入推进供给侧结构性改革》，《农村经济》（山东省农业厅内部刊物）2017年第4期。

电商服务点，发展特色电商村。在应用前景广阔的畜禽养殖、水产养殖、设施农业等领域开展农业物联网应用示范工程建设，实施精准农业、智慧农业科技示范工程，对农产品生产、销售、加工等全过程实施智能感知、预警、分析、决策和控制。例如，在山东省莱芜市，截至2016年年底，全市注册农产品电子商务企业和农民专业合作社360多家，其中50%的龙头企业、农民专业合作社、家庭农场通过阿里巴巴、京东商城、我买网、中国制造网、慧聪网、淘宝、天猫等第三方平台开设网销店铺，宣传展示产品，进行订单签约、产品销售、物流配送，开展电子商务交易①，电商交易规模不断扩大。在山东省寿光市，建有大量"智慧蔬菜大棚"，一整套智能化设施实时监测湿度、温度、光照、通风等变化状况，开展自动灌溉、降温、通风、施肥等照料活动。

三 农村新产业新业态持续快速发展

近年来，随着城乡居民收入增长和消费结构优化升级、现代信息技术的快速发展和创新应用、"大众创业、万众创新"的深入推进和农村改革的不断深化，农业农村资源要素的组合配置和利用方式正在发生新变化，"互联网+""旅游+""生态+"不断深度渗透、融入农业农村发展的各个领域和环节，农村电商、休闲农业和乡村旅游等农村新产业新业态②蓬勃涌动、持续快速发展，正为农业增效、农民增收、农村繁荣发展注入前所未有的新活力和新动能。

（一）着力实施"互联网+"行动计划，农村电子商务快速发展

得益于"互联网+"的发展普及，特别是大数据、云计算、物联网等现代信息技术与农业农村产业发展与经济活动的深度"联姻"，1995年以来，中国农村电子商务等新业态发展迅猛，已初步形成了包括农产品网上期货交易、大宗农产品电子交易市场、农产品B2B电子商务网站，

---

① 引自莱芜市农业局《发展农业"新六产"深入推进供给侧结构性改革》，《农村经济》（山东省农业厅内部刊物）2017年第4期。

② 新产业新业态是指通过要素聚合、一二三产业融合渗透和交叉重组、农业多功能拓展等所形成的新的产业形态，它是技术、资本、管理等现代先进要素与传统农业农村产业体系深度融合和创新的产物。

以及涉农网络零售平台等在内的多层次涉农电子商务市场体系和网络体系。目前，农村电商已显现出较高的业态价值和广阔的发展前景，成为村生产生活、服务消费的新动力。

商务部统计数据①显示，近几年来，中国农村网民规模持续增长，由2012年的1.56亿人增长到2017年的2.09亿人，年均增长5.66%；2017年，农村网民占全国网民总数的27%。农村互联网普及率逐年提高，由2012年的23.70%提高到2017年的35.40%，年均增长1.95个百分点。2014—2017年，农村地区网络零售额由1800亿元逐年快速增长到2017年的12448.80亿元，年均增长率达96.23%；农村网络零售额在全国网络零售总额中的比重由2014年的6%逐年提升到2017年的17.40%，年均提升3.80个百分点。2017年农村网络零售额中，实物类产品网络零售额7826.60亿元，在农村网络零售总额中的所占比重达62.87%；服务类产品网络零售额4622.20亿元，在农村网络零售总额中的所占比重为37.13%。截至2017年年底，全国范围内开设的农村网店达985.6万家，带动就业人数超过2800万人。阿里巴巴淘宝村有2118个；农产品大宗商品电子交易市场585家；生鲜农产品电商交易额1391.30亿元，比2016年（913.90亿元）增长52.24%。2012—2016年，阿里巴巴农产品电商由26.02万家快速增长到近100万家，年均增长56.86%；农产品线上交易额由200亿元快速增长到1000多亿元，年均增长80%②。

（二）努力拓展农业多种功能，休闲农业和乡村旅游蓬勃兴起

在市场拉动、政策推动、创新驱动下，近年来全国各地休闲农业和乡村旅游等新兴产业蓬勃兴起，呈现出"发展加快、布局优化、质量提升、领域拓展"的良好发展态势，正成为农民增收的新亮点和城乡居民休闲旅游的新去处，成为农业旅游文化"三位一体"、生产生活生态"三生"同步改善、农村"三产融合"深度发展的新模式和传承农耕文明的新载体。

---

① 若无特殊说明，本部分内容数据均来自中国国际电子商务中心研究院《中国农村电子商务发展报告》（2015—2016，2016—2017，2017—2018），http://ciecc.ec.com.cn/。

② 阿里研究院：《阿里农产品电子商务白皮书》（2012—2016年），http://www.aliresearch.com/blog.html。

自 2011 年起，农业部持续开展全国休闲农业和乡村旅游示范县（市、区）和示范点创建、中国最美休闲乡村推介和中国美丽乡村试点创建活动。截至 2016 年年底，共认定 536 个全国休闲农业与乡村旅游示范点。截至 2017 年年底，共认定 289 个全国休闲农业与乡村旅游示范县。2016 年和 2017 年，共推介 300 个中国美丽休闲乡村[①]。全国休闲农业和乡村旅游经营收入由 2014 年的 3000 亿元逐年快速增长到 2017 年的 6200 亿元，年均增长 28.33%。据农业部农村社会事业发展中心的不完全统计，2016 年，全国休闲农业和乡村旅游的规模化经营主体达 30.57 万个，比 2015 年增长 15%。接待游客近 21 亿人次，营业收入超过 5700 亿元，比 2015 年增长 30%；从业人员 845 万人，比 2015 年增长 7%，带动 672 万户农民受益，比 2015 年增长 22%，从业人员人均年收入超过 3 万元，户均年收入超过 6 万元，农家乐经营户年收入超过 20 万元。全国休闲农业和乡村旅游园区农副产品销售收入达 3641.50 亿元，占休闲农业和乡村旅游总收入的 63.90%，休闲农业总收入占第一产业产值的比重大幅提升至 25%。随着农业旅游、文化、生态功能和价值的不断开发和凸显，以及城乡居民消费需求多元化、个性化趋势的增强，"农家乐""共享农庄""文化农庄""田园农舍""田园综合体""特色小镇""美丽乡村"等休闲农业和乡村旅游日益成为旅游业的新增长点和亮点。

四 "三产融合"主体之间的利益联结机制日趋紧密

随着"三产融合"发展的深入推进，"三产融合"主体之间探索订单合同、股份合作、流转优先聘用等多种紧密型利益联结机制，日益形成"优势互补、利益共享，全链协作、共同投入，风险共担、持久运营"的互惠互利共赢关系。尤其是，通过利益联结机制的完善、优化，农民"获农金、收租金、挣薪金、分股金"的跨界增收、跨域获利的格局基本形成。

---

① 2016 年农业部只认定 74 个全国休闲农业与乡村旅游示范县；从 2016 年开始，国家将全国休闲农业和乡村旅游示范点创建、中国最美休闲乡村推介、中国美丽乡村试点创建整合为中国美丽休闲乡村推介活动。

（一）订单合同

订单合同是指在"三产融合"中龙头企业与普通农户、专业大户、家庭农场等农业生产主体签订的农产品购销合同，其基本模式主要为"企业+农户""企业+基地+农户""企业+专业大户""企业+家庭农场"等。龙头企业按照农产品购销合同为普通农户、专业大户、家庭农场等提供农产品生产所需的资金、技术、种苗等，并按照约定数量、质量和价格收购农产品；普通农户、专业大户、家庭农场根据农产品购销合同生产符合龙头企业质量要求的农产品。通过订单合同，龙头企业与普通农户、专业大户、家庭农场之间形成订单农业关系。这种订单农业关系，在很大程度上缓解了农业生产者"卖难"问题和龙头企业原料"买难"问题。一方面，为稳定农产品价格、增强农民收入增长预期提供重要保障；另一方面，有利于龙头企业获得稳定优质的原料供给。在实践中，有的龙头企业按照合同约定价格或者市场价格以现金形式事先向普通农户、专业大户、家庭农场支付价款；有的采取利润返还、二次结算的方式。

（二）股份合作

2013年11月，党的十八届三中全会首次提出，"允许农民以承包经营权入股发展农业产业化经营"。此后，2015—2018年中央"一号文件"对农民以土地经营权入股发展农业产业化经营，鼓励发展股份合作提出了更为明确的政策规定和方向①。2015年年初，农业部部署7个县（市、区）② 土地经营权入股发展农业产业化经营试点工作。在股份合作中，普通农户主要是以土地经营权、温室大棚、劳务、集体资产股份等入股农

---

① 2015年中央"一号文件"明确提出，引导农民以土地经营权入股合作社和龙头企业。2016年中央"一号文件"提出，鼓励发展股份合作，引导农户自愿以土地经营权等入股龙头企业和农民合作社，采取"保底收益+按股分红"等方式，让农户分享加工销售环节收益，建立健全风险防范机制。2017年中央"一号文件"提出，通过经营权流转、股份合作、代耕代种、土地托管等多种方式，加快发展土地流转型、服务带动型等多种形式规模经营。2018年中央"一号文件"提出，大力开发农业多种功能，延长产业链、提升价值链、完善利益链，通过保底分红、股份合作、利润返还等多种形式，让农民合理分享全产业链增值收益。

② 7个县（市、区）分别为黑龙江省桦南县、江苏省常州市武进区、浙江省桐庐县、山东省青州市、重庆市涪陵区、四川省崇州市、贵州省盘州市。

民专业合作社和龙头企业，或者龙头企业以资金、技术、品牌等入股领办农民专业合作社，普通农户与农民专业合作社、龙头企业，或者农民专业合作社与龙头企业之间形成更为紧密的股份（合作）型利益联结机制，建立权益共享、风险共担、互惠共赢的关系。截至2017年6月底，7个试点县（市、区）已探索形成"农户+土地股份合作社""农户+龙头企业""农户+土地股份合作社+龙头企业""土地股份合作社+龙头企业"等股份合作模式，以及"保底收益+按股分红""按股分红+务工收入""按资分红+二次返利""产值分成"等分配机制[1]。农户以土地经营权等入股发展农业产业化经营，创新了土地经营权流转方式和放活机制，丰富了农地"三权分置"具体实现形式，促进了土地集中、统一耕作和连片经营，推进了农业土地规模经营和服务规模经营快速发展，拓展了农民增收和就地就近就业新渠道，让农民更多分享农业增值收益和产业链利润。与其他利益联结机制相比，股份合作型的利益联结机制更稳固，利益联结关系有新的提升和强化，尤其是农民能够凭借股份获得稳定、可预期的收入，融合主体之间形成了"你中有我、我中有你"的利益共同体和命运共同体。

（三）流转优先聘用

流转优先聘用是指在农户以土地经营权流转方式（包括转包、出租、入股等）参与"三产融合"时，土地经营权流入方在对外雇用劳动力时优先聘用流转农户。一些地方在推进"三产融合"过程中，着力强化农民专业合作社、龙头企业联农带农激励机制和社会责任，鼓励引导参与"三产融合"的农民专业合作社和龙头企业优先聘用，以及家庭农场优先雇用流转出土地的农民，为其提供就业岗位、技能培训和社会保障。例如，浙江省杭州雨樵农业开发有限公司积极吸纳部分有劳动能力、愿意从事农业生产的入股农户在公司打工赚取薪金，探索实行租金保底、股金分红、薪金创收"三金合一"的分配机制。贵州省盘州市积极推广"平台公司+农民专业合作社+农户"模式，并明确规定平台公司、农民

---

[1] 农业部农业产业化办公室：《"土地经营权入股发展农业产业化经营"开启改革新征程》，《农民日报》2017年8月1日第8版。

专业合作社要为入股农户优先安排劳务。湖北省金秋农业高新技术股份有限公司与当地承包农户签订土地经营权流转合同，约定每年每亩800元流转农民土地承包经营权，同时，每年每亩3000元劳务工资返聘流出土地农民。

第三节　农村一二三产业融合发展的案例考察

在日本和荷兰等发达国家以及中国的安徽省宿州市，分别涌现了农业"六次产业"、农民专业合作社一体化产业链组织联盟和农业产业化联合体等"三产融合"的典型案例和经验借鉴。鉴此，本部分对其进行实证考察与分析。

一　日本：农业"六次产业"

早在1996年，日本学者今村奈良臣就提出，鼓励农户在从事种植业、养殖业的同时，还要从事农产品加工、流通、销售、休闲与旅游观光等农村第二、第三产业，发展多种形式农业经营，以提升农产品附加值和农民收入；据此，今村奈良臣提出了"六次产业"概念（程郁，2015）和发展理念。此后，"六次产业"逐渐被日本政府采纳，2008年12月，日本民主党内阁会议通过的《农山渔村第六产业发展目标》首次提及"第六产业"。2009年11月，日本农林水产省专门编制了《六次产业化白皮书》。2010年，农林水产省出台了《六次产业化·地产地销法》，首次提出要将"六产产业化"与"地产地销"有机结合。后来，日本政府相继出台了《农山渔村六次产业化政策实施纲要》《农业主导型六次产业化准备工作实施纲要》等政策文件。这些表明，日本政府已将"六次产业"发展置于增强农业农村发展活力和质量的战略地位。

（一）"六次产业"的内涵

日本农林水产省发布的《食品、农业、农村发展白皮书》将"六次产业"定义为，综合推进农林渔业等第一产业、制造业等第二产业和零售业等第三产业一体化,活用地区资源以创造新的附加价值①。一般认为,六次产业即为三产之和,等于1+2+3;亦为三产之积,等于1×2×3。其中,"1"是指农产品初级生产,"2"是指初级农产品的精深加工,"3"是指农业产前、产中、产后过程中的各类服务业,以及基于农业多功能开发而发展的农业休闲旅游等。"六次产业"是指以第一产业(即农业)为基础,以第一产业从业者为经营主体,通过促进农村一二三产业的一体化、融合化发展来提高农业与农村经济发展质量和效益,从而增加农民收入的一种综合性发展策略和模式(路征,2016)。"六次产业"发展的核心是依托当地农民开发农业农村资源,通过技术创新和创意设计充分开发农业的多种功能与多重价值(程郁,2015),从而将农业附加值更多地留给当地农村和农民(易小燕、陈印军等,2016)和促进农产品的"地产地销"。"地产地销"主要有两种方式:一是使用当地生产出来的农产品作为加工原料,以提高农产品的本地化自给率,降低对外来农产品加工原料和食品的依赖度;二是将当地生产出来的农产品加工成为具有地理标志品牌效应的土特产品,并对外输出,提高当地农产品附加值和增值收益(姜长云,2015b)。日本"六次产业"具有三个本质特点:一是农户、农民专业合作社、农协、企业等主体通过合作、入股等机制形成利益共同体;二是创新和增值,即发展"六次产业"旨在技术和产品创新、效益和价值提升,"人无我有、人有我优、人优我特";三是可持续发展(王乐君、赵海,2016)。显然,发展"六次产业"意在强调农业产业链的多向延伸、产业范围和规模的多维拓展,推进农村一二三产业之间的有机整合和无缝链接(姜长云,2015b)。需要说明的是,"六次产业"强调农业性后向延伸,让农民更多地分享农业产业链收益,促进农业农村可持续发展,实现农业农村振兴;而不是让工商资本前向整合、吞噬和兼并农业。

---

① 農林水産省:《平成23年度食料・農業・農村白書:6次産業化等による所得の増大》,2012:189(2012-04-24)[2016-04-10],http://www.maff.go.jp/j/wpaper/w_maff/h23/zenbun.html。

(二) 阿苏牧场"六次产业"案例

阿苏牧场[①]位于日本南部九州岛熊本县，牧场利用当地独特的地理和自然资源优势以及丰富的农牧产品优势，以当地自然、文化、健康和食品为主题，将牧场生产经营与自然融为一体，建立了集农业种植、畜牧养殖、农产品加工和销售、农业休闲和观光旅游以及科普教育等于一体的有机生态、共生循环产业模式，形成了一个较为完整的农旅产业链和可持续发展的商业模式。

阿苏牧场采用传统自然和科学方法饲养黑猪、奶牛、山羊等畜牧，种植粮食、果蔬、牧草等。畜牧可以在牧场内自由活动，食用牧场的种植牧草和天然牧草，畜牧粪便在牧场内就地回收发酵为有机肥，供粮食、果蔬等农作物种植使用。阿苏牧场建有生产农产品和当地土特产加工厂，就地加工净菜、有机果蔬、奶酪等奶制品，火腿等肉制品，面包，其他当地土特产等，提高农产品附加值，确立了享誉日本的"阿苏牧场"系列农产品加工品牌。阿苏牧场还建有农产品直销商店、农家旅馆和高档饭店、工艺体验设施、自然度假设施、温泉设施等，融入城乡居民所新兴追求的"体验型、度假型"等旅游需求，游客可以牧场在内购物、特色餐饮、度假休闲等。在牧场内，游客可以近距离地参观畜牧的生活习性、农作物的种植流程和生长情况。为增强游客乐趣和体验感，阿苏牧场还在牧场内组织了各种休闲体验活动，让游客深度体验畜牧养殖、农业种植和食品制作活动。例如，挤牛奶、喂食畜牧、动手耕作、采摘果蔬、手工制造点心等，游客可以品尝或者带走自己制作的食品。

综上分析可知，阿苏牧场"六次产业"发展呈现以下主要特征：一是注重充分发挥本地自然资源和禀赋优势。阿苏牧场以市场需求为导向，因地制宜地将当地特色种植和养殖方式、优势与特色农产品与地方传统文化、风土习俗、历史底蕴、自然风光等有机结合，打造富有当地特色和独特优势的产品和服务，着力增强"阿苏牧场"品牌效应。二是注重农业多功能开发。阿苏牧场"六次产业"发展不断呈现出农业生产、生

---

① 阿苏牧场案例资料来源于易小燕、陈印军、袁梦、方琳娜、钱小平《日本以"六次产业化"发展现代农业的做法与启示》，《中国农业资源与区划》2016年第7期。

活、生态等多样化功能。农业科普教育、研学与素质拓展、农事体验等的发展，一方面达到了发展"六次产业"的目的和实践效果；另一方面，为游客和消费者提供了学习农业技术、增加农业知识、体验农事操作与活动、了解农业历史和文化、认识农业发展客观规律的机会。农业观光园、休闲农舍、特色饮食等为游客和消费者提供了体验乡村生活的渠道和机会。三是注重地产地销。阿苏牧场发展"六次产业"主要有三种实践形态：①产地加工型，主要是利用牧场和当地农产品发展农副产品加工业；②产地直销型，阿苏牧场自行建立直销店，培育"阿苏牧场"自有品牌和特色品牌；③旅游消费型，发展休闲农业和乡村旅游等。四是注重全产业链增值：①畜牧养殖与农业种植有机融合，实现田园生产环节的价值增值；②农业生产与加工、销售有机融合，促进农产品的产供销一体化经营，实现加工环节的价值增值；③农业生态、旅游功能的开发及其与农业生产、加工的有机结合，实现农业的旅游和生态价值，促成经济发展和生态环境保护的共赢。

二 荷兰：合作社一体化产业链组织联盟

荷兰位于欧洲西北部，国土面积约为4.2万平方公里，总人口约为1636万人（2007年数据），是世界上人口密度较大的国家之一，属于典型的欧洲小国，却是世界农业大国。从世界农业的视野来看，荷兰是农产品净出口额的"世界冠军"，是多项世界农业"金牌"得主：农产品出口率世界第一，土地生产率世界第一，设施农业世界一流（厉为民，2003），创造了举世瞩目的"农业奇迹"。荷兰"农业奇迹"的实现，不仅得益于良好的农业基础设施、健全的合作组织和高效率的知识创新系统，也得益于有生命力的农民专业合作社一体化产业链组织联盟的发展。

（一）农民专业合作社一体化产业链组织联盟的内涵

荷兰的"三产融合"发展主要表现为农民专业合作社一体化产业链组织联盟，这是荷兰农业和家庭农场快速发展、获得强大竞争力的重要组织基础。在该种产业链组织联盟中，家庭农场、农民专业合作社和公司三者组成了以股权为纽带的产业链一体化利益共同体，形成了相互支撑、相互制约、内部自律的"铁三角"关系。家庭农场是该组织模式的基础，是农业生产的基本单位。农民专业合作社是该组织模式的核心和主导，是家庭农场主以自愿自发方式组成的商业自治组织，它不以盈利为目标，其存在价值是全力保障社员家庭农场的经济利益。公司的作用是收购、加工和销售家庭农场所生产的农产品，以提高农产品附加值。

（二）乳业农民专业合作社一体化产业链组织联盟案例

以荷兰乳业为例，其产业链组织联盟就是以适度规模家庭农场为基础的"合作社一体化"，其中，规模较大、效率较高和代表性显著的当数菲仕兰·坎皮纳乳业合作社一体化产业链组织联盟（见图10—1）。在该产业链组织联盟中，家庭农场、农民专业合作社和公司三者的关系是：（1）1.9万余家养殖奶牛50—100头的中等规模家庭农场组建菲仕兰·坎皮纳乳业合作社，奶牛养殖家庭农场可以自由选择加入和退出合作社。加入合作社的家庭农场为社员家庭农场，其职责是生产安全优质的鲜奶。之所以合作社以中等规模家庭农场为基础，是因为中等规模家庭农场既可以承受购置机械化、信息化养殖设备的成本分摊，节约奶牛养殖规模过大导致的疫病防控、生态环境治理成本，又可以使奶牛避免"圈养"，而是"散养"在户外草场，按照动物天性成长。（2）菲仕兰·坎皮纳乳业合作社领导层由社员家庭农场主投票选举产生。菲仕兰·坎皮纳乳业合作社建立菲仕兰·坎皮纳乳业公司。该公司的全部股权为菲仕兰·坎皮纳乳业合作社社员家庭农场所有，社员家庭农场主选举组成的董事会负责经营管理该公司，该公司经理由社员家庭农场主代表组成的委员会任免。菲仕兰·坎皮纳乳业公司的职责是：收购社员家庭农场生产的鲜奶，并将其加工成各类乳制品，销往国内外；延伸鲜奶产业链，以提高和实现鲜奶的附加值。（3）菲仕兰·坎皮纳乳业合作社本身没有盈利目标，其存在价值体现为优化资源配置，以保障社员家庭农场的经济利益，其主要职责表现在以下四个方面：一是为社员家庭农场提供各类农资、农机供应和生产性服务（例如设备安装服务、技术指导和咨询服务、融资和保险服务等）；二是监管、帮助社员家庭农场提升鲜奶质量；三是确保菲仕兰·坎皮纳乳业公司①以较高价格（一般高于市场平均价格）全部收购社员家庭农场生产的鲜奶；四是敦促和监督菲仕兰·坎皮纳乳业公司向社员家庭农场分派红利。

```
服务和监督                    鲜奶生产        鲜奶收购、加工，乳制品销售
                                                              产业链
┌─────────────────────┐  组建、自由    鲜奶销售收入  ┌─────────────────────┐
│ 菲仕兰·坎皮纳乳业合作社 │  加入和退出   公司利润分红  │ 菲仕兰·坎皮纳乳业公司 │
│ 农资和农机供应、生产性服务供给│→  ┌────────┐  ←  │ 收购社员家庭农场生产的鲜奶│
│ 监管、帮助社员家庭农场提升鲜奶质量│  │ 社员家庭农场 │    │ 将鲜奶加工成各类乳制品 │
│ 确保公司收购社员家庭农场生产的鲜奶│  │生产安全优质鲜奶│   │ 将乳制品销往国内外市场 │
│ 敦促和监督公司向社员家庭农场分派红利│  └────────┘    │ 延伸鲜奶产业链，以提高附加值│
└─────────────────────┘  保证社员家  通过合作社成    └─────────────────────┘
                         庭农场经济利益 为公司股东
        ↑                                                    │
        └──────────── 建立公司，拥有公司全部股权 ──────────────┘
```

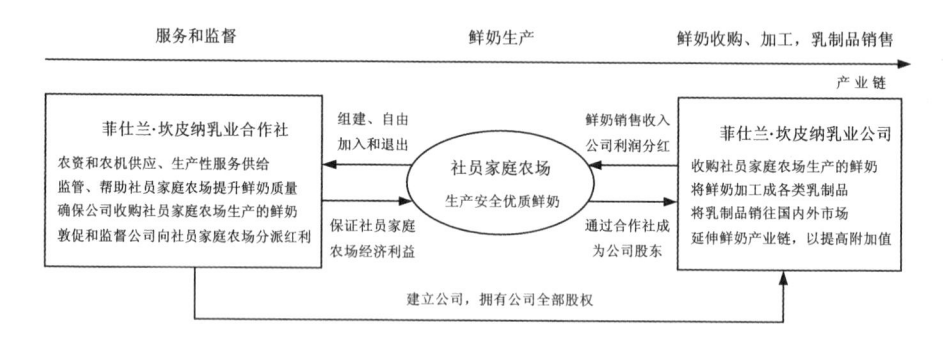

**图 10—1 以奶牛养殖家庭农场为基础的菲仕兰·坎皮纳乳业
合作社一体化产业链组织联盟**

资料来源：笔者自制。

显然，在菲仕兰·坎皮纳乳业合作社一体化产业链组织联盟下，奶牛养殖家庭农场主不仅拥有自己的家庭农场，还通过组织菲仕兰·坎皮纳乳业合作社，成为菲仕兰·坎皮纳乳业公司的股东。在整个乳品产业链中，奶牛养殖家庭农场的经济利益得到了最大化保障；在合作社主导下，奶牛养殖家庭农场主成为整个乳品产业链的主人。

三 安徽省宿州市：农业产业化联合体

（一）宿州市农业产业化联合体发展现状

宿州市位于安徽省东北部，地处皖苏鲁豫四省交汇地带，下辖四县一区（砀山县、萧县、灵璧县、泗县、埇桥区）和七个省级经济开发区，辖区面积 9787 平方公里，耕地面积约 727 万亩，是安徽省和全国重要的

---

① 荷兰菲仕兰·坎皮纳乳业公司是由菲仕兰·坎皮纳乳业合作社（2008 年由菲仕兰和坎皮纳两大乳业合作社合并组成）全资控股的跨国乳品公司，其历史可以追溯到 1871 年。目前，该公司已拥有 1.9 万家社员奶牛养殖家庭农场，在 38 个国家设有乳制品工厂和分支机构，乳制品销往 100 多个国家。2012 年，该公司实现销售收入 103 亿欧元，营业利润 4.82 亿欧元，净利润 2.74 亿欧元，在全球乳制品行业中位列第五（嵇晓雄，2013）。

粮食、蔬菜、肉蛋、水果供应基地和农产品集散中心,也是典型的经济欠发达农业大市①。

2011年年底,安徽省宿州市获批全国首批农村改革试验区(共24个),其中的一项试验项目是培育新型农业经营主体,创新现代农业经营组织体系。由此,在总结部分龙头企业创新现代农业经营组织体系做法经验的基础上,经过反复调研和讨论,2012年9月28日,宿州市出台了《现代农业产业化联合体建设试点方案》,正式提出"以农业企业为龙头、家庭农场为基础、农民专业合作社为纽带"组建现代农业产业化联合体(以下简称"联合体"),首批选择组织16个龙头企业牵头成立联合体开展试点。此后,宿州市农业产业化联合体发展迅速,截至2018年6月底,全市已发展联合体259家,加入联合体的农业产业化龙头企业267家、农民专业合作社845家、家庭农场1749家,覆盖了粮食、畜禽、果蔬、花卉、林木、农产品加工等主导产业,年产值280亿元以上②。宿州市的联合体数量、产值一直位于安徽省前列。

(二)农业产业化联合体的定义

在调研总结宿州市经验基础上,2014—2017年,发展农业产业化联合体连续四年被写入安徽省"一号文件"。2015年8月,安徽省人民政府办公厅印发了《关于培育现代农业产业化联合体的指导意见》(皖政办〔2015〕44号),并将联合体定义为,"以龙头企业为核心、以家庭农场为基础、以农民专业合作社为纽带的新型农业经营组织紧密联盟"。2017年10月,农业部等六部委联合印发了《关于促进农业产业化联合体发展的指导意见》(农经发〔2017〕9号),提出联合体是"龙头企业、农民

---

① 2017年年末,全市常住人口565.69万人,其中,农村人口330.59万人,城镇人口235.10万人,城镇化率41.56%。2017年,国内生产总值1503.91亿元,比2016年增长9.10%;人均国内生产总值26722元(折合4222美元),仅相当于全国人均国内生产总值(59660元)的44.87%、安徽省人均国内生产总值(44206元)的60.45%;其中,第一产业增加值258.45亿元,占比17.19%。宿州市四县一区均为全国著名粮棉大县,小麦、玉米、花生产量常年居安徽省第一位,灵璧县、泗县为安徽省畜牧十强县,砀山酥梨、萧县葡萄、符离集烧鸡、夹沟香稻米等名优特产久负盛名。

② 《宿州市已发展农业产业化联合体259家》,http://www.ahsz.gov.cn/11708285/20507848.html。

专业合作社和家庭农场等新型农业经营主体以分工协作为前提，以规模经营为依托，以利益联结为纽带的一体化农业经营组织联盟"。宿州市首创的联合体模式在国家层面正式得到认可并全国推广。由此，我们认为，联合体是指龙头企业、农民专业合作社和家庭农场等依托农业产业链，按照优势互补、分工协作、共生共赢的路径所组成的集生产、加工、服务于一体的新型农业产业化经营组织联盟。

（三）粮食产业化联合体案例

安徽省宿州市淮河粮食产业化联合体是2012年7月在当地最早自发成立的联合体，2012年9月纳入首批试点之一。该联合体由淮河种业有限公司牵头组建，目前已发展成为由1家龙头企业、13家农民专业合作社、27家家庭农场和6家种植大户组成的联合体，通过各种流转方式获得耕地面积1.60万亩，小麦良种繁育面积4万亩，托管耕地面积4万亩。联合体现有各类农业机械装备430台（套），办公和库棚面积2412平方米，水泥晒场1万多平方米，农机维修车间占地1450平方米，日烘干能力100万斤烘干设备多套。

在淮河粮食农业产业化联合体中，龙头企业、农民专业合作社、家庭农场和种植大户通过签订合同、协议或者制定章程，明确各自合理分工，确立各方功能定位和权责，形成紧密型农业经营组织联盟，优势互补，实行一体化发展。其中，淮河种业有限公司是核心和引领，统一制定农产品生产、服务、加工规划和标准等，引导标准化生产。以优惠价格向家庭农场、种植大户提供种苗及农用生产资料，并以高于市场的价格收购农产品。农民专业合作社是纽带和桥梁，上联淮河种业有限公司，下接家庭农场、种植大户，按照淮河种业有限公司要求为家庭农场、种植大户定向、按需提供产前、产中、产后服务。家庭农场、种植大户是基础，主要按照淮河种业有限公司要求从事标准化生产，向其提供优质、安全、可靠的农产品。由此，淮河种业有限公司通过农民专业合作社将分散的家庭农场、种植大户联合起来，将粮食产业的产前、产中、产后各环节紧密联结成为一个产业链相加、价值链相乘、供应链相通的完整产业生态系统，形成优势产业集聚、三产融合发展、产品质量安全、主体合作共赢的粮食产业高质量发展新格局。

第四节 构建农村一二三产业融合
发展体系的未来思路

党的十九大报告提出,"中国特色社会主义进入新时代,我国社会主要矛盾已经转化为人民日益增长的美好生活需要和不平衡不充分的发展之间的矛盾"。2018年中央"一号文件"提出,实施乡村振兴战略,产业兴旺是重点,要"构建农村一二三产业融合发展体系"。因此,在新时代的历史方位上,解决农业发展不平衡、不充分问题,实现乡村振兴,更好满足人民对绿色、生态、优质农产品和物质、文化、生态等方面美好生活的需要,就要牢固树立新发展理念,着力构建"三产融合"发展体系,加快推动"三产融合"发展不断取得新成效、新进展。

一 培育、发展壮大多元化融合主体,强化各主体独特作用

构建"三产融合"发展体系,主体是前提,是引领者和生力军。为此,要努力培育、发展壮大多元化新型农业经营主体与服务主体等融合主体,建立健全分工协作机制,不断增强多元化融合主体的引领带动作用。

(一)加快发展专业大户、家庭农场,不断强化其生产主体地位和基础作用

引导、鼓励承包农户依法、自愿、有序流转土地经营权,培育、发展壮大规模经营,示范带动能力强的专业大户、家庭农场。引导、鼓励专业大户、家庭农场实行专业化、标准化和清洁化生产、加强田间管理、申请"三品一标"认证、规范生产记录和财务收支记录,提高经营管理水平。鼓励、引导家庭农场为周边农户提供生产性服务,确立家庭农场的新型农业生产和服务"双重"主体地位,并给予政策倾斜和重点支持。引导专业大户、家庭农场与农民专业合作社、龙头企业开展产品对接、要素联结和服务衔接,促进节本、增产、增效。

(二)规范发展农民专业合作社,不断强化其服务能力和纽带作用

坚持发展与规范并举、数量与质量并重,加快推进农民专业合作社

的规范化建设和提质增效发展，不断增强带动能力、经济实力、发展活力、服务效应。鼓励农民专业合作社拓展合作领域和服务内容，积极发展生产、供销、信用"三位一体"综合合作。引导农民专业合作社多向拓展、延伸农业产业链，发展农产品产地产销、产地初加工、休闲农业和乡村旅游，多层次开发多元功能与多重价值。支持农民专业合作社组建生产型、营销型、产业链型、综合型等联合社，提高合作层次，增强竞争力。

（三）大力发展龙头企业，不断强化其核心主体地位和引领作用

鼓励、支持龙头企业大力推行高效生态循环种养模式，积极发展农产品精深加工、物流运输、现代营销、精准农业、智慧农业等。引导龙头企业强化产业链建设和供应链管理，制定农业种养、加工和服务标准，示范引导、带动小农户、专业大户、家庭农场等开展标准化、集约化生产。不断强化、提升龙头企业在农业科技创新体系中的主体地位，支持龙头企业采取自主、产学研合作等方式建立研发机构，加大研发投入，提升创新能力。引导、支持龙头企业引入、聚集现代生产要素，建设"生产+加工+科技+仓储+物流"的现代农业产业园，充分发挥现代农业产业园创业与创新平台、技术集成与应用、要素与产业融合、引领与辐射带动等功能。

（四）积极发展农业社会化服务组织，不断强化其服务主体地位和支撑作用

全面深化供销合作社、邮政组织、农机系统改革，着力推动加快形成综合性、规模化、可持续的为农服务体系，打造同农民利益联结更紧密、服务功能更完备、市场运作更有效的为农服务综合平台组织与网络体系，促进传统农资流通网点向现代农资综合服务商、"三产融合"全程服务商转型。总结推广各地农业生产全程社会化服务试点良好做法与成功经验，大力扶持培育土地托管、农机作业、田间植保、烘干仓储、初加工服务、市场信息、市场营销、品牌建设等经营性服务组织。引导、支持农业社会化服务组织不断创新服务方式和手段，为小农户和各类新型农业经营主体提供系列化、专业化、个性化、定制化服务。

二 创新发展多类型"三产融合"模式,促进不同模式共生协同

构建"三产融合"发展体系,模式是重点。为此,要坚持多类型理念,创新发展"三产融合"模式,促进不同模式优势互补、共生共存、协同发展。

(一)稳步推进农业内部交叉型融合

以农林结合、农牧结合、农渔结合、农林牧渔融合、循环发展为导向,加快推进农业内部各产业之间的交叉型融合。按照稳粮、优经、扩饲的要求,推进粮经饲协调发展。粮食作物重点发展优质稻米和强筋弱筋小麦,确保口粮绝对安全;经济作物重点巩固主产区棉花、油料、糖料生产和各城市郊区蔬菜生产,优化品种品质,促进质量安全与增值增效。饲料作物重点发展青贮玉米、苜蓿等优质牧草,大力培育现代饲草料产业体系。稳定生猪生产;加快品种改良,大力发展牛羊等草食畜牧业、近海和远洋水产捕捞业,调整优化畜牧水产养殖结构,提高畜牧业、水产品养殖业发展质量。加快农牧交叉融合发展,形成"以养带种、牧林农复合、草果菜结合、生态循环"的农牧共生型种养模式,大力发展种养结合循环农业。积极发展林下经济,推进"林—畜""林—菜""林—草""林—药""林—果"等农林、林牧复合经营模式。

(二)纵深推进农业产业链延伸型融合

强化产业链竞争意识,立足当地实际、分类施策,积极探索、纵深推进具有地方特色的农业产业链延伸型融合。一是按照"纵向延伸、横向扩张、侧向拓展"的思路,通过组建产业化联合体、股份合作、发展"六次产业"等手段持续拉长加粗产业链条,做强做优新型农业经营主体规模,促进农业产业链各环节向高技术化、高知识化、高资本化和高附加价值化方向发展,实现产业链各环节有机整合和集成,逐渐构建"从田间到餐桌"的完整产业体系,扩大农业产业链整体规模。二是加强农产品及加工品的物流链和信息链管理,促进农业产业链上的各个环节环环相扣,链环上的各利益主体协同服务,全面提升农业产业链整体效能和效率。三是实施产业链驱动的农业产业整合与结构升级战略,构建健全完整、高度发达、关联度高、良性互动的现代农业产业体系和经济体

系，全面提高现代农业产业链经营水平。

（三）加快推进农业功能拓展型融合

积极开发农业多种功能，着力挖掘、提升农业的文化、科技、教育、研学、旅游观光、休闲度假、运动康养等价值。引导、支持实施休闲农业和和乡村旅游精品工程，建设一批历史、地域、民族、文化特色鲜明和设备完备、功能多样的特色村镇、森林人家、乡村民宿、康养基地、休闲观光园区等；加快发展森林草原旅游、河湖湿地观光等产业，大力促进农产品市场、农村消费市场与乡村旅游市场有机有效对接，打造绿色生态环保的乡村生态旅游产业链。引导农业节庆活动提档升级，增强节庆衍生产品开发能力。加强农村传统文化与民俗保护，合理开发农业文化与民俗遗产，大力开展农耕文化"进校园""进课程"活动，推动农村特色文化产业发展。引导、支持发展乡村共享经济、创意农业。

（四）创新推进先进要素渗透型融合

重点推进新一代信息技术、生物技术、智能装备等对农业产业进行交叉渗透和整合集成，加快基于农业产业链的业态创新、农业经营方式创新和商业模式创新。实施"互联网＋现代农业"行动计划，大力发展农村电子商务，促进线上线下融合发展；支持小农户、新型农业经营主体利用电子商务加强农产品品牌建设、营销推介；大力推广"生产基地＋中央厨房＋餐饮门店""田头市场＋电商企业＋城市终端配送""生产基地＋加工企业＋电商销售"等产销模式。推广农业物联网、云计算、大数据技术，鼓励、支持对大田种植、设施农业、畜禽养殖、水产品养殖和捕捞、林业生产等进行物联网改造，形成农业物联网行业标准和应用模式，积极发展智慧农业。促进分子育种、动物疫苗、发酵工程、生物饲料、生物农药、细胞工程、酶工程、非化学害虫控制等现代生物技术在农业领域中的应用，积极发展生物农业。

三 打造平台载体，促进"三产融合"集聚集群发展

构建"三产融合"发展体系，平台载体是关键。推进"三产融合"发展，需要打造有效平台和载体，聚集多方资源和力量协同推进。为此，要引导区域合理分工和规范农业发展空间秩序，谨防农业空间布局失衡；

支持"三产融合"主体充分发挥引领作用和辐射带动功能,组建"三产融合"组织联盟,着力打造产业关联度高、产业层次(主导产业、衍生产业、配套产业等)有序、高效分工协作、功能互补性强、基础设施完备的农业产业园区、农业产业集群、田园综合体等平台载体,促进"三产融合"集聚集群发展。

(一)优化农业空间布局,推进专业化、多样化农业集聚集群协调发展

一是加强"三产融合"发展与城乡规划、土地利用总体规划有效衔接,完善农业产业空间布局和功能定位。严格规范地方政府经济行为,打破地区垄断和行政区域界限,建立区域统筹协调的农业分工和区域协同合作机制,引导形成良好的农业发展空间秩序。

二是以主体功能区规划和优势农产品布局规划为依托,科学合理划定、高标准建立"三区"(粮食生产功能区、重要农产品生产保护区、特色农产品优势区),引导农业生产要素、农产品生产向功能区、优势区转移集聚,完善落实政策支持,形成区域分工合理、资源禀赋充分利用、区位比较优势充分发挥的专业化农业地理集聚格局,不断优化产品结构、区域结构和现代农业生产体系。推进农业产业链与生态链融合,大力发展农业循环经济,打造农业生态循环型产业集群。依托优质原料生产基地和农产品加工园区,打造粮食等重要农产品加工型产业集群。依托"一村一品""一乡(镇)一业""一园一业",打造区域品牌型产业集群。依托国家农业科技园区、农业科研机构和高等院校以及"星创天地",培育农业科技创新应用企业集群。

三是将农村产业融合发展与新型城镇化建设、美丽乡村建设有机结合,引导农村二三产业向县城、重点乡镇及产业、科技、创业园区等片区集中,打造产城融合型产业集群。以现代农业"三园"(产业园、科技园、创业园)建设为抓手和平台,加快延伸产业链、健全价值链、畅通供应链,推动多要素集聚、多产业叠加融合、多领域联动创新、多环节提质增效,形成农村一二三产业深度融合、竞争力强的多样化农业集聚格局,不断完善和优化现代农业产业体系,切实提高农业全产业链收益、产业效率和农民收入。

(二) 支持打造"三产融合"组织联盟

借鉴日本"六次产业"、荷兰合作社一体化产业链组织联盟和安徽省宿州市农业产业化联合体发展经验,引导、支持龙头企业发挥产业组织优势,联合专业大户、家庭农场、农民专业合作社等打造"带农作用突出、综合竞争力强、稳定可持续发展"的农民专业合作社一体化产业链组织、农业产业化联合体和田园综合体等"三产融合"组织联盟。

一是支持打造农民专业合作社一体化产业链组织和农业产业化联合体。在这两种组织模式中,家庭农场是基础,专搞生产;农民专业合作社是纽带,专注服务;农业龙头企业是核心,专攻市场。三大新型农业经营主体专业分工、优势互补、产业联结、融合发展,实现"1 + 1 + 1 > 3"的产业发展优势和乘数效应,从而形成一体化的利益共同体、责任共同体和命运共同体。需要说明的是,农民专业合作社一体化产业链组织是以股权为纽带的组织内分工模式;农业产业化联合体不是独立法人,是以市场契约为纽带的社会化分工模式。

二是支持打造田园综合体。统筹运用农业综合开发、美丽乡村建设等成果,支持龙头企业按照"农田田园化、产业融合化、城乡一体化"的发展路径,以自然村落、特色片区为开发的空间单元,全域统筹规划与开发,逐步建成农村生产生活生态"三生同步"、一二三产业"三产融合"、农业文化旅游"三位一体",集循环农业、创意农业、农事体验于一体的田园综合体。鼓励引导工商资本、金融机构、企事业单位、社会团体等通过多种方式参与田园综合体建设。

(三) 积极开展"三产融合"发展试点示范

深入实施农村产业融合"百县千乡万村"试点示范工程和示范园创建工程[①],着力建设好一批国家级农村产业融合发展示范园。全面、深入

[①] 2016年4月,国家发展和改革委员会、财政部等七部门联合印发了《关于印发农村产业融合发展试点示范方案的通知》,在全国范围内组织实施农村产业融合"百县千乡万村"试点示范工程。2017年8月,国家发展和改革委员会、工业和信息化部等七部门又联合印发了《国家农村产业融合发展示范园创建工作方案》(发改农经〔2017〕1451号),提出到2020年,建成300个"三产融合"发展示范园,2017年确定了首批148个示范园创建单位。

开展产业兴村强县示范行动①，以农业产业强镇（乡）示范建设为载体，培育壮大乡土经济、乡村产业，打造"一村一品""一县一业"发展新格局，着力将农业产业强镇打造成为"资源要素的聚集区、县域经济的增长极、城乡融合的连接器、宜业宜居的幸福地、乡村振兴的样板田"。加快建设一批田园综合体②、农业特色小镇和百亿级、千亿级"三产融合"发展集群，创建一批镇（城）区、园区、农区"三区互动"的产城融合发展先导区，打造一批"三产融合"领军龙头企业。鼓励、支持各地积极开展农业产业化联合体示范创建活动。建立健全"三产融合"发展试点示范管理和服务机制，制定试点示范量化考核办法，组织第三方开展试点示范绩效评价，完善激励约束机制，形成合理的进入和退出机制。建立和发布示范田园综合体、农业产业化联合体名录，定期开展运行监测和分析。借助现代多媒体平台，多渠道、经常性宣传试点示范的重大意义和建设要求、亮点做法和突出成效、榜样先进和经验借鉴，努力营造全社会共同推进"三产融合"发展的良好氛围。

四 健全利益联结机制，促进形成"三产融合"利益共同体

构建"三产融合"发展体系，利益联结机制是关键。为此，要坚持"基在农业、惠在农村、利在农民"原则，以延长产业链、提升价值链、完善利益链为关键，以农民合理分享全产业链增值收益、持续增进农民福祉为核心，建立健全紧密型利益联结机制，引导"三产融合"主体之间及其与小农户之间紧密合作，形成风险共担、互惠共赢、包容互促的紧密型经济共同体、利益共同体和命运共同体，实现小农户与现代农业发展有机衔接，推进"三产融合"可持续发展。

（一）创新发展订单农业

引导工商资本、龙头企业在自主自愿、平等互利的基础上，依法、

---

① 2018年中央"一号文件"提出，实施产业兴村强县行动。2018年6月，农业农村部、财政部联合印发《关于深入推进农村一二三产业融合发展开展产业兴村强县示范行动的通知》（农财发〔2018〕18号）。

② 2017年5月，财政部印发了《关于开展田园综合体建设试点工作的通知》（财办〔2017〕29号），安排资金8.3亿元支持18个省（自治区、直辖市）开展田园综合体建设试点。

依规、依策与小农户、专业大户、家庭农场、农民专业合作社等签订农资购销和农产品购销合同，合理确定买卖价格，形成稳定、共赢购销关系。建立健全订单农业信用体系，规范订单合同格式、内容（包括双方权责、履约方式、违约处理等）和签订程序；建立订单合同审查备案制度，探索实行订单合同可追溯管理。鼓励、支持新型农业经营主体与京东、天猫等电商平台和专业农产品电商销售积极发展"互联网+订单农业"模式，构建农产品生产者与消费者点对点互动的农产品网络订单体系。引导、支持专业大户、家庭农场、农民专业合作社探索实施农产品消费会员制和种养"众筹"模式，直接与特定消费人群建立无缝对接购销合同关系，积极发展分享农业。支持工商资本、龙头企业为小农户、专业大户、家庭农场、农民专业合作社等提供信贷担保，资助订单农户参加政策性或者商业农业保险，以资金链强化订单合同双方利益联结关系。鼓励、引导订单农业项目探索实施"订单农业+保险+期货（权）"模式，构建农产品价格市场化形成与稳定农民收益之间的平衡机制。

（二）鼓励发展股份合作

加快推进农村土地"三权分置"与集体产权制度改革，鼓励发展多领域、多种形式股份合作。引导农民把土地经营权入股规范、改造或者新建土地股份合作社，采取自主经营、内股外租、"自主经营+内股外租"等模式扎实推进土地股份合作。结合农村集体产权制度改革，将村集体"四荒"（荒山、荒沟、荒丘、荒滩）资源性资产和经营性资产折股量化到户，村"两委"牵头成立股份合作经济组织，或由村集体统一经营，或交由龙头企业进行资源开发和产业经营，稳妥推进集体资产股份合作，实现集体资产保值增值。鼓励、支持贫困村将扶贫专项资金折股量化到贫困户，变资金到户为权益到户，或由村股份合作经济组织统一经营，或者投资入股龙头企业，积极发展资金股份合作，创新扶贫模式。鼓励、引导科研院所、科研人员以知识产权、科研成果通过作价入股等方式向农民专业合作社、龙头企业转移转化，探索推进技术股份合作。鼓励专业大户、家庭农场、"新农人"创办领办股份合作经济组织，支持农民专业合作社改制为股份合作经济组织，支持龙头企业以资金、技术、品牌等入股领办农民专业合作社、土地股份合作社等。

（三）健全风险防范机制

引导龙头企业强化社会责任意识，建立健全龙头企业社会责任报告制度，加强社会责任信息披露制度建设。将龙头企业支持政策直接挂钩利益联结机制，健全、创新龙头企业联农带农激励机制。鼓励、引导龙头企业优先聘用土地流出农民，为其提供技能培训、就业岗位和社会保障。建立健全工商资本租赁农地审查制度、分级备案制度和退出制度，明确、严格执行租赁农地面积上限控制，完善动态监管制度，加强事中事后监管，规范工商资本租赁农地行为。探索建立农地租赁租金预付、土地流转风险补助等风险保障金制度，防范承包农户权益受损及其他违法违规行为。组织开展农地流转价格调查研究和监测分析，建立农村土地流转指导价格制度，完善价格形成机制。加强"三产融合"中订单合同、土地经营权流转合同、信贷抵押合同等的履约监督，建立健全纠纷调解仲裁体系。

（四）促进小农户和现代农业发展有机衔接

处理好培育壮大新型农业经营主体、发展农业规模经营与扶持小农户生产的关系，按照"组织、带动、提升、保护"的逻辑思路，将小农户有效纳入社会分工协作体系，把小农生产引入现代农业发展轨道。鼓励、引导小农发展多种形式的联合与合作，有效表达合理合法诉求，提升小农户从事生产经营的组织化程度；运用农超、农社等产销对接模式，引领小农户对接市场，增强市场谈判话语权。充分发挥新型农业经营主体的引领示范作用，带动小农发展现代农业，共享农业现代化发展成果。帮助、扶持小农户发展有机农业、生态农业、设施农业、体验农业、创业农业、定制农业等新业态，提高产品档次和附加值，拓展小农户发展机会和增收空间。引导新型农业经营主体通过土地经营权流转、股份合作、产业化经营等方式与小农户建立契约型、股权型利益联结机制，让小农户合理分享农业产业链增值收益，激发小农户内生活力。支持供销社、邮储银行发挥特有的系统优势、规模优势和人才优势，采取土地托管、代耕代种等方式，为小农户发展现代农业提供全方位的服务，帮助小农户节本增效。通过财政、金融、保险等政策，扶持具有农业情怀和务农意愿的小农户改善农业生产条件、扩大农业经营规模、转变农业发展方式，不断提升小农户农业生产能力和抗风险能力。加强工商资本租赁农户承包地的监管和风险防范，健全资格审查、分级备案、风险保障金制度，保护小农户权益。

五 完善支持政策，促进"三产融合"可持续发展

构建"三产融合"发展体系，支持政策是保障。因此，要完善财税、金融、用地用电等支持政策，不断将政策细化实化，推动各项政策措施落实到位、落地生根，为"三产融合"发展提供强大动力，促进"三产融合"可持续发展。

（五）加强财税支持政策

在财政投入上，积极将财政现有资金、预算内投资、农业综合开发资金、扶贫开发资金等向"三产融合"发展项目倾斜，不断建立健全"三产融合"财政投入保障制度，确保财政投入与"三产融合"目标任务相适应。加快形成财政优先保障、金融重点倾斜、社会积极参与的多元投入格局。支持符合条件的家庭农场、农民专业合作社优先申报、承担政府涉农项目；对各级财政支持的各类小型涉农项目，优先安排农村集体经济组织、农民合作组织等作为建设管护主体，强化农民参与和全程监督。继续实施农产品产地初加工补助政策[①]。按照政府引导、金融资本、产业资本共同筹资的方式设立国家"三产融合"发展投资基金，实行封闭运行、市场化运作方式，以股权投资等形式带动社会资本投向产业融合领域。鼓励地方政府建立区域性"三产融合"发展基金，充分发挥财政资金的引导作用，撬动金融资本和社会资本更多投向"三产融合"项目。在税收政策上，对新产业新业态行税收优惠政策，不断扩大农产品加工企业进项税额核定扣除试点行业范围；对于液体乳及乳制品、酒及酒精、植物油加工行业，农产品进项税额扣除率由现行的13%调整为纳税人在销售货物时的适用税率。完善、优化农产品初加工企业所得税

---

① 农产品产地初加工补助政策采取"先建后补"方式，2016年以前，财政补贴额为项目投资总额的30%；自2016年起，全国范围内对项目对象实行定额补贴，补贴标准为1万—34万元。

免征优惠项目，进一步减轻农产品加工企业税收负担。

（二）完善金融保险政策

2017年8月，国家发展和改革委员会发布了《农村产业融合发展专项债券①发行指引》，重点支持产城融合型、农业内部融合型、产业链延伸型、农业多功能拓展型、新技术渗透型、多业态复合型6类农村产业融合发展项目，支持符合条件的涉农企业通过债务融资工具进行直接融资，积极发挥企业债券融资对"三产融合"发展的作用。支持符合条件的涉农企业发行上市新三板挂牌和融资、并购重组、鼓励、支持各地推广应用农业产业链金融模式，借助"互联网+"开展在线产业链金融服务。鼓励、支持各地积极探索农村承包土地经营权和农民住房财产权抵押贷款新机制、新模式，引导金融机构创新农村信贷管理机制和金融产品。将"互联网+三产融合"纳入推广PPP模式的重点领域。

大力发展政策性农业保险，扩大农产品目标价格保险、重要农产品收入保险试点，并将其纳入中央财政补贴目录。设立中央财政特色优势农产品保费补贴项目，鼓励因地制宜开展特色优势农产品保险试点。推进农民专业合作社开展互助保险。借鉴美国巨灾保险计划（CAT）经验，以全额补贴和产品创新构建普惠性农业保险体系（朱俊生，2015）。进一步完善农业再保险、巨灾基金、巨灾风险证券化等巨灾风险转移分摊机制。鼓励、支持各地保险机构大力推广小额贷款保障保险、农业保险保单质押等保险增信模式。

（三）健全用地用电政策

探索建立"三产融合"发展用地保障机制。督促各地严格执行国土资源部、国家发展和改革委员会联合出台的《关于深入推进农业供给侧结构性改革做好农村一二三产业融合发展用地的保障的通知》（国土资规〔2017〕12号），各地要积极将年度新增建设用地指标按一定比例专项支

---

① 农村产业融合发展专项债券，是指以建立更加完善的农业产业链条、培育更加丰富的农村新产业新业态、打造更加高效的产业组织方式、构建更加紧密的利益联结机制为导向，募集资金用于农村产业融合发展项目的企业债券。

持农村新产业、新业态和产业融合发展①。鼓励农业生产和村庄建设等用地复合利用，发展休闲农业、乡村旅游、农业教育、农业科普、农事体验等产业。允许通过村庄整治、宅基地整理等节约的建设用地采取入股、联营等方式，重点支持乡村休闲旅游养老等产业和"三产融合"发展，完善农业用地政策，积极支持农产品冷链、初加工、休闲采摘、仓储等设施建设。在用电政策上，对单个农户及规模化生产的种植业、养殖业、所有农产品初加工主体和活动以及农业灌溉，均执行农业生产电价。

（四）强化科技与人才支持政策

坚持以科技进步为支撑，整合各类科技创新资源，建立一批现代农业产业科技创新中心、农业科技创新联盟，加强农业科技研发，完善国家、地方农业科技创新体系和现代农业产业技术体系。培育新型农业科技推广主体，创新农业科技推广服务方式，建立一批农科教产学研一体化的农业科技推广联盟，加快推进技术融合和集成应用，不断增强"三产融合"发展的科技创新驱动力量。鼓励科研人员到农民专业合作社、龙头企业任职兼职，完善知识产权入股、参与分红等激励机制。

引导农民工、中高等院校毕业生、退役士兵、城镇科技人员等返乡下乡人员的创业创新向"三产融合"主体和平台载体集中，主动对接农业新产业、新业态、新模式，主动对接"三产融合"发展。整合各类教育培训资金资源，加大投入，创新教育培训机制，深入推进现代青年农场主、新型农业经营主体带头人培训计划，探索培育农业职业经理人，培养适应"三产融合"发展需要的新型职业农民，着力提高农村人力资本水平。

---

① 2017年，吉林、黑龙江两省单列"三产融合"发展新增用地指标的比例分别为8%、10%；广东省专项下达"三产融合"发展用地指标5000亩；上海市开展休闲农业和乡村旅游设施布局规划用地试点项目，探索农用地复合利用。引自国家发展和改革委员会农村经济司《农村一二三产业融合发展年度报告》（2017年）。

参考文献

阿里研究院：《阿里农产品电子商务白皮书》（2012—2016 年），http：//www.aliresearch.com/blog.html。

白锋哲、吕珂昕：《开放合作引领农业走向世界——党的十八大以来农业国际合作成就综述》，《农民日报》2017 年 9 月 23 日第 1 版。

毕美家：《着力培养造就一支"懂农业、爱农村、爱农民"的农业农村人才队伍》，《农民日报》2017 年 11 月 9 日第 2 版。

蔡颖萍、杜志雄：《家庭农场生产行为的生态自觉性及其影响因素分析——基于全国家庭农场监测数据的实证检验》，《中国农村经济》2016 年第 12 期。

蔡云生：《品牌营销：农产品拓展市场的利器》，《经济视角》2009 年第 9 期。

曹俊杰：《资本下乡的双重效应及对负面影响的矫正路径》，《中州学刊》2018 年第 4 期。

曹智：《国产大豆压榨迎来发展良机》，《粮油市场报》2017 年 8 月 12 日第 B02 版。

常钦：《秸秆利用，下气力培育产业链》，《人民日报》2018 年 7 月 8 日第 9 版。

常钦：《农业面源污染防治 不欠新账多还旧账》，《人民日报》2018 年 7 月 27 日第 16 版。

陈航英：《新型农业主体的兴起与"小农经济"处境的再思考——以皖南河镇为例》，《开放时代》2015 年第 5 期。

陈健鹏：《跨国种业对我国种业安全的影响及应对》，《发展研究》2013年第 5 期。

陈锡文：《加快推进农业供给侧结构性改革 促进我国农业转型升级》，《农村工作通讯》2016 年第 24 期。

陈锡文：《农业多功能性研究：农业理论的重要进展》，《中国经济时报》2007 年 7 月 10 日第 5 版。

陈小敏、杨华、桂国弘、戴宝玲、王佩佩、肖英平：《2008—2015 年全国食物中毒情况分析》，《食品安全导刊》2017 年第 25 期。

陈晓华：《推进龙头企业转型升级促进农村一二三产业融合发展》，《农村经营管理》2015 年第 12 期。

陈义媛：《中国农资市场变迁与农业资本化的隐性路径》，《开放时代》2018 年第 3 期。

陈义媛：《资本下乡：农业中的隐蔽雇佣关系与资本积累》，《开放时代》2016 年第 5 期。

陈哲、邓义、张顺蜜、胡玲燕、王新华：《我国粮食加工环节损失浪费问题现状与对策研究》，《粮食科技与经济》2017 年第 5 期。

程大中：《生产者服务论——兼论中国服务业发展与开放》，文汇出版社 2006 年版。

程国强：《农业高质量发展体现在五个方面》，《粮油市场报》2018 年 4 月 26 日第 B04 版。

程郁：《日本发展"六次产业"的主要做法与启示》，《山东经济战略研究》2015 年第 18 期。

丛珩：《农产品牌定位策略探索》，《黑龙江粮食》2011 年第 2 期。

崔卫杰：《开放形势下的中国农业产业安全》，《国际经济合作》2015 年第 1 期。

邓宗兵、吴朝影、封永刚、王炬：《中国农产品加工业的地理集聚分析》，《农业技术经济》2014 年第 5 期。

杜志雄：《家庭农场发展与中国农业生产经营体系建构》，《中国发展观察》2018 年第 Z1 期。

杜志雄、金书秦：《中国农业政策新目标的形成与实现》，《东岳论丛》

2016 年第 2 期。

杜志雄、刘文霞:《家庭农场的经营和服务双重主体地位研究: 农机服务视角》,《理论探讨》2017 年第 2 期。

杜志雄、王新志:《加快家庭农场发展的思考与建议》,《中国合作经济》2013 年第 8 期。

杜志雄、王新志:《中国农业基本经营制度变革的理论思考》,《理论探讨》2013 年第 4 期。

杜志雄、肖卫东:《全球化与中国现代农业建设的重大进展》,《中国井冈山干部学院学报》2011 年第 6 期。

杜志雄:《"新农人"引领中国农业转型的功能值得重视》,《世界农业》2015 年第 9 期。

方师乐、卫龙宝、伍骏骞:《农业机械化的空间溢出效应及其分布规律——农机跨区服务的视角》,《管理世界》2017 年第 11 期。

冯华:《中国农业走向世界大舞台——我国农业国际交流与合作发展成就综述》,《人民日报》2016 年 6 月 2 日第 22 版。

冯伟、蔡学斌、杨琴、石汝娟、夏虹:《中国农产品加工业的区域布局与产业集聚》,《中国农业资源与区划》2016 年第 8 期。

高帆:《结构转化、资本深化与农业劳动生产率的提高——以上海为例的研究》,《经济理论与经济管理》2010 年第 2 期。

高文玲、施盛高、徐丽、卞新民:《低碳农业的概念及其价值体系》,《江苏农业科学》2011 年第 2 期。

郜亮亮、杜志雄:《中国农业农村人才: 概念界定、政策变迁和实践探索》,《中国井冈山干部学院学报》2017 年第 1 期。

郜亮亮:《中国农地流转市场的现状及完善建议》,《中州学刊》2018 年第 2 期。

巩前文、严耕:《中国生态农业发展的进展、问题与展望》,《现代经济探讨》2015 年第 9 期。

顾海燕:《烟台苹果网——探索"互联网 + 地标农产品"新通路》,《农业工程技术》2017 年第 30 期。

"广东工商资本投资农业问题研究"课题组:《广东工商资本投资农业现

状与对策探析》,《南方农村》2017年第6期。

郭剑雄、鲁永刚:《劳动力转移、物质资本深化与农业产出增长》,《延边大学学报》(社会科学版)2011年第2期。

郭立宏、李志新、侯金柱:《我国农产品品牌营销现状及对策》,《中外企业家》2016年第27期。

郭熙保、白松涛:《农业规模化经营:实现"四化"同步的根本出路》,《光明日报》2013年2月8日第11版。

郭晓鸣:《农业资本化应重视风控》,http://opinion.huanqiu.com/1152/2016-04/8822289.html? qq-pf-to=pcqq.c2c。

国家发展改革委宏观院和农经司课题组:《推进我国农村一二三产业融合发展问题研究》,《经济研究参考》2016年第4期。

国家发展和改革委员会农村经济司:《农村一二三产业融合发展年度报告》(2017年),http://njs.ndrc.gov.cn/gzdt/201804/t20180419_882882.html。

国家统计局:《农业农村发展再上新台阶 基础活力明显增强——党的十八大以来我国经济社会发展成就系列之三》,http://www.stats.gov.cn/tjsj/sjjd/201706/t20170622_1506090.html。

韩俊:《返乡创业促进农村新产业新业态发展》,《学习时报》2017年2月20日第1版。

韩立达、王艳西、韩冬:《农地"三权分置"的运行及实现形式研究》,《农业经济问题》2017年第6期。

郝爱民:《提升农业生产性服务业外溢效应的路径选择》,《农业现代化研究》2015年第4期。

郝利、类淑霞、姜凤宝:《改革以来我国农业利用外资的状况分析》,《财贸研究》2006年第6期。

何安华、秦光远:《中国农产品加工业发展的现状、问题及对策》,《农业经济与管理》2016年第5期。

何军、王越:《以基础设施建设为主要内容的农业供给侧结构改革》,《南京农业大学学报》(社会科学版)2016年第6期。

贺雪峰:《取消农业税后农村的阶层及其分析》,《社会科学》2011年第3期。

洪银兴：《新时代的现代化和现代化经济体系》，《南京社会科学》2018年第2期。

胡光志、陈雪：《以家庭农场发展中国生态农业的法律对策探讨》，《中国软科学》2015年第2期。

胡亦琴：《农地资本化经营与政府规制研究》，《农业经济问题》2006年第1期。

黄季焜、齐亮、陈瑞剑：《技术信息知识、风险偏好与农民施用农药》，《管理世界》2008年第5期。

黄季焜：《深化农业科技体系改革 提高农业科技创新能力》，《农业经济与管理》2013年第2期。

黄瑜：《大资本农场不能打败家庭农场吗？——华南地区对虾养殖业的资本化过程》，《开放时代》2015年第5期。

黄宗智、高原、彭玉生：《没有无产化的资本化：中国的农业发展》，《开放时代》2012年第3期。

黄宗智：《〈中国新时代的小农经济〉导言》，《开放时代》2012年第3期。

黄祖辉：《农业规模经营要适度，也要多样》，《中国农村科技》2018年第5期。

嵇晓雄：《中国乳业能向荷兰学点啥》，光明网"光明经济栏目"，http://economy.gmw.cn，2013年11月18日。

冀名峰：《农业生产性服务业：我国农业现代化历史上的第三次动能》，《农业经济问题》2016年第3期。

江泽林：《机械化在农业供给侧结构性改革中的作用》，《农业经济问题》2018年第3期。

姜长云：《促进小农户和现代农业发展有机衔接是篇大文章》，《中国发展观察》2018年第3、4期。

姜长云、杜志雄：《关于推进农业供给侧结构性改革的思考》，《南京农业大学学报》（社会科学版）2017年第1期。

姜长云：《发展农业生产性服务业的模式、启示与政策建议》，《宏观经济研究》2011年第3期。

姜长云：《关于发展农业生产性服务业的思考》，《农业经济问题》2016年第5期。

姜长云：《龙头企业与农民合作社、家庭农场发展关系研究》，《社会科学战线》2018年第2期。

姜长云：《日本的"六次产业化"与我国推进农村一二三产业融合发展》，《农业经济与管理》2015年第3期。

姜长云：《推进农村一二三产业融合发展的路径和着力点》，《中州学刊》2016年第5期。

姜长云：《推进农村一二三产业融合发展 新题应有新解法》，《中国发展观察》2015年第2期。

姜岩：《农村土地资本化改革的路径创新》，《西北农林科技大学学报》（社会科学版）2015年第6期。

蒋琳莉、张露、张俊飚、王红：《稻农低碳生产行为的影响机理研究——基于湖北省102户稻农的深度访谈》，《中国农村观察》2018年第4期。

蒋永穆、鲜荣生、张尊帅：《工商资本投资农业的现状、问题及对策建议——一个基于四川省省际调研的样本分析》，《农村经济》2015年第4期。

金书秦、邢晓旭：《农业面源污染的趋势研判、政策评述和对策建议》，《中国农业科学》2018年第3期。

孔祥智、穆娜娜：《实现小农户与现代农业发展的有机衔接》，《农村经济》2018年第2期。

孔祥智：《农业供给侧结构性改革的基本内涵与政策建议》，《改革》2016年第2期。

孔祥智、钟真：《供销合作社改革、土地托管与服务规模化——山东省供销合作社综合改革调查与思考》，《中国合作经济》2017年10期。

魁奈：《魁奈经济著作选集》，商务印书馆1979年版。

李安宁：《聚焦重大问题 推进农机化供给侧结构性改革》，《中国农机化导报》2017年7月17日第2版。

李谷成：《资本深化、人地比例与中国农业生产率增长——一个生产函数分析框架》，《中国农村经济》2015年第1期。

李国祥：《论中国农业发展动能转换》，《中国农村经济》2017年第7期。

李国祥：《农村一二三产业融合发展是破解"三农"难题的有效途径》，《中国合作经济》2016年第1期。

李怀：《农村土地资本化的理论基础与实现路径》，《新视野》2015年第2期。

李家祥：《工商资本下乡经营农业：机遇与挑战》，《求实》2016年第7期。

李建：《种业危机：一场输不起的战争》，《种子科技》2013年第1期。

李婧：《三只松鼠的营销之道》，《赤峰学院学报》（自然科学版）2017年第6期。

李腾飞、苏毅清、刘丹妮：《我国稻米产业的发展现状、面临困境及应对策略研究》，《食品工业》2016年第10期。

李卫、薛彩霞、姚顺波，朱瑞祥：《农户保护性耕作技术采用行为及其影响因素：基于黄土高原476户农户的分析》，《中国农村经济》2017年第1期。

李伟国：《补短板促进农机化供给侧结构性改革》，《农机科技推广》2017年第4期。

李伟：《品牌农业是现代农业发展的引领力》，《北京农业职业学院学报》2015年第3期。

李治、王东阳：《交易成本视角下农村一二三产业融合发展问题研究》，《中州学刊》2017年第9期。

李周：《生态农业的经济学基础》，《云南大学学报》（社会科学版）2004年第2期。

厉为民：《荷兰的农业奇迹——一个中国经济学家眼中的荷兰农业》，中国农业科学技术出版社2003年版。

梁瑞华：《我国农村三产融合发展的实践探索与推进建议》，《中州学刊》2018年第3期。

林万龙：《农地经营规模：国际经验与中国的现实选择》，《农业经济问题》2017年第7期。

刘定富：《未来中国种业的市场和研发趋势》，《中国经济时报》2016年7

月15日第11版。

刘洪银:《农业科技创新中人才约束与破解》,《浙江农业学报》2013年第2期。

刘奇:《大中国 大农业 大战略——关于中国品牌农业建设的思考》,《中国发展观察》2014年第12期。

刘腾飞、杨代凤、谢修庆、焦云、毛健:《我国耕地污染状况、成因及对策建议》,《环境与可持续发展》2017年第3期。

刘同山、孔祥智:《农技协"为农服务"体制机制创新调查研究》,《中国合作经济》2016年第9期。

刘笑然:《粮食去库存:不妨试试"种大豆压玉米"》,《粮油市场报》2015年12月19日第B03版。

卢奇、洪涛、张建设:《我国特色农产品现代流通渠道特征及优化》,《中国流通经济》2017年第9期。

路玉彬、孔祥智:《农机具购置补贴政策的多维考量和趋势》,《改革》2018年第2期。

路征:《第六产业:日本实践及其借鉴意义》,《现代日本经济》2016年第4期。

栾江、仇焕广、井月等:《我国化肥施用量持续增长的原因分解及趋势预测》,《自然资源学报》2013年第11期。

罗必良:《论服务规模经营——从纵向分工到横向分工及连片专业化》,《中国农村经济》2017年第11期。

马爱国:《当前我国发展绿色食品和有机农产品的新形势和新任务》,《农产品质量与安全》2017年第2期。

马爱国:《"十三五"期间我国"三品一标"发展目标任务》,《农产品质量与安全》2016年第2期。

马洪涛:《在2016年全国农产品加工科技创新推广活动暨国家农产品加工技术研发体系工作会议上的讲话》,http://jiuban.moa.gov.cn/sjzz/qiyeju/dongtai/201612/t20161214_5406256.htm。

马九杰:《"资本下乡"需要政策引导与准入监管》,《中国党政干部论坛》2013年第3期。

马晓河：《推进农村一二三产业融合发展的几点思考》，《经济日报》2016年2月25日第12版。

马有祥：《推进供给侧结构性改革　加快畜牧业转型升级》，《农民日报》2017年10月11日第6版。

马增俊：《中国农产品批发市场发展30年回顾及展望》，《中国流通经济》2015年第5期。

马子红、谭文珍、谢霄亭：《我国农产品加工业的空间结构调整与产业转移》，《生产力研究》2015年第2期。

[美] 小约翰·柯布、王伟：《中国的独特机会：直接进入生态文明》，《江苏社会科学》2015年第1期。

农业部国际合作司、农业部对外经济合作中心：《中国对外农业投资合作分析报告（2015年度）》，中国农业出版社2016年版。

农业部联合课题调研组：《关于我国农产品加工业发展情况的调研报告》，《农业工程技术（农产品加工业）》2015年第6期。

农业部贸易促进中心课题组：《大宗农产品内外价差扩大问题与对策研究》，《农业贸易研究》2014年第9期。

农业部农村经济体制与经营管理司课题组：《农业供给侧结构性改革背景下的"新农人"发展调查》，《中国农村经济》2016年第4期。

农业部农村社会事业发展中心：《中国休闲农业和乡村旅游发展研究报告（2016年度）》，2017年4月。

农业农村部农产品加工局：《2016年中国农产品加工业运行报告》，国家统计联网直报门户，http://www.lwzb.cn/pub/gjtjlwzb/sjyfx/201705/t20170524_3739.html。

农业农村部农产品加工局：《2017年全国农产品加工业发展持续稳中向好》，http://www.xqj.moa.gov.cn/tjxx/201802/t20180223_6137312.htm。

潘锦云、李晏墅：《农业现代服务业：以工促农的产业路径》，《经济学家》2009年第9期。

裴四海：《我国农业品牌建设的现状及对策》，《农业经济》2017年第5期。

钱克明：《规模很重要　适度是关键》，《求是》2015年第7期。

秦继伟：《农村社会保障的多重困境与优化治理》，《甘肃社会科学》2018年第3期。

秦天、彭珏、邓宗兵：《生产性服务业发展与农业全要素生产率增长》，《现代经济探讨》2017年第12期。

秋山：《2015/2016年度中国大豆压榨产能及压榨量分析》，我的农产品网，http://www.myagric.com/16/1213/08/6FBB3BF045C17541.html。

全世文、胡历芳、曾寅初、朱勇：《论中国农村土地的过度资本化》，《中国农村经济》2018年第7期。

任静、刘丽军、宋敏：《跨国公司在我国农业领域的技术锁定策略与对策研究》，《中国软科学》2012年第1期。

四川省粮食局：《构筑粮食产后服务新体系 推进四川粮食产业经济高质量发展》，http://www.chinagrain.gov.cn/n316987/n1173458/n1173515/c1175519/content.html。

孙秋霞、杨妍妍、高齐圣：《我国农业科技进步贡献率的测算》，《统计与决策》2010年第22期。

孙新华：《农业规模经营主体的兴起于突破性农业转型——以皖南河镇为例》，《开放时代》2015年第5期。

孙中华：《关于深化农村土地改革的几个问题》，《理论学刊》2016年第2期。

孙中华：《我国现代农业发展面临的形势与任务》，《东岳论丛》2016年第2期。

檀学文、杜志雄：《食品短链、生态农场与农业永续：京郊例证》，《改革》2015年第5期。

汤洪俊、朱宗友：《农村一二三产业融合发展的若干思考》，《宏观经济管理》2017年第8期。

田云、张俊飚、何可、丰军辉：《农户农业低碳生产行为及其影响因素分析——以化肥施用和农药使用为例》，《中国农村观察》2015年第4期。

佟屏亚：《农业科研体制改革与发展商业化育种》，《农业科技管理》2012年第5期。

涂圣伟：《工商资本进入农业领域的影响与挑战》，《黑龙江粮食》2013年第12期。

涂圣伟：《工商资本下乡的适宜领域及其困境摆脱》，《改革》2014年第9期。

万宝瑞：《科技创新：中国农业的根本出路》，《求是》2012年第17期。

汪向东：《"新农人"与"新农人"现象》，《新农业》2014年第2期。

王彩文：《河北省农村实用人才队伍建设的调查与分析》，《时代农机》2017年第5期。

王丹萍：《农业科技成果转化率低的原因分析》，《中国农业信息》2013年第15期。

王丰：《新时代中国特色农业现代化"第二次飞跃"的逻辑必然及实践模式》，《经济学家》2018年第3期。

王海娟：《资本下乡的政治逻辑与治理逻辑》，《西南大学学报》（社会科学版）2015年第4期。

王乐君、寇广增：《促进农村一二三产业融合发展的若干思考》，《农业经济问题》2017年第6期。

王乐君、赵海：《日本韩国发展六次产业的启示与借鉴》，《农村经营管理》2016年第7期。

王立胜、张彩云：《现代化经济体系建设的因应机制探索》，《理论学刊》2018年第1期。

王绍光：《大豆的故事——资本如何危及人类安全》，《开放时代》2013年第3期。

王炜炜、田丽、杨明：《我国土壤污染成因分析与防治对策研究》，《工业安全与环保》2016年第5期。

王小映：《农业产业化经营的合约选择与政策匹配》，《改革》2014年第8期。

王新志、杜志雄：《我国家庭农场发展：模式、功能及政府扶持》，《中国井冈山干部学院学报》2014年第5期。

王兴国：《推进农村一二三产业融合发展的思路与政策研究》，《东岳论丛》2016年第2期。

王娅、窦学诚:《中国农作物品种安全问题分析》,《农业现代化研究》2015年第4期。

王跃:《跨国公司谋求控制中国:洋种子正在中国大肆攻城略地》,http://www.cwzg.cn/politics/201709/38231.html。

魏后凯:《中国农业发展的结构性矛盾及其政策转型》,《中国农村经济》2017年第5期。

温春生、刘东、孙好勤、缴旭、赵鹏飞:《农业高层次创新人才队伍建设研究》,《人力资源管理》2016年第12期。

温铁军:《国际金融风潮与中国的"资源资本化"》,《战略与管理》1998年第1期。

[美]西奥多·W. 舒尔茨著:《改造传统农业》,梁小民译,商务印书馆1987年版。

习近平:《开放共创繁荣 创新引领未来》,《人民日报》2018年4月11日第3版。

夏显力、王勒、赵敏娟、罗丹:《农地由细碎化走向规模化的制度优化及路径——基于农地经营权资本化的视角》,《西北农林科技大学学报》(社会科学版)2013年第5期。

肖卫东、梁春梅:《农村土地"三权分置"的内涵、基本要义及权利关系》,《中国农村经济》2016年第11期。

熊爱华、张涵:《农村一二三产业融合:发展模式、条件分析及政策建议》,《理论学刊》2019年第1期。

徐宏源、刘武兵:《中国大豆产业发展危机及警示》,《中国党政干部论坛》2012年第10期。

严海蓉、陈义媛:《中国农业资本化的特征和方向:自下而上和自上而下的资本化动力》,《开放时代》2015年第5期。

杨光:《外资进入我国农业的新动向及对策建议》,《经济纵横》2015年第6期。

杨宏宇:《大豆压榨产业发展现状研究及政策建议》,《东方企业文化》2015年第22期。

杨继瑞、杨博维、马永坤:《回归农民职业属性的探析与思考》,《中国农村经济》2013年第1期。

杨小凯：《经济学：新兴古典与新古典框架》，社会科学文献出版社2003年版。

杨雪锋：《资本下乡：为农增利还是与农争利》，《公共行政评论》2017年第2期。

姚洋：《重新认识小农经济》，《中国合作经济》2017年第8期。

艺之、张禄祥、林伟君、方伟：《广东省农业科技人才发展现状及对策研究》，《广东农业科学》2014年第22期。

易小燕、陈印军、袁梦、方琳娜、钱小平：《日本以"六次产业化"发展现代农业的做法与启示》，《中国农业资源与区划》2016年第7期。

尹成杰：《关于农业产业化经营的思考》，《管理世界》2002年第4期。

尹成杰：《农业多功能性与推进现代农业建设》，《中国农村经济》2007年第7期。

尹成杰：《"三产融合"打造农业产业化升级版》，《农经》2016年第7期。

于法稳：《新时代农业绿色发展动因、核心及对策研究》，《中国农村经济》2018年第5期。

于险峰、张仁军：《东北地区秸秆处理实现三大突破》，《人民日报》2018年6月14日第8版。

余瑶：《河南：发展"雁归经济"推动农村"双创"》，《农民日报》2017年8月11日第1版。

余瑶：《我国新型农业经营主体数量达280万个》，《农民日报》2017年3月18日第6版。

余永跃、雒丽：《中国绿色发展的道路自信》，《理论学刊》2017年第4期。

袁学国、郑纪业、李敬锁：《中国农业科技投入分析》，《中国农业科技导报》2012年第3期。

岳意定、黎翠梅：《试析农地资本化在农村土地保障制度渐进变迁中的作用》，《经济体制改革》2007年第3期。

曾福生、夏玉莲：《制度创新是我国农村土地资本化的根本》，《湖南社会科学》2013 年第 3 期。

翟金良：《中国农业科技成果转化的特点、存在的问题与发展对策》，《中国科学院院刊》2015 年第 3 期。

翟淑君：《构建现代农业经营体系　实施乡村振兴战略》，《青海日报》2017 年 10 月 30 日第 11 版。

翟文华、周志太：《农业资本化替代小农经济势在必然》，《现代经济探讨》2014 年第 10 期。

张广胜、王珊珊：《中国农业碳排放的结构、效率及其决定机制》，《农业经济问题》2014 年第 7 期。

张海鹏、逄锦聚：《中国土地资本化的政治经济学分析》，《政治经济学评论》2016 年第 6 期。

张红宇：《促进农民合作社跨越式发展》，《农民日报》2017 年 10 月 10 日第 5 版。

张红宇：《实现小农户和现代农业发展有机衔接》，《农民日报》2017 年 11 月 21 日第 1 版。

张红宇：《新常态下的农民收入问题》，《农民日报》2015 年 4 月 3 日第 3 版。

张红宇：《"新农人"：农业供给侧结构性改革的先行者》，《高管信息》2016 年第 5 期。

张红宇：《新型农业经营主体发展趋势研究》，《经济与管理评论》2015 年第 1 期。

张红宇、杨凯波：《我国家庭农场的功能定位与发展方向》，《农业经济问题》2017 年第 10 期。

张红宇：《中国现代农业经营体系的制度特征与发展取向》，《中国农村经济》2018 年第 1 期。

张乐民：《习近平生态文明建设思想探析——正确处理生态文明建设中的"四对关系"》，《理论学刊》2016 年第 1 期。

张桃林：《农产品加工业如何挑起现代农业"大梁"》，《小康》2016 年第 11 期。

张桃林：《切实加强农业资源环境工作　不断提升农业绿色发展水平——

在全国农业资源环境与能源生态工作会暨2016年中国现代农业发展论坛上的讲话》,《农业资源与环境学报》2017年第2期。

张文超:《日本"品牌农业"的农产品营销经验及中国特色农业路径选择》,《世界农业》2017年第6期。

张晓山:《辩证地看待工商资本进入农业问题》,《江苏农村经济》2015年第1期。

张晓山、杜志雄、檀学文:《可持续食品供应链:来自中国的实践》,黑龙江人民出版社2009年版。

张云华:《中美农业基础竞争力对比与建议(上)》,《中国经济时报》2017年5月9日第5版。

张宗毅、宋建武:《我国农机装备结构评价指标体系研究》,《中国农业大学学报》2015年第5期。

张宗毅:《我国农业机械化发展:外部环境、现状与趋势》,《新疆农机化》2016年第5期。

赵翠萍、侯鹏、张良悦:《三权分置下的农地资本化:条件、约束及对策》,《中州学刊》2016年第7期。

赵刚、林源园:《跨国种业公司加紧研发布局 我国种业发展面临严峻挑战》,《中国科技产业》2009年第7期。

赵海、张照新、赵宏:《我国农产品加工业扶持政策研究》,《经济研究参考》2012年第57期。

赵鲲、刘磊:《关于完善农村土地承包经营制度发展农业适度规模经营的认识与思考》,《中国农村经济》2016年第4期。

赵丽娜:《产业转型升级与新旧动能有序转换研究——以山东省为例》,《理论学刊》2017年第2期。

赵祥云、赵晓峰:《资本下乡真的能促进"三农"发展吗?》,《西北农林科技大学学报》(社会科学版)2016年第4期。

赵永平:《谁来种地,怎么种地?——来自山东两个产量大县(市)的土地托管调查》,《人民日报》2017年9月17日第9版。

赵月皎、陈志军:《企业集团特征与技术创新关系研究》,《理论学刊》2016年第4期。

郑微微、沈贵银：《江苏省农业绿色发展现状、问题及对策研究》，《江苏农业科学》2018年第7期。

中共中央马克思恩格斯列宁斯大林著作编译局：《马克思恩格斯全集》（第26卷，第2册），人民出版社1973年版。

中国国际电子商务中心研究院：《中国农村电子商务发展报告》（2015—2016，2016—2017，2017—2018），http://ciecc.ec.com.cn/。

中国农机院赴美考察组：《美国农产品加工业考察报告》，《农机市场》2015年第3期。

中央农村工作领导小组办公室调研组：《破解农民增收难题的"金钥匙"——山东农村新产业新业态发展的调研与思考》，《农民日报》2016年8月30日第1版。

周红民：《我国绿色农业发展存在的问题与对策研究》，《地方治理研究》2017年第1期。

周慧、王济民：《中国主要农产品价格差内外部影响因素研究》，《中国农业信息》2017年第4期（下）。

周应恒：《新型农业经营体系：制度与路径》，《人民论坛·学术前沿》2016年第9期（下）。

朱春江、Surendra P. Singh、Sammy L. Comer：《论农业与生态文明建设》，《生态经济》2013年第11期。

朱道林、王健、林瑞瑞：《中国农村土地制度改革探讨——中国土地政策与法律研究圆桌论坛（2014）观点综述》，《中国土地科学》2014年第9期。

朱建华、冯叶：《新型城镇化视角下农村土地资本化的现实障碍与出路》，《农村经济与科技》2016年第21期。

朱江辉：《我国食品安全监管面临"新常态"的挑战》，《食品安全导刊》2017年第Z1期。

朱俊峰、苗海民：《新常态下的工商资本下乡》，《中国发展观察》2017年第15期。

朱俊生：《农业保险财政补贴的新形势、新要求和新任务》，《中国保险报》2015年8月10日第7版。

朱立志：《农业发展与生态文明建设》，《中国科学院院刊》2013年第2期。

朱启臻、胡鹏辉、许汉泽：《论家庭农场：优势、条件与规模》，《农业经济问题》2014年第7期。

朱启臻：《新型职业农民特征、地位与存在形式》，《农民科技培训》2013年第11期。

朱颖慧：《从"三只松鼠"看传统农产品新营销》，《现代商业》2017年第19期。

宗锦耀：《关于我国农产品加工业发展问题的思考》，《农村工作通讯》2014年第8期。

宗锦耀：《以农产品加工业为引领 推进农村一二三产业融合发展》，《农民日报》2015年5月30日第7版。

邹建丰：《农村土地"互换并地"实现化零为整》，《江苏农业科技报》2017年3月15日第1版。

Jin S., Bluemling B., Mol A. P. J., "Information, Trust and Pesticide Overuse: Interactions between Retailers and Cotton Farmers in China", *NJAS - Wageningen Journal of Life Sciences*.

Guo, J. H., Liu, X. J., Zhang, Y., Shen, J. L., Han, W. X., Zhang, W. F., Christie, P., Goulding, K. W., Vitousek, P. M., Zhang, F. S., "Significant Acidification in Major Chinese Croplands", *Science*, 2010.

Ito, Junichi and Ni, Jing, "Capital Deepening, Land Use Policy and Self-sufficiency in China's Grain Sector", *China Economic Review*, 24 (3), 2013.

Greenstein S. & Khanna T., "What does Industry Convergence Mean?", Yoffie D. B. (ed.), *Competing in the Age of Digital Convergence*, Boston, 1997.

European Commission, Green Paper on the Convergence of Telecommunications, Media and Information Technology Sectors, and the Implication for Regulation, http: www. isop. ece. be, 1997.